Lionel is the registered trademark of Lionel L.L.C.

Books by Tom McComas and James Tuohy
Lionel: A Collectors Guide & History
Vol. I: Prewar O Gauge
Vol. II: Postwar
Vol. III: Standard Gauge
Vol. IV: 1970-1980
Vol. V: The Archives
Vol. VI: Advertising & Art

Children's Book
Collecting Toy Trains

Videos by Tom McComas
A Lionel Christmas
Toy Trains & Christmas, Parts 1 and 2
I Love Cat Machines, Parts 1 and 2
Great Layout Series, Parts 1, 2, 3, 4, 5 and 6
The History of Lionel Trains
The Making of the Scale Hudson
Toy Train Revue Video Magazine, Issues 1-12
1991 Lionel Video Catalog
1992 Lionel Video Catalog
The Re-Making of the Lionel 1949 Lionel Layout
The Making of the New Lionel Showroom Layout
The Magic of Lionel, Parts 1, 2, 3 and 4
Fun & Thrills With American Flyer
How To Build A Toy Train Layout
I Love Toy Trains, Parts 1, 2, 3, 4 and 5
I Love Toy Trains Special 90 minute
I Love Big Machines
23rd Annual LCCA Convention
Lionel: The Movie 1, 2 and 3
Toy Train Accessories
No Game Today
I Love Christmas
The Great Montana Train Ride
The Station at Citicorp Center
Great Lionel Layouts, Part 1 and 2
Toys of the Past
YogaKids

Price and Rarity Guides
Lionel Prewar: 1900-1943 No. 1
Lionel Postwar: 1945-1969 No. 1
Lionel Postwar: 1945-1969 No. 2
Lionel: 1970-1989
Lionel: 1970-1992
Lionel: 1901-1995
Lionel: 1901-1996
Lionel: 1901-1997
Lionel: 1901-1998
3-Rail Guide, No. 1
Lionel: Vol. 1, 1901-1969

Magazines
Toy Train Revue Journal, Issues 1 - 12

LIONEL®
Price & Rarity Guide
Volume 2

1970 - 1999

by
Tom McComas,
Charles Krone & Todd Wagner

ISBN 0-937522-83-X
Published by TM Books & Video, Inc.
Box 279
New Buffalo, Michigan 49117
1-219-879-2822

Copyright © 1998 by TM Books and Video, Inc., Tom McComas, President. All rights reserved. No part of this book may be reproduced without the prior written permission of TM Books & Video, excepting brief quotes used in connection with reviews written specifically for inclusion in a magazine or newspaper.

Printed in the United States of America
First printing October, 1998

LIONEL®
Price & Rarity Guide
Volume 2
1970 - 1999

by
Tom McComas,
Charles Krone & Todd Wagner

For all those who kept
the torch burning...
Dick Branstner, George Toteff,
Harry Blum, John Brady, Sandy Beste,
Peter Sappenfield, Jim Boosales,
Dan Cooney, Bill Diss and Irene

	Page
Introduction	1
About the Guide	3
Toy Train Revue Journal	7
Modern Era, 1970-1999	
Diesels	9
Electrics	23
Powered Units	25
Steamers	27
Rolling Stock	38
Passenger Cars	121
Sets	135
Accessories	149
Classics	161
Club Cars	163
HO	181
Paper	192
Index	214
Quick Reference	232

Introduction

Why two books? Because we wanted to add photographs and one book just couldn't handle all the new information and photographs. Ever since we published pocket guides with color photographs in the early '90s, our customers have been asking for photographs. We listen to our customers, so, while cost considerations prevented us from printing color, we did the next best thing – we added black and white photographs.

The photographs are a big plus. Readers can open the book almost anywhere and see what section they are in. Photographs show what the items look like and photographs make the book far more interesting to read.

Dividing Lionel production into two books also allowed us to increase the type size and add more space between lines, so the book is also easier to read. For those who collect only one era, they now will be able to buy one book filled with far more information and they won't be paying for half a book they don't read.

We started talking about two books last year when it became apparent it was going to be impossible, with all the new items coming each year, to fit everything in one book. The addition of Todd Wagner to our price guide staff made the decision easy. Todd introduced so much new information that we probably would have had to go with two books even if we didn't have pictures.

Todd has emerged as the leading expert in the Modern era and we are thrilled to have him on board. It is fortunate that someone with Todd's youthful energy and enthusiasm has taken an interest in our hobby. He has amassed a huge amount of historical information and keeps a keen eye on the present. When the time comes, Todd will be the man to write the history of the Modern era.

We all worked hard and feel this is the best book available to the Lionel Modern era enthusiast. Our guide has more information and features than any other Lionel guide on the market, it's far more interesting to read, and, it is the <u>only</u> guide with photographs.

In general, Modern era prices are steady or falling, with very few items showing any significant increase. Why? Because there's so much product to choose from and those "Lionel Louies" who want only Lionel are growing fewer in number. Most are yielding, at least occasionally, to price and quality considerations offered by other manufacturers. But Lionel is showing signs of rebounding. Larry Pfost of Train Express says he's excited about Lionel's latest catalog, and, if Larry's excited, that's a good sign.

One thing for sure – it's a great time for the consumer. More manufacturers are fighting for business and this competition is resulting in best possible products at the lowest possible price. For the moment, all the manufacturers seem to be doing well. Let's hope this fun lasts forever.

Acknowledgments

Any undertaking of this scope must rely on a large group of people to ensure the text is as precise and factual as possible. Thanks to collectors Ed Howanice, Dave Kubat and Bill Williams, for their help in verifying items from their collections. Thanks also to the folks at Lionel LLC, who made sure we had the most current information, and as a result, the best guide in the industry.

Others who helped establish prices, Rarity Ratings, Trend Arrows – or just submitted opinions – included Tom Cannella (who was the main contributor for the Paper Section), Charles Sommer, Rich Richter, John Nowaczyk, Tom Sveska, Milton Paige, Bob Caplan, Mike Moore, Lou Palumbo, Tom Shanahan, Denis Foster, Floyd Kenlay, John Keene Kelly, Scott Bloomquist, Matt Towne, Rodney Windham, Richie Kohn, Rod and Tammy La Gard, Stan Kaplan and Jim Wear.

The method we use to determine prices is simple. We send a print-out of the text to experienced collectors around the country and ask them to indicate any changes in price and rarity on items they feel knowledgeable about. We also check the Internet, the LCCA and TCA newsletters, and we observe prices at meets. We then come up with a consensus price, Rarity Rating and trend. It's not a perfect system. None exists. But it does provide our reader with a guide, which is what this book is.

As always, we are indepted to those on our front lines – Karen Krone, Connie Murdoc, Sharon Johnson, Judy Pedzinski, the Countess Albertini and Samantha Reston.

Researching trains is an on-going process and we ask our readers to help. Call, write or e-mail with information you do not find in this book. With your help, each edition will become more accurate and informative. Thanks for participating and thanks for buying this book.

About The Guide

Getting Started

Take time to read this section. Our format is easy but you have to understand it. Items are listed in the text by category, F-3s under Diesels, etc. Within their category, the catalog number for each item is listed in numerical order. Items are also listed by numerical order in the index.

Sample entry:
1234   **Roadname**, 54-56
      1. Gray-red/blue   (3)   **900**
      2. Gray-red/yellow   (4)   **700▲**

The number on the left in boldface type is the catalog number. Next is the road name of the item followed by the years in the catalog. The number in parenthesis is the Rarity Rating based on a 1 to 5 scale. 5 is rare. 1 is common.

Prices
The number in boldface on the right is the asking price based on grading standards established by the TCA and TTOS (see page 2).

Modern Era prices are based on the item being in *Mint* condition with the original box and all packing materials.

If you have an item in a different grade, check chart on page 2 to see how much to add or subtract from the printed price.

How to Find an Item
If you know the catalog number – go to the index, find the catalog number listed in numerical order and the page the item is on is printed to the right.

If you don't know the catalog number – check the contents page to find the category.

Variations
We list all collectible variations (those worth more than the normal production version).

Colors
The dominant exterior color is to the left of the slash. The color of the type is to the right of the slash. Two exterior colors are separated with a hyphen. Example: white body, red roof and red type would be white-red/red.

Trend Arrows
▲ indicates item is in demand and the price is going up. ▼ indicates demand is down and the price is falling. No Trend Arrow indicates no discernible trend, one way or another.

Notes: Sections on Modern Era HO, Modern Era Track, Lionel Classics and Club Cars are not included in the index. A rarity rating with a + sign as in 3+ indicates a rarity that is more than a 3 but less than a 4.

Abbreviations and Symbols:

*	Insufficient sales reported to arrive at a price. An * after a price indicates the price listed was arrived at using less than usual reported sales.
alum	Aluminum
AS	Accessory Sounds
blk	Black
bj	Black journals
brn	Brown
C	indicates current production.
CC	Comand Control
CR	Comand Control Ready
crm	Cream
CS	Car Sounds
CT	CrewTalk
D	Dummy
D-C	Distance Control
DD	Double Door
DG	Door guides
dk	Dark
DL	Directional lights
DN	The Decorative Number that appears on the item (as opposed to catalog number that mayor may not appear on the item). In most cases, the DN appears in boldface after the roadname.
DSS	Department Store Special
E	Automatic Reverse Unit
EC	Electrocouplers
ECP	Electrocouplers Plus
EH	Electronic horn
ERU	Electronic reverse unit
ESOS	Electronic Sound of Steam
FARR	Famous American Railroad Series
fc	Fixed couplers
FF	Fallen Flag Series
FG	Fire-box glow
FM	Factory mistake
grn	Green
HL	Headlight
hs	Heat stamped
IRT	Infrared Wireless Tether
LH	Left hand switch
litho	Lithographed
LionTech	LionTech Command Reverse Unit
lt	Light
mar	Maroon
MR	Manual reverse
MT	Magne-Traction
MSOS	Mechanical Sound of Steam
N-D	Non-derailing switch
NDV	No difference in value
NIB	No individual box. Item came in set box.
nj	Nickel journals
NM	Announced but never made
ob	Original box
Obvs	Observation
oc	Operating Couplers
Odyssey	Lionel Open - Frame Brushless Motor
op	Operating
org	Orange
PDM	Pullmor Direct Motor

(continued on page 200)

Determining Rarity

In addition to value, we also ask our experts to list an indication of how hard an item is to find. Rarity is an important element of collecting and we feel our Rarity Ratings add greatly to the usefulness of this guide. While it is generally true that the higher the price, the rarer the item, it is by no means an inflexible truth. There are items that turn up with regularity but are in such great demand that they cost dearly (GG-1s for example). Conversely, some items are hard-to-find, but have a low price tag because collectors are not that interested in them.

Our system goes from 1, the most common, through 5, the rarest and most desirable. The rarity of an item is affected by quantity produced and desirability. Some prewar and postwar items were produced for a short time and in low quantity, which explains their rarity today.

Most Modern Era items were produced in similar quantities but a a degree of rarity still can be established. Some collectible Modern era items are scooped up by collectors immediately and are seldom offered for resale. Thus they become rare, not because they were produced in fewer numbers, but because they are desirable, in the hands of collectors, and not often seen for sale. Therefore, the TM Rarity Rating is not only an indication of the rarity, but of desirability as well.

No prices are listed for 5+ or 5P items because when so few items exist, sometimes only one, it is impossible to get a consensus.

5P   Prototypes of which there were one, or two made. *9237 UPS operating boxcar, 9879 Kraft Philadelphia Cream Cheese reefer, 16920 Lionel flatcar with construction-block helicopter.*

5+   Pre-production mock-ups, factory mistakes, paint samples, or special items of which less than 100 were made. *Examples: 9202 Santa Fe boxcar in orange/black, 1994 Carail T-1's, George Bush observation car.*

5   Items that are high-priced, very difficult to find, and/or in great demand. Such as: *9490 1985 Christmas boxcar, 16204 Hawthorne Home Appliances boxcar, 16536 Chessie System caboose in brown/yellow.*

4   A regular production item, but produced in lower numbers than normal. Good chance it will turn up at a large meet. *Examples: 18023 Western Maryland Shay, 8261 Southern Pacific B Unit, 19946 Christmas boxcar for Lionel employees.*

3   Items that are gaining in collector popularity and are getting hard to find. *Examples: 18046 Wabash 4-6-4, 9426 Chesapeake & Ohio boxcar, 16752 Marvin the Martian Missile Launching flatcar*

2   Medium-priced rolling stock and small steam engines that are easy-to-find and lack the appeal and collector value of the more glamorous, higher-priced items. *Examples: 16360 Norfolk & Western Maxi-stack, 18434 Porky & Petunia Pig handcar, 9413 Napierville Junction boxcar*

1   Low-priced, common items that are usually made of plastic and have little collector or intrinsic value. *Examples: 9020 Union Pacific flatcar, 9033 Penn Central gondola, 9013 Canadian National hopper*

Method Used in Determining Prices

Lionel collectors and experts are selected from all parts of the country. They are sent our list and asked to assign an asking price and rarity rating for each item within the limits of their expertise. We also observe prices at meets, auctions, "buy-sell" sections in club magazines, and hobby stores. The prices and ratings that appear in this book are a consensus of all those factors.

We urge the reader to remember that this is a guide and the actual selling price will always depend on a number of factors, including how motivated the buyer and seller are, the location, and the economic climate. The skills of the buyer at bargaining and the seller at promoting also affects the price. It is impossible to combine all these factors and arrive at one definitive price. That is why we call this book a *guide*. It gets you in the ball park, even takes you to your section, but you have to find your own seat.

Variations

We list only major variations that are worth more than the normal production version. Major variations are those which can be readily seen, exist in sufficient numbers so as to be attainable, and are accepted as legitimate collectable variations by the majority of experienced collectors. Major variations usually have to do with body type, exterior color and the size, color or placement of graphics. An example would be the 9202 Santa Fe boxcar in orange with black lettering.

We do not list minor variations. Minor variations are not worth more than the normal production version. They are not easily recognizable and are ignored by the majority of experienced collectors. Examples would be slight changes of color, body molds of different colors, or different types of doors, trucks, frames or couplers – all of which may be easily changed.

Condition	Subtract from printed price
Modern 1970-1999	
Mint Boxed	Price Printed
Mint (without box)	-10%
Like New	-25%
Excellent	-25%
Very Good	-35%
Good	-45%

No prices are listed for items released or cataloged within the last year. A note to a non-collector selling trains to a collector: The prices printed in this book are retail asking prices for trains sold at train shows by train collectors to train collectors. If you are selling an assortment of trains to a collector, expect to receive forty to fifty percent less than the prices in this book.

TCA and TTOS Grading Standards

Mint	Brand new. Unmarred, all original and unused.
Like New	Free of any blemishes, nicks or scratches; original condition throughout, very little sign of use.
Excellent	Minute nicks or scratches. No dents or rust.
Very Good	Few scratches, exceptionally clean; no dents.
Good	Scratches, small dents, dirty.
Fair	Well-scratched, chipped, dented, rusted or warped.
Poor	Beat-up, junk condition, some useable parts.

Toy Train Revue

Issue Number 13
Winter 1998

For Collectors and Operators — **The Collectors Journal** — **Toy Trains Forever**

Carail Collectibles

by Todd Wagner

No doubt about it, owning your own toy train company has its advantages. One of the biggest perks is having special pieces made for whatever reason strikes your fancy. When Richard Kughn owned Lionel from 1986 to 1995, he seized upon many such opportunities to create Lionel items for both himself and fellow train enthusiasts. Carail, Kughn's personal museum in southwest Detroit, was the inspiration for many of these special pieces.

The Toy Train Operating Society (TTOS) had their convention in Michigan in August, 1994, and tours from the convention site to Carail were conducted. Collectors could purchase a specially decorated boxcar, 52053, which featured both the Carail and TTOS notations. Also made at the same time, but not available for public sale, was the 52054 Carail boxcar. This item features the Lionel "Circle-L" logo as well as the same Carail graphic from the 52053. While the 52053 remains rather common in the collecting marketplace, the 52054 is very rare, as only 100 were made for Kughn to use as personal gifts.

Late in 1994, Lionel tractor/trailer collectors were surprised to learn of the 52069 Carail tractor/trailer. This piece was sold over-the-counter at Carail during open houses for train enthusiasts, as well as at other parties, meetings and banquets held at Carail.

Lionel's 18011 Chessie T-1 was cataloged in 1991 and sold rather poorly. Faced with a few unsold pieces remaining as late as 1994, Kughn decided to create the ultimate Carail collectible. After stripping approximately 30 T-1's, the locomotives were repainted in two different colorful Carail versions. According to reliable sources, 16 blue and 14 white 1994 T-1 locos were produced, making them the rarest production locomotives to come from the Lionel factory.

Views From The Underground

by Lou Palumbo

What a great time to be a 3-rail enthusiast! More stuff is being made than ever. How all these manufacturers are going to survive is beyond me. But meanwhile, enjoy. We may never have it so good again.

In my last column, I said the best way to dispose of a train collection is to hire a good auctioneer and sell everything in one day. In fact, those were my instructions to my wife if I check out first. Well, a year has passed, and I have attended many more auctions and have made new observations, so I will expand on my original thoughts:

1) Auction sales rely heavily on the amount of advertising and the ability of the auctioneer to attract a good crowd. So when choosing an auctioneer, get one who is familiar with the train market and who has a track record of generating big crowds.

2) A large collection is better sold in small parcels because the crowd can only consume so much before prices start dropping. That's when the bottom-feeders, those guys who wait until the end when all the big spenders are through, try to suck-up what's left on the cheap. You don't want to be part of that action so get your lots auctioned off before the lunch break.

3) Another common mistake has to do with sets. Most guys think it's better to sell a boxed set as a set. Wrong. You generate more money by selling the set piece by piece. At the last auction I attended, a Santa Fe passenger set sold for $900. At other auctions I have seen the set box in the same condition go for $225, the 2353 double As sold for $500 and the four passenger cars for $400. That's $225 more than the set.

To summarize: get the best auctioneer and break-up your sets.

For years, the traditional method for disposing a collection was to sell at train shows. But liquidating at auction is far less painful and less expensive (even if you have to pay the 10-15% seller's fee). If you go the train show route, you have to buy tables, pack and unpack your trains, lift heavy boxes, you have mileage costs, room and board – lots of stress and strain.

Mail order is another option but it is very time consuming. You have to make the list, accurately describe each item, assign a price, then advertise. Next, you deal with the public and who knows what kind of jerk you may run into. It's happened where the seller shipped an item only to have the buyer pull a switch and send back the same item in far worse condition and demand his money back. Even when the seller accurately describes an item, he runs the risk of the buyer not agreeing with the assessment.

(continued on page 202)

Diesels
Alco FAs

8020	**Santa Fe** A 70,71		
	1. Open pilot, no number board	(2)	**125**
	2. Same with 8022 number board	(2)	**75**
8020	**Santa Fe** A Dummy 70,71		
	1. Open pilot, no number board	(2)	**50**
	2. Same with 8022 number board	(2)	**75**
8020	**Santa Fe** A 72, 74-76	(3)	**75**
	Closed pilot with number board		
8021	**Santa Fe** B 71,72, 74-76		
	1. Santa Fe under vent	(2)	**60**
	2. 8021 under vent	(3)	**75**
	Sold separately & *1489 Santa Fe Double Diesel*		

8022	**Santa Fe** A JC Penney exclusive U71		
	1195 JC Penney Special Set		
	No MPC builder plate, w/ or w/o nose decal, NDV		
	1. Medium blue	(3)	**125**
	2. Dark blue	(4)	**195**
8022	**Santa Fe** AA JC Penney exclusive, builder plate U71		
	1. Medium blue, closed number board	(3)	**100**
	2. Medium blue, 8022 number board	(3)	**100**
	3. Dark blue, closed number board	(4)	**150**
	4. Dark blue, 8022 number board	(4)	**150**
8025	**Canadian National** AA U71-U73	(4)	**250**
8252,53	**Delaware & Hudson** AB 72	(3)	**150**
8268,69	**Texas & Pacific** AA, NIB, 82,83	(3)	**150**
	1253 Quicksilver Express		
8351	**Santa Fe** A, NIB, *1383 SF Freight*, 73-75	(2)	**75**

8361,62	**Western Pacific** AB 73-75	(3)	**150**
8452,53	**Erie** AB 74,75	(3)	**175**
8552,53,54	**Southern Pacific** ABA 75,76	(4)	**325**

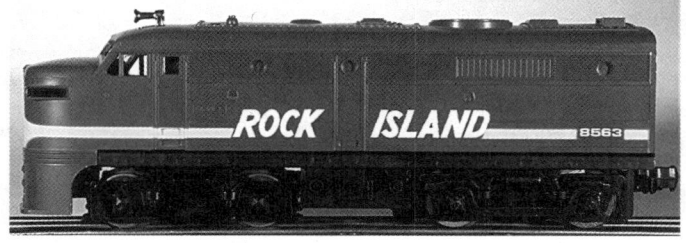

8563	**Rock Island** A Sears NIB, U75, U76	(4)	**75**
	1595 Rock Island		
8570	**Liberty Special** A NIB, *1577 Liberty Special* U75	(3)	**75**

8656	**Canadian National** A 76	(4)	**125**

8657	**Canadian National** B Dummy 76	(4)	**75**
8658	**Canadian National** A Dummy 76	(5)	**150**
8664	**Amtrak** A NIB, *1663 Lakeshore Ltd.* 76,77	(3)	**100**
8667	**Amtrak** B sold separately 76,77	(4)	**125**
8861,62	**Santa Fe** AB, NIB, 78,79 *1864 Santa Fe Double Diesel*	(3)	**150**
11734	**Erie** ABA MT, horn in 736A, *FF7* 93 **725A** Powered, **725B** Dummy, **736A** Dummy	(2)	**325▼**
18119	**UP** AA **8119**, **8120** SRP: $500, 94	(2)	**300▼**
18901,02	**Pennsylvania** AA, **8901** Powered, **8902** Dummy 88	(2)	**135**
18903,04	**Amtrak** AA, **8903** Powered, **8904** Dummy 88, 89 NIB, *11707 Silver Spike*	(2)	**125**
18908	**NYC** AA **8908** Powered, **8909** Dummy 93	(2)	**125**
18913	**Santa Fe** A NIB, *11739 The Super Chief* 93, 94	(2)	**85**
18915	**Western Maryland** A, 93	(2)	**80**
18916	**Western Maryland** A Dummy, horn 93	(2)	**45**
18919	**Santa Fe** A Dummy, horn SRP: $55, 93, 94	(3)	**75**
18922	**New Haven** A Powered SRP: $100, 94	(2)	**80**
18923	**New Haven** A Dummy SRP: $55 94	(2)	**45**
18934	**Reading** AA Black-green/yellow 95 **300** powered, **304** dummy, Horn	(2)	**125▲**
18936	**Amtrak 8936** A 95,96 Silver-red-white-blue/black, NIB, *11748 Amtrak Set*	(2)	**75**
18937	**Amtrak 8937** A, D 95,96 Silver-red-white-blue/black, Horn	(2)	**45**
18947	**Port of Lionel City 2030** A 97 *11920 Port of Lionel City Dive Team,* NIB	(2)	**75**
18948	**Port of Lionel City 2030B** B-unit 97 Horn, SRP: $90	(2)	**65**
18954	**Santa Fe 212** A, 97-98 *11929 Santa Fe Warbonnet Set,* NIB		**C**
18971	**Santa Fe 211** A Dummy, Warbonnet, SRP: $90 98		**C**
18972	**Rock Island 2031** AA SRP: $600, 99 Set of 18973, 18974		**C**

Alco PAs

18107	**D&RGW PA-1** ABA **6001**, No #, **6002** 92 Yellow-silver/black, RS diesel	(4)	**1100▼**
18116	**Erie Lackawanna PA-1** AA 93 **858** Powered, **859** Dummy w/RS diesel	(3)	**600▼**
18952	**Santa Fe 2000 PA-1** Red warbonnet, 97 2 Can motors, TMC, Sig, TT, SRP: $300	(2)	**275**
18953	**New York Central 2000 PA-1** 97 2 Can motors, TMC, Sig, TT, SRP: $300	(2)	**275**
18961	**Erie PA-1** CC, RS 98, 99 2-DC motors, SRP: $400 Cataloged in 98 but postponed until 99		**C**
18965	**Santa Fe PB-1** RS, EC SRP: $850 98 Dummy		**C**
18966	**New York Central PB-1** RS, EC SRP: $850 98 Dummy		**C**

Budd Cars

8764	**Baltimore & Ohio** U77 Powered passenger, sold separately	(3)	**200**
8765	**Baltimore & Ohio** U77 Dummy baggage/mail, sold separately	(3)	**100**

8766	**Baltimore & Ohio** U77 Powered baggage/mail	(3)	**175**
8767	**Baltimore & Ohio** Dummy passenger U77	(3)	**125**
8768	**Baltimore & Ohio** Dummy passenger U77	(3)	**125**
	SSS, *1766 3-car set* w/8766-68	(3)	**400**
	Complete 5-car set w/8764-68	(3)	**650**
8868	**Amtrak** Powered baggage/mail 78,80	(4)	**175**
8869	**Amtrak** Dummy passenger 78,80	(4)	**100**
8870	**Amtrak** Dummy passenger 78,80	(4)	**100**
8871	**Amtrak** Dummy baggage/mail 78,80	(4)	**100**
	Complete 4-car set w/8868-71	(4)	**450**
18506	**Canadian National** 92 **D202** Powered coach, **D203** Dummy baggage	(3)	**250▼**
18512	**Canadian National** 93 **D200** & **D250** Dummy coaches, sold as set	(3)	**250▲**

Dash 8-40 & Dash 9 Diesels

18205	**Union Pacific Dash 8-40C 9100** 89 Magne-Traction	(3)	**250▼**
18206	**Santa Fe Dash 8-40B 8206** 90 MT, *11713 Santa Fe Dash 8-40B*	(3)	**325**
18207	**Norfolk Southern Dash 8-40C 8689** 92 *11718 NS Unit Train,* Box numbered 18689	(3)	**375▼**
18211	**Susquehanna Dash 8-40B 4002** 93 MT, HL, flashing warning light	(2)	**275▼**
18212	**Santa Fe Dash 8-40B 8212** D 93YED	(3)	**200**
18213	**Norfolk Southern Dash 8-40C 8688** 94 MT, HL, Horn, *LionTech* , SRP: $490	(3)	**325**
18214	**CSX Dash 8-40C 7500** 94 Royal blue-gray-yellow/blue-yellow, MT, HL, Flasher, *LionTech* , SRP: $490	(2)	**350**
18215	**CSX Dash 8-40C 7643** 94 Royal blue-gray-yellow/blue-yellow, MT, HL, Flasher, *LionTech* , SRP: $490	(2)	**350**

18218	**Susquehanna Dash 8-40B 4004** 94 YED	(2)	275
	Yellow-black/black, MT, HL, *LionTech*, SRP: $470		
18219	**C&NW Dash 8-40C 8501** 95	(3)	450▲
	MT, *LionTech,* RS II, SRP: $550		
18220	**C&NW Dash 8-40C 8502** *LionTech,* 95	(3)	375
	Yellow-green/green, MT, Horn, SRP: $480		
18226	**G-E Demonstrator Dash 9 8365** 96, 97	(3)	425▼
	Black/red stripe, 2 PM, TE, RS, ECP, DL, Ditch, MT, SRP: $600		
18228	**Southern Pacific Dash 9 8228** 97	(2)	500▼
	Gray-red/white, 2 PM, TE, RS, ECP, DL, Ditch, MT, SRP: $700		
18231	**BNSF 739 Dash 9** CC, CT, TC, RS, DL, 98, 99		C
	2 PM, SRP: $700, *18235 BNSF Dash 9 Set* & Sold Sep. Postponed until 1999		
18233	**BNSF 745 Dash 9** CR, Sig, SRP: $500 98, 99		C
	2 PM, Postponed until 1999		
18234	**BNSF 740 Dash 9** CC, CT, TC, RS, DL, 98, 99		C
	2PM, *18235 BNSF Dash 9 Set*, Postponed until 1999		
18235	**BNSF 739 & 740 Dash 9** Set of 2, 98, 99		C
	18231 and 18234, CC, CT, TC, RS, DL, 2 PM, SRP: $1400, Postponed until 1999		
18240	**Conrail Dash 8-40B 5065** 98		C
	21752 Conrail Unit Trailer Train Set		

F-3 Units

4	**C&NW** A shell only, Midwest TCA U77	(5)	80
10	**Jersey Central** A shell only, METCA U71	(3)	75
1976	**FEC** ABA shells only, SDTCA U76	(5)	250
8054,55	**Burlington** Chrome Plated AA 80	(4)	450▼
8059	**Pennsylvania** B Green U80 YED	(3)	350▼
8060	**Pennsylvania** B Tuscan U80 YED	(4)	325▼
8062	**Burlington** Chrome Plated B U80 YED	(3)	275▼
8164	**Pennsylvania** B Green EH U81	(4)	375▼
8260,62	**SP Daylight** AA 82	(3)	500▼
8261	**SP Daylight** B U82 YED	(4)	650▼
8363,64	**Baltimore & Ohio** AA 73-75	(3)	300
8365,66	**Canadian Pacific** AA U73	(4)	450▼
	1350 CP SSS, 2500 made		
8370,72	**New York Central** AA, 83	(3)	450▼
8371	**New York Central** B, 83 EH	(3)	175▼
8464,65	**Rio Grande** AA *1450 D&RGW SSS* U74	(3)	300▼
8466,67	**Amtrak** AA 74-76	(3)	300▼
8468	**Baltimore & Ohio** B Unit U74, U75	(3)	175▼
8469	**Canadian Pacific** B Unit U74	(3)	175▼

8474	**Rio Grande** B Unit U74	(3)	**175▼**
8475	**Amtrak** B Unit U75	(3)	**175▼**
8480,82	**Union Pacific** AA 84	(3)	**375▼**
8481	**Union Pacific** B Unit 84	(3)	**175▼**
8507,08	**Canadian National** AA U85 shells only, LCAC	(5)	**350▲**
8555,57	**Milwaukee Road** AA U75 *1579 Milwaukee Road SSS*	(3)	**300▼**
8566,67	**Southern** AA 75-77	(4)	**350**
8568	**Preamble Express** A U75	(2)	**125**
8575	**Milwaukee Road** B Unit U76	(3)	**175▼**
8580,82	**Illinois Central** AA 85,87	(3)	**425**
8581	**Illinois Central** B Unit 85, 87	(3)	**175**
8652,53	**Santa Fe** AA 76,77	(4)	**450▼**
8661	**Southern** B U76	(4)	**175**
8777	**Santa Fe** B U77	(4)	**200**
8851,52	**New Haven** AA 78	(3)	**350**
8864	**New Haven** B *SSS* U78	(4)	**150**
8952,53	**Pennsylvania** AA 79 Brunswick green, 5 gold stripes	(3)	**600▼**
8970,71	**Pennsylvania** AA U79 YED, 80 Tuscan, 5 gold stripes	(3)	**500▼**
11711	**Santa Fe 8100,01,02** ABA MT 91 RS diesel in Dummy A	(3)	**750▼**
11724	**Great Northern 366A, 370B, 351C**, RS ABA 92	(3)	**650▼**
11737	**TCA 40** ABA U93	(3)	**650▼**
11903	**ACL 342, 342B, 343** ABA *Liontech,* 96 Purple-black-silver/silver, MT, HL, TE, RS II	(3)	**700**
18103	**Santa Fe** B U91YED	(4)	**325▼**
18108	**Great Northern** B Dummy 93	(3)	**135**
18115	**Santa Fe** B Dummy 93	(3)	**135**
18117	**Santa Fe 200** AA Blue-yellow/yellow 93YED 1 Power, 1 Dummy, MT, Horn	(2)	**400▼**
18121	**Santa Fe 200A** B, D, 94YED Blue-yellow/yellow SRP: $180	(3)	**135**
18122	**Santa Fe 200B** B, D, 95YED Blue-yellow/yellow, RS II	(3)	**200**
18130	**Santa Fe 2343** AB SRP: $775 96 Set of 18128 A and 18129 B Red warbonnet, 2 PM, MT, TE, RS, DL	(2)	**550**

18131	**Northern Pacific 2390** AB SRP: $600 97 Set of 18132 A and 18133 B Green/yellow-red, 2 PM, MT, TE, RS, DL, EC	(2)	600▼
18134	**Santa Fe 2343** A, Dummy 97 Red warbonnet, EC, DL, SRP: $230 Came with free 29202 Santa Fe 6464 boxcar	(3)	230▲
18135	**NYC** AA Century Club SRP: $750, 99		C
18136	**Santa Fe 2343C** B-Unit RS 2.5, 97 SRP: $300	(3)	225
18140	**Milwaukee Road 2378 & 2378B** AB 98 Set of 18138 A and 18139 B 2 PM, RS, CT, TC, MT, SRP: $ 600		C
18147	**Northern Pacific 2390A & 2390C** AB 97 Set of 18145 A and 18146 B 2-tone green-white/white, MT, EC, RS 2.5, TE, HL, SRP: $600	(3)	600
18191	**Western Pacific 2355** AA SRP: $700, 98 Set of 18192 A and 18193 B		C
52005	**Canadian National 9517** B LCAC U93 Matches 8507/8508 CN LCAC F-3 shells	(4)	250

FM Units

8056	**Chicago & North Western** MT 80	(3)	300
8157	**Santa Fe** MT, EH 81	(3)	400▼
8378	**Wabash 550** MT, EH U83 Distributed through JC Penney 83 Christmas catalog with display case, board and track.		
	1. Made in USA	(4)	1000
	2. Made in Mexico	(3)	800
8687	**Jersey Central** MT 86	(3)	325
8950	**Virginian** MT 79		
	1. Printed both sides	(3)	375
	2. Printed one side only	(5)	375

8951	**Southern Pacific** MT 79		
	1. Printed both sides	(4)	550▼
	2. Printed one side only	(5)	550
18301	**Southern** MT, EH 88	(3)	325▼
18307	**Pennsylvania 8699** Green/yellow 94 *LionTech*, MT, HL, Horn SRP: $470	(2)	325▼
18309	**Reading 863** Green/yellow, MT, HL, Horn 93	(2)	325

FT Units

18154	**Santa Fe** AB **168** powered A, 98 Set of 18155 A and 18156 B, Odyssey, CC, RS, no number dummy B, CT, TC, HL, SRP: $500		C
18157	**Santa Fe** AB **158** powered A, 98 Set of 18158 A and 18159 B, Odyssey, no number dummy B, CR, Sig, SRP: $350		C
18160	**NYC** AB **1603** powered A, **2403** dummy B, 98 Set of 18161 A and 18162 B, Odyssey, CC, RS, CT, TC, HL, SRP: $500		C

18163	**NYC** AB **1600** powered A, **2400** dummy B, 98		**C**
	Set of 18164 A and 18165 B		
	CR, Sig, Odyssey, SRP: $350		

Gas Turbine

18149	**Union Pacific Veranda 61** 98		**C**
	Smoke, Odyssey, CC, RS, MT, TC, CT, SRP: $1500		

Geep Units

1776	See **8559, 8665**		
1900	See **18502**		
7686	**Virginia Train Collectors GP-7** U86	(5)	**140**
8030	**Illinois Central GP-9** 70-72		
	Sold sep. & *1150 IC SSS*		
	1. Metal stakes on handrail	(2)	**125**
	2. Plastic handrails	(2)	**125**
8031	**Canadian National GP-7** U71,72		
	1. Metal stakes	(3)	**125**
	2. Plastic handrail	(2)	**125**
8064	**Florida East Coast GP-9** 80	(4)	**250▲**
8065	**Florida East Coast GP-9** D 80	(4)	**150▲**
8066	**Toledo, Peoria & Western GP-20** 80,81,U83	(3)	**125**
	Cataloged in red and white but not made.		
	Produced in 2 shades of orange, NDV, NIB		
	1072 Cross Country		
8068	**The Rock GP-20** U80	(3)	**140**
	2700 made for LCCA 1980 National Convention		
8158	**Duluth Missabe GP-35** 81,82	(3)	**150**
8159	**Duluth Missabe GP-35** D 81,82	(3)	**90**
	Cataloged as GP-9 in error		
8160	**Burger King GP-20** 81,82	(2)	**125▼**
8250	**Santa Fe GP-9** 72,74,75	(2)	**100**
8254	**Illinois Central GP-9** D 72	(2)	**75**
8255	**Santa Fe GP-9** D 72	(2)	**75**
8258	**Canadian National GP-7** D U72,U73	(3)	**75**
8263	**Santa Fe GP-7** 82	(2)	**100**
8352	**Santa Fe GP-20** NIB 73-75	(3)	**125**
	1388 Golden State Set		
8353	**Grand Trunk GP-7** 73-75	(3)	**150**
8355	**Santa Fe GP-20** D 73,74		
	1. With horn	(3)	**115**
	2. Without horn	(3)	**100**
8356	**Grand Trunk GP-7** D 73-75	(3)	**125**
8357	**Pennsylvania GP-9** 73-75	(3)	**150**
8358	**Pennsylvania GP-9** D 73-75		
	1. With horn	(4)	**80**
	2. Without horn	(3)	**70**
8359	**Chessie GP-7** 73	(3)	**150**
	9000 made for GM's 50th anniversary		

8360	**Long Island GP-20** 73,74	(3)	**150**
8367	**Long Island GP-20** D 73-75		
	1. With horn	(3)	**100**
	2. Without horn	(3)	**85**

8369	**Erie Lackawanna GP-20** 2 motors 83-85	(3)	**150▲**
8375	**Chicago & North Western GP-7** 83-85 2 motors, NIB, *1354 Northern Freight Flyer*	(3)	**150▲**
8454	**Rio Grande GP-7** 74,75	(3)	**100**
8455	**Rio Grande GP-7** D 74,75	(3)	**75**
8463	**Chessie GP-20** U74	(3)	**140**
8477	**New York Central GP-9** U84 MT, factory installed horn	(3)	**275▼**
8550	**Jersey Central GP-9** 75,76	(2)	**150**

8559	**Norfolk & Western GP-9** NIB 75		
	1. Glossy red paint, circle of stars	(3)	**125**
	2. Flat red paint, circle of stars	(3)	**125**
	3. Same as 1 but no circle of stars	(5)	**150**
	1584 Spirit of America		
8561	**Jersey Central GP-9** D 75,76	(2)	**80**
8562	**Missouri Pacific GP-20** 75,76	(2)	**150**
8565	**Missouri Pacific GP-20** D 75,76		
	1. Factory installed horn	(4)	**100**
	2. No horn	(2)	**70**
8576	**Penn Central GP-7** U75,76,77	(3)	**125**
8587	**Wabash GP-9** U85 MT, factory installed horn JC Penney Christmas Special with display case and track board	(3)	**300▼**

8654	**Boston & Maine GP-9** 76,77 (Box labeled Boston & Main GP-7)	(3)	**225▼**
8655	**Boston & Maine GP-9** D 76,77	(3)	**125▼**
8662	**Baltimore & Ohio GP-7,** *1652 B&O Freight,* 86	(3)	**140**
8665	**Bangor & Aroostook GP-9** U76 Cataloged w/ caboose. Price for engine only.	(3)	**140▲**
8666	**Northern Pacific GP-9** *1672 NP SSS* U76	(3)	**150**
8668	**Northern Pacific GP-9** D U76 Sold separately through SS only	(4)	**100**
8679	**Northern Pacific GP-20** 86	(3)	**140▲**
8750	**The Rock GP-7** 77,78	(3)	**125**
8751	**The Rock GP-7** D 77,78	(3)	**100**

8757	**Conrail GP-9** 77,78	(3)	**150**
8758	**Southern GP-7** D U77,78	(3)	**100**
8759	**Erie Lackawanna GP-9** 77-79	(3)	**150**
8760	**Erie Lackawanna GP-9** D 77-79	(3)	**135**
8763	**Norfolk & Western GP-9** 77,78	(3)	**125**
8772	**Gulf, Mobile & Ohio GP-20** 77 *1764 Heartland Express*	(3)	**125**

8774	**Southern GP-7** U77,78	(3)	**150**
8775	**Lehigh Valley GP-9** U77,78	(3)	**175▼**
8776	**Chicago & North Western GP-20** U77,78	(3)	**175**
8778	**Lehigh Valley GP-9** D U77,78	(3)	**100**
8779	**Chicago & North Western GP-20** D U77,78	(3)	**100**
8854	**CP Rail GP-9** NIB *1866 Great Plains* 78,79	(3)	**150▲**
8866	**Minneapolis & St. Louis GP-9** U78 *1868 M&St.L SSS*	(3)	**140**
8867	**Minneapolis & St. Louis GP-9** U78 First dummy with lights, sold separately	(3)	**100**
8957	**Burlington Northern GP-20**		
	1. Regular production 79	(3)	**175**
	2. D-TTCA U80	(5)	**200**
8958	**Burlington Northern GP-20** D		
	1. Regular production 79	(3)	**100**
	2. D-TTCA U80	(5)	**150**
11843	**Boston & Maine GP-9s 2380, 2381 & 2398** 98 2 powered, 1 dummy, PM, CT, TC, MT, RS, CC SRP: $800, Set of 18570, 18571, 18572		**C**
11863	**Southern Pacific GP-9 2383** U98 PM, CC, RS, MT, SRP: $320		**C**
11864	**New York Central GP-9 2383** U98 PM, CC, RS, MT, SRP: $320		**C**
11865	**Alaska GP-7 1802** NIB 98 *11972 Alaska Railroad Train Set*		**C**

11956	**Union Pacific GP-9 Pair 2380** P, **2381** D 97 Yellow-gray-red/red, MT, RS 2.5, EC, PM, TE, Crew Talk & TowerCom, SRP: $500 Set of 18854, 18855	(3)	**500▲**
18500	**Milwaukee Road GP-9 8500** MT, horn		
	1. No display case *FF2* 87	(3)	**250▼**
	2. **18550** w/display case JC Penney U87	(3)	**295**
18502	**Lionel Lines GP-9 1900** MT 90 Horn *11715 Lionel 90th Anniversary*	(2)	**175▼**
18504	**Frisco GP-7 504** *FF5* 91	(3)	**225**
18505	**Nickel Plate Road GP-7's** 92 **400** & **401** D, RS *FF6*	(3)	**325▲**
18513	**NYC GP-7 7420** Black/white, 94 MT, HL, Horn, SRP: $325	(2)	**200▼**
18514	**Missouri Pacific GP-7 4124** Blue-gray/blue 95 MT, HL, Horn, *LionTech*, SRP: $300	(3)	**200**
18553	See 18817		
18558	**MKT GP-7** 91 w/display case JC Penney U94	(3)	**250**
18562	**Southern Pacific 2380 GP-9** Blk-sil-org/white 96 PM, TE, MT, RS, DL, WL SRP: $300	(3)	**250**
18563	**New York Central 2380 GP-9** Blk-gray/white 96 PM, TE, MT, RS, DL, WL SRP: $300	(3)	**250**
18564	**Canadian Pacific 2380 GP-9** 97 Gray-maroon/yellow, PM, TE, RS, DL, WL SRP: $280	(3)	**275▲**
18565	**Milwaukee Road 2338 GP-9** 97 PM, RS-2, TMC, MT, WL SRP: $300	(3)	**250**
18567	**Pennsylvania 2028 GP-7** 97 PM, RS-2, TMC, MT, WL SRP: $300	(3)	**250**

18569	**Chicago, Burlington & Quincy GP-9 2380** 98 PM, CC, MT, RS, TC, CT, SRP: $340		**C**
18573	**Santa Fe GP-9 2380** 98 PM, CR, MT, Sig, SRP: $200		**C**
18574	**Milwaukee Road GP-20 975** 98 PM, CC, MT, RS, TC, CT, SRP: $340		**C**
18575	**Custom Series I "Hot Rod" GP-9 2398** 98 PM, CT, CC, RS, TC, SRP: $400		**C**
18576	**Southern Pacific GP-9 2386** B-Unit 98 SRP: $200		**C**
18577	**New York Central GP-9 2386** B-Unit 98 SRP: $200		**C**
18580	**Pennsylvania GP-7 2027** B-Unit, SRP: $200 U98		**C**
18800	**Lehigh Valley GP-9 8800** 87 NIB, *11702 Black Diamond*	(3)	**125**
18802	**Southern GP-9 8802** U87 *11704 Southern Freight SSS*	(3)	**130**
18812	**Kansas City Southern GP-38 4000** 91	(3)	**130**
18816	**C&NW GP-38 4600** 92	(3)	**175**
18817	**Union Pacific GP-9 150** U91,U92 1. With display case **18553** 2. Without display case	(3) (3)	**225▼** **175▼**
18818	**LRRC GP-38-2** U92	(3)	**160**
18819	**L&N GP-38 4136** 92	(4)	**150▲**
18820	**Western Pacific GP-9** 92 Gray-orange/black, *11733 Feather River SSS*	(3)	**150**
18821	**Clinchfield GP-38-2** Black/yellow 93	(3)	**150**
18825	**Soo Line GP-38-2 4000** 93 *11738 Soo Line SSS*	(3)	**135**
18826	**Conrail GP-7 5808** 93 *11740 Conrail Consolidated*	(3)	**135**
18830	**Budweiser GP-9** NIB U93,U94 *11810 Budweiser*	(2)	**125▼**
18831	**SP GP-20** Gray-red/white 94 SRP: $220	(2)	**140**
18836	**GTW GP-38-2** Black-red/white, 94 HL, Horn, SRP: $220	(3)	**150▲**
18840	**US Army GP-7** Black/white, HL, Horn 95	(2)	**125**
18841	**Western Maryland GP-20 27** 95 Red-wht-blk/blk, *11749 Western Maryland SSS*	(3)	**150**
18846	**1997 Lionel Centennial Series GP-9** 97 Orange-blue/graphics, TE, RS 2.5, EC SRP: $340	(3)	**265**
18853	**Santa Fe GP-9 2370** Zebra stripe U97 w/display case, JC Penney SRP: $270	(4)	**250**
18856	**NJ Transit GP-38-2 4303** U97 Silver-black/black, *11833 NJ Transit Set* and separate sale, SRP: $190	(3)	**150**
18857	**Union Pacific GP-9 2397** Powered 97 Yellow-gray-red/red, MT, RS 2.5, EC, PM Classic, TE, CrewTalk & TowerCom, *11837 Union Pacific GP-9 Unit Train*	(3)	**275**
18858	**1998 Centennial Series GP-20** 98 PM, CC, RS, CT, Centennial Sound, SRP: $350		**C**
18864	**SP GP-9 2385** B-Unit Dummy SRP: $200 98		**C**
18865	**NYC GP-9 2385** B-Unit Dummy SRP: $200, 98		**C**
18866	**Milwaukee Road GP-9 2383** Diesel 98 SRP: $340.		**C**
18868	**NJ Transit GP-38-2 4300** U98 NIB *11982 NJ Transit Ballast Train Set*		**C**

18870	**PRR GP-7 2029** SRP: $340, 98		**C**
33000	**Lionel Lines Rail Scope GP-9** 88-90	(3)	**275▼**
52035	**TCA Yorkrail GP-9 1750** shell only U94	(4)	**75**
52037	**TCA Yorkrail GP-9 1754** U94	(3)	**180▼**

Misc.

18860	**The Phantom** PM, MT, SRP: $400, 98		**C**

NW-2 Switchers

634	**Santa Fe** U70		
	1. Stripes on cab	(3)	**100**
	2. No stripes on cab	(2)	**90**
1203	**Boston & Maine** Shell only TCA U72	(4)	**65**
1983	**Nabisco** decorated outside factory U83	(5)	**300**
8010	**Santa Fe** Blue, Stripes on cab, 70,U71	(3)	**120**
8057	**Burlington** 80	(4)	**160**
8111	**DT&I** w/red or green marker lights NDV 71-74 Sold sep. & *1180 Yardmaster*	(2)	**75**
8153	**Reading** NIB *1154 Reading Yard King* 81,82	(3)	**125**
8154	**Alaska** 81,82	(3)	**150▲**
8182	**Nibco** NIB *1264 Nibco Set* U82 2000 sets made for Nibco Plumbing	(3)	**100▼**
8354	**Erie** 73,75	(3)	**110**
8374	**Burlington Northern** 83-85	(3)	**150**
8460	**MKT** 74,75	(3)	**65**
8471	**Pennsylvania** 74-76	(4)	**185▼**
8473	**Coca-Cola** NIB *1463 Coke set* U74,75		
	1. One step	(3)	**150▼**
	2. Two steps	(3)	**150▼**
	3. Three steps	(4)	**200▼**
8485	**US Marines** 84,85	(3)	**125▲**

8556	**Chessie** 75,76	(3)	**185▼**
8569	**Soo Line** *1582 Yard Chief* 75-77	(2)	**85▼**
8660	**CP Rail** 76,77	(3)	**150**
8761	**Grand Trunk** 77,78	(3)	**200▼**
8770	**EMD** NIB *1761 Cargo King Set only* 77,78		
	1. Operating couplers, 3-position rev.	(3)	**90**
	2. Fixed couplers, 2-position reverse	(2)	**65**
8860	**Rock Island** 78,79	(3)	**125**
18501	**Western Maryland** 89 Operating bell, MT *FF4*	(3)	**225**

18503	**Southern Pacific** 90 Operating bell, MT	(4)	**250**
18582	**Seaboard 6250** SRP: $500, 98		**C**
18917	**Soo Line** NIB *11741 Northwest Express* 93	(2)	**85**
18918	**Boston & Maine** HL, Horn SRP: $130, 93	(2)	**90**
18920	**Frisco 254** Black/yellow HL, Horn 94	(2)	**95**
18921	**C&NW 1017** Yellow-green/green 94 SRP: $130	(3)	**100**
18927	**USN 65-00637** Yellow/black NIB 94,95 *11745 US Navy Set*	(2)	**90**
18928	**C&NW Calf Unit** Yellow-green/green D 95 SRP: $80	(3)	**85**
18929	**Boston & Maine Calf Unit** D 95 Blue/white, SRP: $80.	(3)	**75▲**
18931	**Mopar 1818** NIB U94 *11818 Chrysler Mopar Set*	(2)	**75▼**
18932	**Jersey Central** Red-white/white 96	(2)	**100**
18933	**Jersey Central Calf Unit** D Red-white/white 96	(2)	**55**
18938	**USN Calf Unit** Dummy Yellow/black 95YED	(4)	**90▲**
18939	**Union Pacific 1875** Cow & Calf 96 Yellow-gray/red, EH, HL, SRP: $210	(2)	**150**
18943	**Georgia Power** *11819 Georgia Power Set* U95 NIB	(4)	**150**
18946	**US Coast Guard 8946** Red/white, ERU 96 *11905 Coast Guard Set*, NIB	(2)	**85▼**
18955	**NJ Transit 500** U96 *11828 NJ Transit Passenger Set*, NIB	(3)	**100**
18956	**Dodge Motorsports 8956** U96 Blue-red/white *11933 Dodge Motorsports set*, NIB	(4)	**100▼**
18959	**NYC 622** Black/white TE, RS 2.5, MT, EC 97 Die-cast frame, SRP: $600	(3)	**600**

RS-3 Diesel Switchers

18554	See 18822		
18803	**Santa Fe 8803** Blue/yellow 88	(2)	**125**
18804	**Soo Line 8804** Black/yellow 88	(2)	**125**
18805	**Union Pacific 8805** Yellow-gray/red 89	(2)	**130**
18807	**Lehigh Valley 8807** Red/yellow 90	(2)	**130**

18809	**Susquehanna 8809** JC Penney U89		
	1. With display **18551**	(3)	**175**
	2. Without display	(3)	**150**
18814	**Delaware & Hudson 8814** 91 Blue-gray/blue *11719 Coastal Freight SSS*	(2)	**150**
18815	**Amtrak** Silver-black/red-white blue 92 *11723 Amtrak Work Train*	(2)	**150**
18822	**GM&O 721** JC Penney U92		
	1. w/display case **18554**	(3)	**200**
	2. w/o display case	(3)	**150**
18827	**Christmas** White-green/green 93	(3)	**175**
18832	**Pennsylvania RSD-4 8446** 95 Green/yellow, SRP: $220.	(2)	**160**

18833	**Milwaukee Road 2487** 94 Black-orange/black SRP: $220.	(3)	**170**
18835	**NYC 8223** Black-gray/white 94 *11744 New Yorker SSS*	(2)	**135**
18837	**Christmas** White-red/red SRP: $220. 94	(2)	**160▼**
18838	**Seaboard RSC-3 1538** 95 Green-cream/cream, SRP: $220.	(3)	**165**
18843	**Great Northern 197** 96 Green-orange/yellow, HL, H	(3)	**175▲**
18845	**Rio Grande 5204** Black/orange 97 2 motors, EH, dual HL SRP: $200.	(2)	**175▼**
18890	**Union Pacific 18805** LOTS Yellow-gray/red U89	(3)	**225**
18906	**Erie Lackawanna 8906** U91YED Gray-yellow-maroon/yellow *11726 Erie Lackawanna Freight*	(2)	**165▲**
52007	**Long Island 1552** NLOE U92	(5)	**225***

44-Ton Switchers

| 18905 | **Pennsylvania 9312** Green/yellow 92 | (2) | **125▼** |
| 18907 | **Rock Island 371** Red/white 93 | (2) | **125▼** |

SD Units

8063	**Seaboard SD-9** 80 *1071 Mid-Atlantic Limited*	(3)	**150**
8071	**Virginian SD-18** U80 YED	(4)	**175**
8072	**Virginian SD-18** D U80 YED	(4)	**125**
8151	**Burlington SD-28** *1160 Great Lakes Ltd.,* 81	(3)	**150**
8152	**Canadian Pacific SD-24** EH 81 *1158 Maple Leaf Limited*	(3)	**175**
8162	**Ontario Northland SD-18** U81 YED	(4)	**200**
8163	**Ontario Northland SD-18** D EH U81 YED	(4)	**165**
8265	**Santa Fe SD-40** MT, EH 82	(3)	**350▼**
8266	**Norfolk & Western SD-24** EH 82 *1260 N&W Continental Limited*	(3)	**200**
8376	**Union Pacific SD-40** MT EH 83 *1361 Gold Coast Limited*	(3)	**350▼**
8380	**Lionel Lines SD-28** U83YED	(3)	**200▼**
8458	**Erie Lackawanna SD-40** 84 First SD with 2 motors, MT, EH, *1451 Erie Lackawanna Limited*	(3)	**350▼**

8585	**Burlington Northern SD-40** 2 motors, 85 MT, EH, *1552 Burlington Northern Limited*	(3)	**350▼**
8855	**Milwaukee Road SD-18** *1867 Milwaukee Ltd.,* 78	(3)	**175**
8872	**Santa Fe SD-18** U78,79	(2)	**150**
8873	**Santa Fe SD-18** D U78,79	(3)	**100**
18200	**Conrail SD-40** 2 motors *11700 Conrail Ltd* 87	(3)	**325**
18201	**Chessie System SD-40** 2 motors 88 MT, EH, *11705 Chessie System Unit Train*	(3)	**325**
18202	**Erie Lackawanna SD-40 8459** D U89YED	(3)	**165**
18203	**CP Rail SD-40** MT, 2 motors 89 *11710 CP Rail Freight Set*	(3)	**300**
18204	**Chessie SD-40** D U90YED	(3)	**165**

18208	**Burlington Northern SD-40 8586** D U91YED	(3)	**175**
18209	**Canadian Pacific SD-40** Dummy U92YED	(2)	**175**
18210	**Illinois Central SD-40 6006** 93	(2)	**275▼**
18216	**Conrail SD-60M 5500** Blue/white 94 MT, HL, Railsounds, *LionTech*, warning light, SRP: $650	(3)	**400**
18217	**Illinois Central SD-40 6007** 94 Orange-white/black, MT, Horn, *LionTech*, SRP: $470	(2)	**275▼**
18221	**Denver & Rio Grande SD-50 5512** 95 Black/Orange, MT, HL, TE, RS II	(4)	**475▲**
18222	**Denver & Rio Grande SD-50 5517** 95 Black/Orange, MT, HL, TE, Horn	(3)	**400**
18223	**Milwaukee Road SD-40 154** *LionTech*, 95 Orange-black/black-white, MT, HL, RS II	(4)	**425▲**
18224	**Milwaukee Road SD-40 155** *LionTech*, 95 Orange-black/black-white, MT, HL, Horn	(4)	**350▲**
18232	**Soo Line SD-60M 5500** Red/white 97 RS 2.5 EC, MT, H, Oscillating DL, TE, SRP: $600 was catalog error, actual SRP: $700	(3)	**700▼**
18552	**See 18813**		
18566	**Conrail SD-20 8495** 97 PM, EH, ERU, MT, *11918 Service Exclusive*	(2)	**150**
18806	**New Haven SD-18 8806** 89	(2)	**150▼**
18808	**ACL SD-18 8808** HL 90	(2)	**140▼**
18810	**CSX SD-18 8810** HL *11717 CSX Freight* 90	(3)	**140**
18811	**Alaska SD-9 8811** 91	(3)	**180**
18813	**Duluth Missabe & Iron Range SD-18 8813** JC Penney U90 1. With display **18552** 2. Without display	(3)	**210▼** **165**
18823	**C&IM SD-9 52** Sears U92	(3)	**185▼**
18824	**Montana Rail Link SD-9 600** 93 Blue-black/white-red, HL, horn	(3)	**150**
18229	**Southern Pacific SD-40 7333** 98 Weathered, TC, CT, MT, RS, CC, 2PM *11940 Warhorse Coal Set*		**C**
18239	**Southern Pacific SD-40** 98		**NM**
18834	**C&O SD-28** Blue/yellow *11743 C&O Freight* 94	(2)	**150**
18842	**Bessemer & Lake Erie SD-38** U95 JC Penneys XU671-1204A	(4)	**300▲**

52078	**SP SD-9 5366** TTOS 30th Anniv. U96	(3)	**250**

U36 Units

1776	**Seaboard Coast Line U36B** 74-76 1. No lettering on frame 2. White lettering on frame *Spirit of 76 set*	(2) (2)	**150▼** **175▼**

1976	**Seaboard Coast Line U36B** U76 TCA set included 3 matching passenger cars.		(3)	**150**▼
7500	**Lionel 75th Anniversary U36B** 75-77		(3)	**150**
8050	**Delaware & Hudson U36C** 80		(4)	**200**▲
8051	**Delaware & Hudson U36C** D 80 Lights, sold separately		(4)	**125**▲
8061	**Western Maryland Chessie U36C** 80 *1070 The Royal Limited*		(3)	**175**
8155	**Monon U36B** 81,82		(3)	**125**
8156	**Monon U36B** D 81,82		(3)	**75**
8470	**Chessie U36B** NIB *1470 Grand National* 74		(3)	**150**
8560	**Chessie U36B** D 75		(3)	**100**
8564	**Union Pacific U36B** NIB 75 *1560 North American Express*		(3)	**175**
8571	**Frisco U36B** 75,76		(3)	**100**
8572	**Frisco U36B** D 75,76		(3)	**75**
8573	**Union Pacific U36B** D NIB U75 YED EH, sold separately, 1200 made		(4)	**200**
8650	**Burlington Northern U36B** 76,77		(3)	**160**
8651	**Burlington Northern U36B** D 76,77		(3)	**120**
8669	**Illinois Central Gulf U36B** *1664 IC Freight* 76,77		(3)	**150**
8755	**Santa Fe U36B** 77,78		(3)	**175**
8756	**Santa Fe U36B** D 77,78		(3)	**100**
8771	**Great Northern U36B** 77 *1765 Rocky Mountain Special*		(3)	**125**
8773	**Mickey Mouse U36B** 77,78		(3)	**400**▼
8857	**Northern Pacific U36B** 78-80		(3)	**115**
8858	**Northern Pacific U36B** D 78-80		(3)	**90**
8955	**Southern U36B** 79		(3)	**200**
8956	**Southern U36B** D 79		(3)	**100**
8960	**Southern Pacific U36C** *1970 SP Limited* U79		(2)	**125**
8961	**Southern Pacific U36C** D *1970 SP Limited* U79		(2)	**85**

8962	**Reading U36B** *1971 Quaker City Limited* 79		(3)	**165**
18801	**Santa Fe U36B 8801** 87		(4)	**100**

Electrics
Commuter Cars

18304	**Lackawanna Multi Unit** 91 Dark green/gold, **2401** Powered, **2402** D sold as set		(3)	**400**▼

18305	**Lackawanna Multi Unit** 92 Dark green/gold, **2400** & **2403** Dummies sold as set		(3)	**350**
18306	**Pennsylvania Multi Unit** 92 Tuscan-black/gold, **483** Powered, **4574** D, sold as set		(3)	**375**▼
18310	**Pennsylvania Multi Unit** 93 Tuscan-black/gold, **484** & **485** Dummies sold as set		(4)	**350**

23

Rectifiers

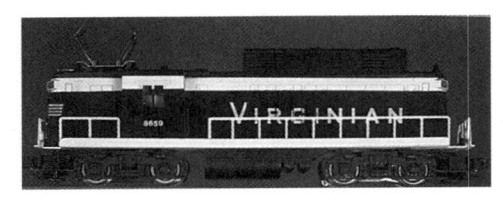

8659	**Virginian** 76,77	(2)	**165▼**
8754	**New Haven** 77,78	(3)	**200**
8859	**Conrail** 78-82	(2)	**200**
18315	**Virginian 2329** Blue-yellow/yellow, 97 TE, RS 2.5, *11934 Virginian Rectifier Freight*	(2)	**325▲**

EP-5s

8272	**Pennsylvania** *JC Penney*, w/display case U82	(4)	**300**
8551	**Pennsylvania** 75,76	(2)	**175**
8558	**Milwaukee Road** 76,77	(3)	**200**

8762	**Great Northern** 77,78	(3)	**250▼**
18302	**Great Northern 8302** MT EH *FF3* 88	(3)	**275▼**
18311	**Disney** White-red/graphics MT, HL, horn 94 SRP: $350	(2)	**250▼**
18319	**New Haven 2350** SRP: $500, 99		**C**

GG-1s

8150	**Pennsylvania 4935** Green 81	(4)	**600▼**

8753	**Pennsylvania** Maroon U77	(4)	**500▼**

8850	**Penn Central** Black/white U78,79	(3)	**400▼**
18300	**Pennsylvania 8300** Bronze 87	(3)	**425**
18303	**Amtrak 8303** Silver-red-blue MT 89	(2)	**400▼**
18308	**Pennsylvania 4866** 92 Silver w/black roof & red stripe/black	(3)	**500▼**
18313	**Pennsylvania 4907** 96 Brunswick Green/gold, MT, HL, TE	(2)	**375▼**
18314	**Pennsylvania 2332** Century Club 97 SRP: $750	(3)	**800**

Powered Units

8264	2-4-2 **Canadian Pacific** 82 **Vulcan Switcher Snowplow**	(4)	**150**
8368	2-4-2 **Alaska Vulcan Switcher** 83	(4)	**165**
8379	**Pennsylvania Fire Fighting Car** U83YED	(4)	**175**
8459	2-4-2 **Rio Grande Rotary Snowplow** 84	(3)	**200**
8578	**New York Central Ballast Tamper** 85,87	(3)	**150**
8690	**Lionel Lines Trolley** 86	(3)	**185▼**
11809	**Village Trolley 109** Cream-red/red 95-97 *11809 Village Trolley Co. Set*	(2)	**80**
11981	**1998 Holiday Trolley Set** 98 Merry Christmas Trolley Red-green/white w/track, bumpers & power pack, SRP:$100		**C**
18400	2-4-2 **Santa Fe Rotary Snowplow** 87	(3)	**200**
18401	**Hand Car** Two shades of orange, NDV 87,88	(2)	**65▼**
18402	**Burro Crane** Yellow/red 88	(3)	**95▲**
18403	**Santa Hand Car** Green 88	(2)	**40**
18404	**San Francisco Trolley 8404** Green 88	(3)	**135▲**
18405	**Santa Fe Burro Crane** Gray/white 89	(3)	**90▲**
18406	**Lionel Lines Track Maintenance** 89,91 Red-white-gray/white	(2)	**60▲**
18407	**Snoopy & Woodstock Handcar** Black 90,91	(3)	**75▲**
18408	**Santa Handcar** White 89	(2)	**45**
18410	**Pennsylvania Burro Crane** Black/gold 90	(3)	**110**

18411	**Canadian Pacific Fire Fighting Car** Silver/wht 90	(3)	**110▲**
18413	**Charlie Brown & Lucy Handcar** Blue 91	(3)	**50**
18416	**Bugs & Daffy Handcar** red 92, 93	(4)	**120**
18417	**Lionel Gang Car** Yellow/black 93	(3)	**85**
18419	**Lionelville Electric Trolley** 94 Red/gray, SRP: $120	(3)	**125▲**
18421	**Sylvester & Tweety Handcar** Orange, SRP: $80, 94	(3)	**65**
18422	**Santa & Snowman Handcar** Green 94YED SRP: $60	(3)	**40**
18423	**Lionel Step Van** Orange/black, lt, 95	(2)	**40▼**

18424 Lionel Pick-up prototype wtih blinking light.

18424	**Lionel Pick-up** Blue/orange, lt, 95	(2)	**45**
18425	**Goofy & Pluto Handcar** Yellow 95	(3)	**50**

18426	**Santa & Snowman Handcar** Red 95YED	(3)	45
18427	**55 Tie-Jector Car** 97 Red/white	(3)	60▲
18429	**Railroad Workers Handcar** Tan 96	(3)	50▲
18430	**NYC Crew Car** White/cigar band logo, 96	(1)	45▼
18431	**Lionel Transit Trolley** 96,97 Yellow/black, SRP: $70	(2)	55▲

18433	**Mickey and Minnie Handcar** 96, 97 Dressed in Santa outfits, characters w/o tails SRP: $75	(3)	60▲
18434	**Porky and Petunia Handcar** 96	(2)	40
18436	**New York Central Maintenance Vehicle** 97 Red/black, Cigar band logo, ERU, HL, TL, Dodge Ram model, SRP: $70	(2)	60▼
18438	**Pennsylvania Maintenance Vehicle** 98 Dodge Ram truck, Green, SRP: $70		C
18439	**Union Pacific Maintenance Vehicle** 98 Dodge Ram truck, Yellow, SRP: $70		C
18440	**NJ Transit Maintenance Vehicle** SRP: $70, 98		C
18444	**Lionelville Fire Company #1 Firecar** 98 *21753 Fire Rescue Train SSS*		C
18515	2-4-2 **Lionel Steel 57** 96 Silver-black/red, PM, DL, die-cast frame, *11912 Service Exclusive X1142SSS*	(3)	160▲
18583	2-4-2 **AEC57** Switcher 98 AC motor, TMC, EC, SRP: $250.		C
52088	**DDTCA Step Van** U96 Gray/holographic stickers	(4)	125
52107	**Pickup Truck** Orange/black LCCA U96	(2)	50▼
52108	**Step Van** Blue/black LCCA U96	(2)	50▼

Industrial Switchers

8161	**LASER** NIB *1150 L.A.S.E.R.* 81,82 DC	(3)	50
8350	**US Steel** NIB, *1380 U.S. Steel Industrial* 73-75 DC	(2)	30
8377	**USMC** NIB 83,84 DC *1355 Commando Assault Train*	(3)	65
8670	**Chessie** NIB *1660 Yard Boss* 76 DC	(3)	40
8769	**Republic Steel** NIB, *1760 Steel Hauler* 77 DC	(2)	35
18900	**Pennsylvania 8900** NIB U88,89 DC *11708 Midnight Shift*	(2)	35
18910	**CSX** Blue/yellow 93	(2)	45
18911	**Union Pacific** Yellow/red 93	(2)	40
18912	**Amtrak** Gray/blue 93	(2)	35
18924	**Illinois Central** Orange/black SRP: $50. 94,95	(2)	35
18925	**Denver & Rio Grande** 94,95 Black/orange, SRP: $50.	(2)	35
18926	**Reading** Green/white SRP: $50. 94,95	(2)	35
18930	**Crayola** Yellow/green U94,95 No number, NIB, *11813 Crayola Activity Set*	(2)	35

Steamers
Note: Starter set engines listed in Miscellaneous *catagory at the end of this section.*

Berkshire (2-8-4)

8002	2-8-4 **Union Pacific** 80 Pennsy-style tender, 6WT, MT, *FARR 2*	(3)	**450**
8003	2-8-4 **Chessie System** 80 Pennsy-style tender, 6WT, MT	(3)	**500▼**
8215	2-8-4 **Nickel Plate Road 779** U82 Die-cast 2224-type tender, 6WT, MT, YED	(3)	**425**
8615	2-8-4 **L&N 1970** 6WT, MT U86 Distributed by JC Penney, display case, track board	(4)	**1000▼**
18022	2-8-4 **Pere Marquette 1201** 93 Die-cast, HL, smoke, *LionTech*, RS steam in tender	(4)	**550**
18053	2-8-4 **Lionel Century 726** w/display case U97 *Lionel Century Club exclusive*, nickel plated driver rims, PM, DRS, EC, SRP: $896.	(3)	**900**

Classics

1-263E	2-4-2 **Blue Comet** all metal, 91 Oil-style Tender, *51004 Blue Comet*		See Set 51004
350-E	4-4-2 **Hiawatha** all metal, 88 Oil-tender, *51000 Hiawatha Set*		See Set 51000

European Prototypes (2-10-0) (2-rail)

18031	**Bundesbahn BR-50** LSC Without Eagle Logo U93	(5)	**2000**
18035	**Reischbahn BR-50** LSC U93 With SS Eagle Logo	(5)	*****
18036	**French BR-50** LSC U93	(5)	**2000**

General-Type 4-4-0

8004	4-4-0 **Rock Island & Peoria** 80-82 8004T, 2PR, smoke	(3)	**175**
8005	4-4-0 **AT&SF** NIB 80-82 8005T, DC, *1053 The James Gang*	(3)	**75**
8104	4-4-0 **The Golden Arrow 3** U81 8104T tender, arch bar trucks w/display case and track board, *JC Penney*	(4)	**325▼**
8315	4-4-0 **Baltimore & Ohio** NIB 83,84 Blue/white, ERU, HL, AC/DC, *1351 Baltimore & Ohio*	(3)	**165**

8410	4-4-0 **Redwood Valley Express** 84,85 8410T, Tuscan-yellow/tuscan, NIB DC only, *1403 Redwood Valley Express*	(3)	75
8630	4-4-0 **Western & Atlantic 3** U86 HL, AC/DC, smoke *1608 General Set and separate sale*, made for American Express	(4)	130▲
8701	4-4-0 **Western & Atlantic 3** 77-79 Black-red/yellow, 8701T, HL, smoke, 2PR	(3)	200
18008	4-4-0 **Disney 35th Anniversary 4** With display 90	(3)	275
18013	**Same as 18008** but without display case U90	(4)	250
18702	4-4-0 **Virginia & Truckee 8702** U88 ER, smoke, HL, AC/DC, *11706 Dry Gulch Line SSS*	(3)	125
18716	4-4-0 **Lionelville 8716** NIB 90,91 *11716 Lionelville Circus Special*	(3)	125

4-6-4 Hudson

8006	4-6-4 **Atlantic Coast Line** U80 *The Silver Shadow,* Pennsy-style tender, distributed by JC Penney, display case and track board. Under 2400 made	(4)	650▼
8101	4-6-4 **Chicago & Alton 659** 81 Die-cast 2224-type tender, 6WT, MT	(3)	400
8206	4-6-4 **New York Central** 72-75 Pennsy-type tender, *1250 NYC SSS*	(2)	250▼
8210	4-6-4 **Joshua Lionel Cowen** 82 Die-cast tender, 6WT, MT	(3)	375▼
8406	4-6-4 **New York Central Hudson 783** 84 Black, die-cast 2426W-type tender, 6WT, MT. Engine similar to 1964 773	(3)	725▲
8476	4-6-4 **TCA Special 5484** Distributed by TCA U85 Die-cast 2224-type tender, 6WT, MT, Green	(3)	450▼
8600	4-6-4 **New York Central** 76 2671W-type tender, MT *1665 Empire State*	(3)	250▼
8603	4-6-4 **Chesapeake & Ohio** 76,77 2671W-type tender, rubber tires		
	1. Steel driver rims	(3)	175
	2. White-painted driver rims	(3)	200
8606	4-6-4 **Boston & Albany Hudson 784** U86 2426-type die-cast tender, 6WT, MT Sold by mail order direct from Lionel.	(4)	925▼

8702	4-6-4 **Southern Crescent** 77,78 2671W-type tender, PT	(3)	400▼
8801	4-6-4 **Blue Comet** 78-80 2671W-type tender, 4WPT, MT	(3)	425▼
8900	4-6-4 **AT&SF** 2671W-type tender, *FARR 1* 79	(4)	350▼
18002	4-6-4 **New York Central Hudson 785** U87YED Gray, spoked drivers, MT, steamchest smoke	(3)	700

18005	4-6-4 **NYC Scale Hudson 1-700E 5340** RS 90 With display.	(3)	1250▼
18012	4-6-4 **NYC Scale Hudson 1-700E 5340** RS 90 Without display.	(3)	1150▼

18026	4-6-4 **NYC Dreyfuss Hudson 5450** 2-rail LSC U92	(5)	**2500**
18027	4-6-4 **NYC Dreyfuss Hudson 5450** 3-rail LSC U92	(5)	**2400**
18042	4-6-4 **Boston & Albany Hudson 618** 95 Diecast, MT, HL, smoke, RS II	(4)	**450**
18043	4-6-4 **C&O Streamline Hudson 490** semi-scale 95 Diecast, Silver-yellow/blue, MT, HL, TE, smoke 1. Regular Production 2. Tom Snyder *Late Late Show* graphics	(3) 5P	**950** *
18045	4-6-4 **NYC Commodore Vanderbilt Hudson** 96 PM, MT, TE, RS, Smoke, DL, FG, O-54, SRP: $1295	(3)	**900**
18046	4-6-4 **Wabash 700** Dk blue-red-white/blue 96 Diecast, MT, HL, smoke, TE	(3)	**450**
18056	4-6-4 **NYC J-1e Hudson 5344**, 97 Smoke, EC, 763 Vanderbilt tender, PM, TE, RS, SRP: $1100	(3)	**1100**
18058	4-6-4 **Lionel Century 773 Hudson** 99 Lionel Century Club exclusive, TE, MT, PM, EC, DRS, SRP: $1096.		**C**
18062	4-6-4 **Santa Fe 3447 Hudson** 97 Wireless tether, FG, EC, TE, RS 2.5, MT *11838 Warhourse ATSF Hudson Freight Set* 1. With disc drivers – as came in set. 2. With spoked drivers – available as replacement.	(3) (3)	**800** **800**
18067	4-6-4 **NYC Commodore Vanderbilt Hudson** U97 Weathered, approx. 400 made from returned **18045** SRP: $1295	(5)	**1800**

2-8-2 Mikado

8309	2-8-2 **Southern 4501** 83 Die-cast tender, 6WT, *FARR 4*	(3)	**450**▼
18018	2-8-2 **Southern Mikado 4501** 92	(4)	**975**▲
18030	2-8-2 **Frisco Mikado 4100** VAD Special U93	(3)	**825**▲
18034	2-8-2 **Santa Fe Mikado 3158** 94 Die-cast, MT, HL, smoke, *LionTech* SRP: $1000	(3)	**550**

Mountain (4-8-2)

18009	4-8-2 **New York Central** U90,91 **Mohawk 3000** 6wt, RS, firebox glow	(3)	**850**
18024	4-8-2 **Texas & Pacific 907** U92 Sears, with display	(4)	**1025**▼
18025	**Same as 18024** but without display	(4)	**925**▼
18064	4-8-2 **NYC Mowhawk L-3a 3005** 98 IRT, CC, RS TC, CT, MT, PM, SRP $1400		**C**

Northern (4-8-4)

1994	4-8-4 **Carail** special production for Richard Kughn 94 1. Dark blue w/Carail graphic 2. White w/Carail graphic	(5+) (5+)	* *
1994	4-8-4 **Artrain** 94 Special production for Richard Kughn Dark gray w/black Artrain on engine, white Lionel Lines on tender	(5+)	*

3100	4-8-4 **Great Northern** 81	(3)	**450**
	Pennsy-style tender, 6WT, MT, *FARR 3*		
8100	4-8-4 **Norfolk & Western 611** 81	(3)	**625▼**
	Cylinder steam, Pennsy-style		
	2671 tender, 6WT, MT		
8307	4-8-4 **Southern Pacific GS-4 4449** 83	(3)	**900**
	Oil-style tender, 6WT, MT, cylinder steam		
18001	4-8-4 **Rock Island 5100** 87	(3)	**400**
	Northern type, new casting, die-cast		
	tender, 6WT, MT, steam-chest smoke		
18003	4-8-4 **Lackawanna 1501** 88	(3)	**450▼**
	MT, steam-chest smoke, die-cast tender, 6WT		
18006	4-8-4 **Reading T-1 2100** RS steam U89 YED	(3)	**775▲**
18007	4-8-4 **Southern Pacific Daylight GS-2 4410** 91	(3)	**500**
	Oil-style tender, MT, RS steam		

18011	4-8-4 **Chessie Steam Special T-1 2101** 91		
	6wt, RS, firebox glow		
	1. Without display	(3)	**800▼**
	2. With display for export	(5)	**900▼**
18016	4-8-4 **Northern Pacific 1111** Northern 92	(3)	**525▼**
18040	4-8-4 **Norfolk & Western J 612** *LionTech*, 95	(3)	**850▼**
	Die-cast, MT, HL, smoke, RS II SRP: $900		
18049	4-8-4 **Norfolk & Western J 600** 96	(3)	**700▼**
	Black-maroon/yellow, weathered, PM, MT, TE, RS,		
	smoke, *11909 Warhorse Set*		
18071	4-8-4 **Southern Pacific Daylight GS-4 4449** 98		**C**
	PM, CC, RS, CT, TC, SRP: $995		

4-6-2 Pacific

8610	4-6-2 **Wabash 672** 86,87	(3)	**500▼**
	2671W-type tender, 6WT, MT, *FF 1*		
18004	4-6-2 **Reading Pacific 8004** MT 89	(3)	**300▲**

18028	4-6-2 **Pennsylvania K-4 3768** U93　　　　(4)	**2500*▼**
	2-rail LSC	
18044	4-6-2 **Southern 1390** Green/gold 96　　　　(3)	**350**
	Diecast, MT, HL, smoke	
18050	4-6-2 **Pennsylvania 2055** U96　　　　(3)	**350**
	Black-graphite/gold, w/display case for J.C.Penneys	
18052	4-6-2 **Pennsylvania Torpedo 238E** 97　　　　(3)	**700▼**
	PM (from B-6), MT, TE, RS, EC, 746RS tender, SRP: $700	
18059	4-6-2 **Western Maryland 209** IRT, 98,99	**C**
	Odyssey, RS, TC, CT, MT SRP: $500, Postponed until 1999	
18070	4-6-2 **Western Maryland 208** IRT, 98,99	**C**
	Odyssey, Sig, CR, MT SRP: $350, Postponed until 1999	
18072	4-6-2 **Lionel Lines Torpedo** U98	**C**
	PM, MT, CC, RS, die-cast SRP: $700	
18090	4-6-2 **D&RGW 1900** LCCA MT, RS, smoke, U90 (3)	**400▼**
18630	4-6-2 **Chicago & North Western 2903** 93　(3)	**360▲**
	Die-cast, MT, HL, smoke	
18636	4-6-2 **B&O 5300** Green-black/gold 94　　(3)	**350▲**
	President Washington, diecast, MT, HL SRP: $490	
18639	4-6-2 **Reading 639** diecast, HL, smoke, whistle, 95 (2)	**160▼**
	Diecast, HL, smoke, whistle	
18640	4-6-2 **Union Pacific** diecast, HL, smoke, whistle, 95 (2)	**160▼**
18642	4-6-2 **Lionel Lines** 95　　　　(2)	**150**
	11747 Lionel Lines Steam Set	
18653	4-6-2 **Boston & Albany 2044** 97　　(2)	**175**
	TT, HL, ERU, Smoke, W, SRP: $275	
18654	4-6-2 **Southern Pacific 2044** 97　　(2)	**175**
	Can motor, smoke, whistle, SRP: $275	
18660	4-6-2 **Canadian National** 98	**C**
	DC motor, W, HL, smoke, SRP: $280	
18661	4-6-2 **Norfolk & Western** 98	**C**
	DC motor, W, HL, smoke, SRP: $280	
18666	4-6-2 **Spokane Portland & Seattle 2044** 97 (3)	**175**
	11839 SP&S Hooker Chemical Set	
18669	4-6-2 **Illinois Central 2099** U98	**C**
	w/display case for J.C.Penneys	

2-6-2 & 2-6-4 Praire Type

8001	2-6-4 **Nickel Plate Road** U80　　　　(5)	**125**
	Smoke, DC only, MSOS, red firebox light	
8007	2-6-4 **NY, NH&H** NIB 80,81　　　　(3)	**100**
	8007T, smoke, DC only, MSOS, HL, red firebox light, *1050 New Englander*	
18014	2-6-4 **Lionel 8014** Pink, *11722 Girls Train* 91 (4)	**250▲**
18606	2-6-4 **NYC 8606** die-cast, HL, smoke 89　(3)	**150**
18607	2-6-4 **Union Pacific 8607** die-cast, HL, smoke 89 (3)	**150**
18608	2-6-4 **Rio Grande 8608** U89　　(3)	**150**
	HL, smoke, die-cast, *11758 Desert King SSS*	
18609	2-6-4 **Northern Pacific 8609** 90　　(3)	**160**
	Die-cast, HL, smoke	

18611	2-6-4 **Lionel Lines 8611** U90	(3)	**175**
	Oil-style tender, *11712 Great Lakes Express SSS*		

18620	2-6-2 **Illinois Central** die-cast, HL, smoke, 91	(3)	**175**
18626	2-6-2 **Delaware & Hudson** 92	(3)	**175**
18635	2-6-4 **Santa Fe 8625** on tender, 93	(3)	**175**
	Die-cast, HL, smoke, steam whistle		
18638	2-6-4 **Norfolk & Western 638** 94	(3)	**200**
	Diecast, HL, smoke SRP: $320		

Shay

18023	**Western Maryland Shay 6** 92	(4)	**2100▼**

Switchers
0-4-0

8506	0-4-0 **Pennsylvania** 75-77	(3)	**125**
	Black/gold, die-cast, HL, 3PR, slope-back tender with red light		
8516	0-4-0 **New York Central** 85,86	(3)	**125▲**
	Black/white, die-cast, 3PR, HL, smoke, ERU, slope-back tender w/light, *1502 Yard Chief*		
8635	0-4-0 **AT&SF** U86	(3)	**130▲**
	Die-cast boiler, smoke, HL, slope-back tender with light, *1632 SSS*		
18054	0-4-0 **NYC Switcher 1665** DL, 97 SRP: $275	(3)	**200**
18610	0-4-0 **Rock Island 8610** 90	(3)	**175▼**
	Die-cast, slope-back tender, back-up light		
18662	0-4-0 **Pennsylvania** DC motor, SRP: $280, 98		**C**

0-6-0

18000	0-6-0 **Pennsylvania 8977** 89,91	(3)	**625**
	B-6 Switcher ESOS		
18719	0-6-0 **Thomas The Tank Engine 1** 97,98		**C**
	Blue/red-yellow, w/4 different faces, SRP: $130.		

Turbines

8404	6-8-6 **Pennsylvania 6200** 84,85 2671W Pennsy-type tender with back-up light, 6WT, MT, *FARR 5*	(3)	**450**
18010	6-8-6 **Pennsylvania S-2 Turbine 6200** 91,92 RS turbine, 6wt, firebox glow	(4)	**1500**
18057	6-8-6 **Lionel Century S-2 Turbine 671** 98 Lionel Centurty Club exclusive, MT, PM, TE, DRS, SRP: $796		**C**

Tenders

16655	**Steam Railsounds Tender 1993** 93 No name, 6WT, RS steam	(4)	**150**
16673	**Lionel Lines Steam Tender** 94-97 Black/white w/air whistle SRP: $50	(3)	**40**
19820	**Railsounds II** Tender Die-cast, 6WT 95,96	(3)	**225**
19833	**Lionel 2426RS** Die-cast tender 97 Black, 6WT, RSII, SRP: $270.	(4)	**225▲**
52060	**VTC Whistle Tender** U94	(5)	**60**

Misc.

0-4-0

8200	0-4-0 **Kickapoo Dockside** NIB 72 Black/gold, MR, never came with tender *1280 Kickapoo Valley & Northern*	(3)	**50**

8209	0-4-0 **Pioneer Dockside** 2PR 72-76		
	1. 4-wheel tender, *1287 Pioneer Dockside Switcher* 72	(2)	**60**
	2. No tender, sold separately	(1)	**40**
8212	0-4-0 **Black Cave Flyer** NIB 82 DC *1254 Black Cave Flyer*	(4)	**50**
8311	0-4-0 **Southern** NIB U73 Black/white, oil-style tender, *1395 JC Penney*	(5)	**40**
8313	0-4-0 **AT&SF** NIB 83,84 Black/gold, slope-back tender, DC, *1352 Rocky Mountain Freight*	(4)	**25**
8512	0-4-0 **Santa Fe** NIB 85,86 Dockside Switcher, Dark blue/yellow, DC *1501 Midland Freight*	(2)	**25**
8601	0-4-0 **Rock Island** Black/white, NIB 76,77 slope-back tender, *1661 Rock Island Line*	(1)	**25**

8803	0-4-0 **Santa Fe** Black/white, 88031, NIB 78	(2)	25
	Sets 1860, 1862, 1892, and 1893		
8905	0-4-0 **Smokey Mountain Line** switcher NIB 79		
	No tender, DC, *1965 Smokey Mountain Line*		
	1. White lettering	(5)	25
	2. Silver lettering	(5)	25
18700	0-4-0 **Rock Island 8700** 87,88	(2)	35
	Red/white, DC, NIB, *11701 Rail Blazer*		
18705	0-4-0 **Neptune 8705** NIB, DC 90,91	(2)	35
	11714 Badlands Express		
18709	0-4-0 **Lionel Employee Learning Center** U92	(4)	150
	DC, NIB		
18718	0-4-0 **Lionel Lines Docksider 8200** 97, U98		C
	HL, DC, *11919 Lionel Docksider Set*		
	11986 Lionel Dockside Set		

2-4-0

8140	2-4-0 **Southern** NIB U71	(3)	40
	Green-black/gold, MSOS, *1190 JC Penney*		
8140	2-4-0 **Nickel Plate Road** Sears NIB U72		
	1. Slope-back tender	(2)	30
	2. 1130T tender	(3)	30
8300	2-4-0 **AT&SF** Black/gold, 73,74	(2)	25
	Slope-back tender, NIB		
8302	2-4-0 **Southern** NIB 73-76	(2)	30
	Green/gold, MSOS, HL, *1384 Southern Express*		
8310	2-4-0 **Nickel Plate Road** NIB U73	(3)	60
	Black/gold, die-cast, slope-back tender,		
	HL, *1390 Sears*		
8310	2-4-0 **Jersey Central** NIB U74	(3)	75
	Black/gold, die-cast boiler, MSOS, *1492 Sears*		
8310	2-4-0 **AT&SF** Black/gold, NIB U73	(3)	60
	Die-cast boiler, slope-back tender, HL, Sears		
8314	2-4-0 **Southern Streak** NIB 83-85	(4)	35
	Dark green/white, MSOS, DC, HL, square		
	back, oil-style tender, *1353 Southern Streak*		

8500	2-4-0 **Pennsylvania** Black/gold NIB 75,76		
	1. Thick typeface	(2)	25
	2. Thin typeface	(3)	35
	MSOS, *1581 Thunderball Freight*		
8502	2-4-0 **Santa Fe** Black/gold NIB 73-75	(3)	25
	Slope-back tender, *1381 Cannonball*		
8507	2-4-0 **AT&SF** Black/gold NIB U75	(5)	40
	Slope-back tender, MR, made for K-Mart		
8602	2-4-0 **Rio Grande** NIB 76-78	(2)	30
	Black/white, oil-type tender, MSOS		
	HL, *1662 Black River Freight*		
8625	2-4-0 **Pennsylvania** NIB 86-90	(1)	30
	Black/white, oil-type tender, HL,		
	MSOS, DC, *1615 Cannonball Express*		
8902	2-4-0 **Atlantic Coast Line** 79-82, 86-90	(1)	25
	Black/white, 8902T, DC, NIB		
	Sets 1960, 1993, 1990, 1155, 1687 and others		
18704	2-4-0 **Lionel Lines 8704** NIB U89	(3)	40
	DC Only, *11771 K-Mart Microracers set*		

18706	2-4-0 **AT&SF 8706** NIB 91 *11720 Santa Fe Special*	(3)	**40**
18707	2-4-0 **Mickey's World Tour 8707** 91 NIB, *11721 Mickey's World Tour Train*	(3)	**60**
18710	2-4-0 **Southern Pacific 2000** 93 Black/white, HL	(2)	**50**
18711	2-4-0 **Southern 2000** Green/white, HL 93	(2)	**50**
18712	2-4-0 **Jersey Central 2000** 93 Blue/white, HL	(2)	**50**
18713	2-4-0 **Chessie System 1993** 94,95 Black/yellow, SRP: $65	(2)	**50**

2-4-2

8040	2-4-2 **Nickel Plate Road** 70-72		
	1. Slope-back tender	(2)	**30**
	2. 1972 1130T tender	(2)	**30**
	1081 Wabash Cannonball		
8040	2-4-2 **Canadian National** Slope-back tender U71	(3)	**100**
8041	2-4-2 **New York Central** 70 8060T, Gray, red stripe/white, smoke	(2)	**60**

8041	2-4-2 **Pennsylvania** U71 8060T, Gray, red stripe/white ESOS, smoke, NIB	(3)	**100**
8042	2-4-2 **Grand Trunk Western** 70,U71-U73 Die-cast boiler, smoke, HL *1084 Grand Trunk & Western*	(3)	**75▲**
8043	2-4-2 **Nickel Plate Road** NIB U70 Black/white, slope-back tender, *1091 Sears*	(5)	**75**
8141	2-4-2 **Pennsylvania** Gray w/ red stripe 71,72 Smoke, HL, ESOS *1183 Silver Star*		
	1. White lettering in set *1183*	(1)	**50**
	2. Red lettering	(1)	**50**
	3. Yellow lettering	(5)	**200**
	4. Red stripe, white lettering on cab, raised number on cab	(2)	**50**
8203	2-4-2 **Pennsylvania** 72,U74,75 Black/red, ESOS, smoke, HL, *1183 Silver Star*		
	1. Coal tender, in *1183 Silver Star*	(2)	**50**
	2. Oil-style tender, sold separately	(2)	**40**
8213	2-4-2 **Rio Grande** NIB 82,83,U84-U91 Black/white, die-cast boiler, MSOS, ERU, smoke, HL, *1252 Heavy Iron* and others	(2)	**70**
8214	2-4-2 **Pennsylvania** 82,83 Black/gold, die-cast, smoke, ERU, MSOS, HL	(2)	**75**
8303	2-4-2 **Jersey Central** NIB 73,74 Light blue-dark blue/gold, oil-style tender, ESOS, smoke, HL, *1385 Blue Streak Freight*	(2)	**50**
8308	2-4-2 **Jersey Central** NIB U73,U74 Black/gold, 1130T type tender, MSOS, smoke, HL, *1392 Sears*	(4)	**50**
8604	2-4-2 **Jersey Central** NIB U76 Black/gold, smoke, MSOS, HL, 1130 Oil-type tender, *1696 Sears*	(3)	**35**
8703	2-4-2 **Wabash** oil-style tender, NIB 77 Black/white, smoke, HL, ESOS *1762 Wabash Cannonball*	(3)	**40**

8903	2-4-2 **Rio Grande** NIB Black/white, 8602T, 79-81 DC, MSOS, HL, *1963 Black River Freight*	(2)	**35**
8904	2-4-2 **Wabash** NIB Black/black-white, 79 Die-cast boiler, 8904T oil-type tender, tender came w/ and w/o MSOS, 2PR, HL, *1962 Wabash Cannonball & 1991 JC Penney*	(2)	**75**

4-4-2

8008	4-4-2 **Chessie System** NIB 80 Die-cast boiler, 8008T, HL, smoke, red firebox light, MSOS, DC only, *1052 Chesapeake Flyer*	(3)	**100**
8102	4-4-2 **Union Pacific** NIB 81,82 Gray/yellow, die-cast boiler, 8102T, smoke, ESOS, 2PR, HL, *1151 Thunder Freight* and *1153 JC Penney set*	(3)	**100**
8142	4-4-2 **Chesapeake & Ohio** Black/gold, 71,72 Die-cast boiler, smoke, HL, *1184 The Allegheny*		
	1. ESOS, no whistle	(1)	**100**
	2. ESOS, whistle	(3)	**125**
8204	4-4-2 **Chesapeake & Ohio** 72 Black/gold, die-cast boiler, HL, smoke, whistle, ESOS, sold sep. & *1284 Allegheny*	(3)	**100**
8304	4-4-2 **Rock Island** Black/white, die-cast boiler, 73-75 ESOS, HL, smoke, *1386 Rock Island Express*		
	1. Raised marker lights (early version)	(4)	**150**
	2. Lens on boiler	(2)	**115**
8304	4-4-2 **Baltimore & Ohio** NIB 75 Black/white, die-cast, ESOS, HL, smoke, *1587 Capital Limited*	(3)	**125**
8304	4-4-2 **Pennsylvania** Black/gold, 74 Die-cast, ESOS, HL, smoke, NIB, *1487 Broadway Limited*	(3)	**125**
8305	4-4-2 **Milwaukee Road** NIB 73 Black/gold, die-cast, Pennsy-style tender, EW, ESOS, smoke, HL, *1387 Milwaukee Special*	(3)	**125**
8402	4-4-2 **Reading** Black/white, die-cast, HL, 84 1130T oil-style tender, ERU, MSOS, smoke	(3)	**75**
8403	4-4-2 **Chessie System** NIB 84,85 Blue/yell, die-cast, HL, 1130T oil-style tender, smoke, MSOS, ERU, *1402 Chessie System*	(3)	**75**
8616	4-4-2 **AT&SF** Black/white, die-cast, 86 oil-type tender, HL, smoke, MSOS, ERU, AC/DC	(3)	**75**
8617	4-4-2 **Nickel Plate Road** NIB 86-91 Black/yellow, die-cast, AC/DC, smoke, HL, ERU, MSOS, *1602 Nickel Plate Special*	(1)	**75**
8800	4-4-2 **Lionel Lines** 8800T 78-81 Black/white, die-cast, HL, smoke, ESOS, 2PR, sold sep. & *1865 Chesapeake Flyer*	(2)	**125**
18600	4-4-2 **Atlantic Coast Line 8600** U87 NIB, JC Penney *11752 Timberline*	(5)	**100**
18601	4-4-2 **Great Northern 8601** 88 Die-cast body, HL, smoke, AC/DC, ER	(2)	**100**

18602	4-4-2 **Pennsylvania 8602** 87	(2)	**100**
	Square back tender, die-cast, smoke, HL, AC/DC, ER		
18604	4-4-2 **Wabash 8604** NIB 88-91	(2)	**80**
	Die-cast body, HL, smoke, AC/DC, ER, *11703 Iron Horse Freight*		
18605	4-4-2 **Mopar Express 1987** NIB U87,U88	(3)	**75**
	Die-cast, smoke, HL, ERU, MSOS, AC/DC *11757 Mopar Express*		
18612	4-4-2 **C&NW 8612** die-cast, HL, smoke 89	(3)	**100**
18613	4-4-2 **New York Central 8613** NIB U89	(4)	**125**
	HL, smoke, slope-tender, *11773 Sears NYC Set*		
18614	4-4-2 **Sears Circus** NIB U89	(3)	**100**
	11770 Sears Circus		
18615	4-4-2 **Grand Trunk Western 8615** 90	(2)	**100**
	Die-cast, HL, smoke		
18616	4-4-2 **Northern Pacific 8616** NIB U90	(4)	**125**
	11780 Sears NP Set		
18617	4-4-2 **Adolphus III** NIB U89-U92	(3)	**100**
	11775 Anheuser Busch set goes for $200		
18622	4-4-2 **Union Pacific 8622** U90,U91	(4)	**100**
	NIB, *11785 Costco Union Pacific*		
18623	4-4-2 **Texas & Pacific 8623** 92	(2)	**95**
18625	4-4-2 **Illinois Central 8625** U91	(4)	**125**
	NIB, *11789 Sears Illinois Central Set*		
18627	4-4-2 **Chesapeake & Ohio 8627** NIB 92	(3)	**100**
18628	4-4-2 **MKT 8628** NIB 92,U93	(3)	**100**
18632	4-4-2 **NYC 8632** NIB, *11735 NYC Flyer* 93-98		**C**
18632	4-4-2 **Chesapeake & Ohio 8632** NIB 97, 98		**C**
	ERU, HL, Smoke, *11931 Chessie Flyer Freight Set*		
18633	4-4-2 **Union Pacific** 93-95	(2)	**75**
	NIB, *11736 UP Express*		
18633	4-4-2 **C&O** NIB, *11746 Seaboard Set* U93,94	(2)	**75**
18637	4-4-2 **United Auto Workers 8633** U93	(4)	**100**
	NIB, *11811 UAW Set*		
18641	4-4-2 **Ford 8641** NIB, *11814 Ford Set* U94	(3)	**85**
18644	4-4-2 **Santa Fe 8644** HL, TT, 96-98		**C**
	Smoke, W, NIB, *11900 Santa Fe Special Freight Set*		
18648	4-4-2 **Sears Brand Central/Zenith 8632** U95, U96	(4)	**100**
	NIB, *11821 Sears/Zenith Set*		
18649	4-4-2 **Chevrolet USA-1** U96	(3)	**100**
	NIB, *11822 Chevrolet Set*		
18650	4-4-2 **Lionel Lines X1110** Smoke, 96-98		**C**
	HL, W, NIB, *Sets 11910, 11921, 11944, 11957*		
18656	4-4-2 **Bloomingdale's 8632** U96	(3)	**75**
	NIB, *11825 Bloomindale's NYC Flyer Set*		
18657	4-4-2 **Zenith Express 8632** U96	(4)	**100**
	NIB, *11826, 11827 Zenith Sets*		
18658	4-4-2 **Lionel Lines LLB X1110** U97	(3)	**100**
	NIB, *11935 Little League Baseball Set*		
18668	4-4-2 **Bloomingdale's 8632** U97	(4)	**100**
	NIB, *11841 Bloomingdale's Set*		
18670	4-4-2 **Norfolk & Western 201** 98		**C**
	NIB, *11979 Norfolk & Western Train Set*		
18671	4-4-2 **Delaware & Hudson 1400** 98		**C**
	NIB, *11971 Delaware & Hudson Train Set*		
18678	4-4-2 **Quaker Oats 8632** U98		**C**
	NIB, *11985 Quaker Oats Set*		

Rolling Stock
Action and Animated Cars

6201	**Union Pacific** Yellow/red 82,83 Animated gondola, rubber-band drive	(3)	30
6700	**PFE Ice Car** Orange/black 82,83 SMT, w/2306 Ice Station, NIB	(4) (4)	75 175
7900	**Outlaw Car** Orange/black 82,83	(3)	25
7901	**Cop & Hobo** Dark red/white 82,83	(3)	40
7904	**San Diego Zoo** Dark red/white 83,84 Giraffe car	(4)	75
7912	**Geoffrey Giraffe** Toys R Us NIB U82-U84 White/graphics, Giraffe car, *1262 Toys R Us Heavy Iron*	(4)	85
7913	**Turtle Back Zoo** Giraffe car Green/white 85,86	(4)	75▼
7914	**Geoffrey Giraffe** Toys R Us U85-U89 Giraffe car, White, NIB *1549 Toys R Us Heavy Iron*	(4)	80▼
9217	**Soo Line** Boxcar Maroon/white,op, SMT 82-84	(3)	35
9218	**Monon Mail Delivery** Boxcar 81 Brown-white/white-red, operating, SMT	(3)	40
9219	**Missouri Pacific** Boxcar Blue-gray/blk, op, SMT 83(3)		40
9220	**Borden Operating Milk Car** 83-86 White-brown/black, *remake of postwar 3662*	(3)	125▲
9221	**Poultry Dispatch** Brown/white 83-85 *Remake of postwar 3434*	(4)	75
9223	**Reading** Boxcar Tuscan/wht-blk, op, SMT 84	(3)	40
9224	**Louisville Operating Horse Car** 84-86 Yellow-brown/brown, *remake of postwar 3356*	(3)	150
9228	**CP** Boxcar Silver-blk/red-blk, operating, SMT 86	(2)	30
9229	**Express Mail** Boxcar Blue-org/wh-org, op 85,86	(3)	45
9234	**Radioactive Waste** Red/white 80 *1070 Royal Limited, remake of postwar 6805*	(4)	65
9237	**United Parcel Service** Boxcar op, repros made 84		5P
9280	**AT&SF Horse Transport Car** 77-81 Red/white, *remake of postwar 6473*	(3)	25
9301	**US Mail** Boxcar Red-wht-blue/wht-blk, op 73-84 1. Regular production 2. S-STCA U76	(3) (5)	40 50

9305	**Santa Fe Sheriff & Outlaw Car** 80-82 Dark green/gold, NIB, *1053 James Gang*	(3)	**20**

9307	**Erie Animated Gondola** 80-84 Red/white, vibrator motor, *remake of postwar 3444*	(4)	**80▲**

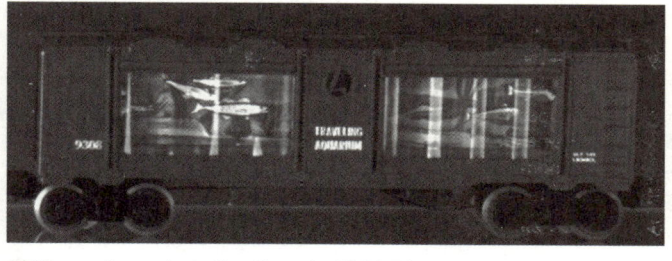

9308	**Aquarium Car** Green/gold 81-84 *Remake of postwar 3435*	(3)	**200▼**

9389	**Lionel Radioactive Waste** Maroon/white 81,82 *Remake of postwar 6805*	(4)	**65▼**
16110	**Sears Circus Stockcar** Orange/white, U89 Operating, NIB, *11770 Sears Circus*	(3)	**30**
16351	**Lionel Flatcar w/Sub** Gray/white, SMT 92	(4)	**65**
16603	**Detroit Zoo Giraffe Car** Tuscan/white 87	(4)	**75▼**
16605	**Bronx Zoo Giraffe Car** Blue/yellow 88	(4)	**65**
16610	**Track Maintenance** Gray-black/blue-white 87,88	(2)	**20**
16614	**Reading Cop & Hobo Car** Yellow-green/green 89	(3)	**25**
16618	**Santa Fe Track Maintenance** 89 Red-gray/white-black	(2)	**20**
16620	**C&O Track Maintenance** 90,91 Black-yellow/white	(2)	**20**
16624	**New Haven Cop & Hobo Car** 90,91 Orange/black-white	(2)	**25**
16628	**Laughter Gondola** Blue/yellow 90,91 NIB, *11716 Lionelville Circus Set*	(3)	**50**
16629	**Animal Boxcar** w/elephant head, NIB 90,91 White/red-gray, *11716 Lionelville Circus Set*	(3)	**50**
16630	**Southern Pacific Cowboy Car** NIB 90,91 Yellow/black, *11714 Badlands Express*	(3)	**20**
16638	**Lionelville Circus Animal Car** Red/white 91	(3)	**85▼**

16641	**Geoffrey Giraffe Car** White U90,U91 NIB, *11783 Toys R Us Heavy Iron*	(3)	**100▼**
16642	**Goofy Boxcar** Yellow/graphics, NIB 91 *11721 Mickey's World Tour Train*	(3)	**45▲**
16651	**Circus Clown Car** Orange/black 92	(3)	**45▼**
16652	**Radar Car** Green-white/gray radar unit 92	(3)	**65▼**
16660	**Fire Car** w/ladders Yellow/black, SRP: $70, 93, 94	(3)	**50**
16661	**Lionel Boat Car** Black/white w/white boat 93YED	(3)	**50▼**
16662	**Bugs Bunny & Yosemite Sam Outlaw Car** 93, 94 Yellow/red SRP: $45	(3)	**35**
16666	**Toxic Waste Car** 93, 94 Yellow/red/black containers SRP: $40	(3)	**40**
16670	**Lionel TV Car** 93, 94 Black/white/white base, SRP: $45	(2)	**35▼**
16674	**Pinkerton Animated Gondola** 94 Red/white, SRP: $45	(3)	**45**
16677	**N.A.T.O. Flatcar** 94 Black/white w/Royal Navy Sub, SRP: $45	(3)	**40**
16679	**US Mail Car** Red-white-blue/white-black 94 Operating boxcar, *11743 C&O Freight*	(3)	**50▼**
16680	**Lionel Cherry Picker** Dk blue/wh, SRP: $45 94	(2)	**35▼**
16681	**Aquarium Car** Gold/black 95	(3)	**85▼**
16682	**Lionel Farms Horse Car** Org/wh, SRP: $37 94	(2)	**30**
16683	**Elephant Car** Yellow/black 94 SRP: $37	(2)	**30**
16686	**Mickey Mouse & Big Bad Pete** 95YED Brown/graphics	(3)	**40**
16687	**Mail Car** Red-white-blue/white SRP: $65, 94YED	(3)	**50▼**
16688	**Lionel Fire Car** Red/yellow SRP: $70, 94YED	(3)	**75▼**
16689	**Toxic Waste** 94YED White/red w/black canisters, SRP: $40	(3)	**40**
16690	**Bugs Bunny & Yosemite Sam Outlaw Car** 94YED Orange/black SRP: $45	(3)	**35**

16704	**Lionel TV Car** Yellow/gray SRP: $45, 94YED		
	1. Regular production	(3)	**35▼**
	2. Added graphic for Nick News	(5+)	*
16705	**C&O Cop & Hobo** Boxcar Silver/black 95	(3)	**40▼**
16706	**Bobbing Giraffe** Boxcar Orange/blue 95	(3)	**35**
16708	**C&NW Track Maintenance** 95 Yellow-black/black	(3)	**35**
16710	**Minuteman Missile** Boxcar Gray-green/blk-red 95	(3)	**75▼**
16712	**Pinkerton** Gondola Black/white 95	(2)	**40**
16718	**USMC Missile Launching Car** 96 Green/white/gray launcher, w/1 missile	(3)	**40**
16719	**Lionel 6470** Exploding boxcar Red/wht 96 Cataloged in black but made in red	(3)	**40**
16724	**Mickey & Friends** Submarine car 96 Purple/blue-graphics	(3)	**40▼**
16725	**Rhino Transport Car** White/black-red 96,97	(3)	**35**
16726	**US Army** Fire Ladder car 96 Olive green/white	(3)	**50▼**

16735	**US Coast Guard** Radar car Org/blu/blk 96 NIB, *US Coast Guard set 11905*	(2)	**30**
16737	**ACME Road/Coyote 3444** 96 Animated gondola Yellow/brown	(3)	**45▲**
16738	**Pepe Le Pew 3370** Animated boxcar 96 White-blue/graphics	(3)	**45**
16739	**Foghorn Leghorn 6434** Poultry Car 96 Yellow/graphics	(3)	**50▲**
16740	**Lionel Corp./U.S. Mail 3428** 96 Red-white-blue/blue-white operating boxcar	(3)	**45**
16742	**Gil Finn's Trout Ranch Aquarium Car** 96 Green/graphics	(3)	**45▼**
16745	**Port of Lionel City 3540** 97 Radar car Silver/black-blue, NIB *11920 Port of Lionel City Dive Team Set*	(2)	**35**
16747	**Breyer 6473** Horse car 97 Red/purple-white	(3)	**35**
16750	**Lionel City 3436** Aquarium car 97 Blue/red/holograms	(3)	**35▲**
16751	**WLNL Airex Sports Channel 3545** 97 TV Car, SRP: $50	(3)	**40**
16752	**Marvin the Martian 6655** 97 Missle-launching flat, Green/red/silver	(3)	**60▲**
16754	**Porky Pig/Martians 6805** 97 Radioactive Waste Car, SRP: $70	(3)	**50▲**
16755	**Daffy Duck 3470** 97 Animated Balloon Car, SRP: $80	(3)	**50▲**
16760	**Pluto/Cats DRRX 3444** 97 Animated Gondola, SRP: $57	(3)	**50▲**
16767	**NYC Ice Docks 6352** Op, SRP: $70, 98 White to med. blue gradation-dk.blue/red-dk blue		**C**
16777	**Lionel Cola** 98 Animated Car & Platform SRP: $130.		**C**
16908	**USN** Flatcar Gray/black, w/sub 94,95 *11745 US Navy Set,* NIB	(3)	**45**
16971	**Port of Lionel City 6424** 97 Flat w/motorboat, Silver/black-blue, NIB *11920 Port of Lionel City Dive Team Set*	(2)	**40**
19800	**Lionel Lines Operating Cattle Car** 88 Cream-gray/black	(3)	**150▼**
19801	**Poultry Dispatch,** lighted, Red/black 87	(2)	**65**
19802	**Carnation Operating Milk Car** 87 Yellow-Tuscan/red-black	(3)	**135**
19803	**Reading Operating Ice Car** SMT 87 White-black/blue	(3)	**70**
19805	**Santa Fe** Boxcar Red/white Operating SMT 87	(3)	**40**
19808	**NYC Operating Ice Car** Orange-blk, op, SMT 88	(3)	**75**
19809	**Erie Lackawanna** Boxcar Tuscan/wh, op, SMT 88	(3)	**35**
19810	**Bosco Operating Milk Car** 88 Yellow-silver/black, *remake of postwar 3672*	(3)	**125**
19811	**Monon Brakeman Car** Gray/Red 90	(3)	**60**
19813	**Northern Pacific Ice Car** 89 YED Green-black/gold, operating, SMT	(3)	**60**
19815	**Delaware & Hudson Brakeman Car** Brn/wht 92	(2)	**50**
19816	**Madison Hardware** Boxcar SMT U91 Gray-orange/black, operating	(4)	**175▼**
19817	**Virginian Ice Car** 94 Blue-silver/yellow, SMT, SRP: $60	(3)	**65**
19818	**Dairymen's League Milk Car** 94 White-black/blue w/platform SRP: $120	(3)	**115▲**

19819	**Poultry Car** Red/white, SMT 94 *11744 New Yorker SSS*		(3)	**65**
19821	**UP** Boxcar Gray-red/yellow, operating, SMT 95		(3)	**60▲**
19822	**Pork Dispatch** Brown/yellow SMT 95		(3)	**50▲**
19823	**Burlington Ice Car** U94,95 Yellow-red/black, SMT		(3)	**50**
19824	**Lionel Lines 3470** target 96 launcher, White/blue/red-w/balloons		(3)	**40▼**
19825	**EMD Generator Car** Blue/white 96		(3)	**65▲**
19827	**NYC Pacemaker** Red-gray/white 96,97 Operating boxcar, SMT		(3)	**45**
19828	**C&NW Cattle Car & Stockyard** 96-98 Yellow-green/yellow, w/7 cattle SRP: $150 Cataloged in 96 and 97 but not made until 98.			**C**
19830	**The Lionel Corp. 3428** 96, 97 Operating Boxcar Red-white-blue/white-blue		(3)	**45**
19831	**EMD Generator Car 3530** Blue/white 97		(2)	**60**
19832	**Lionel Cola 6352 Ice Car** 97 Silver-red/multi, SMT, SRP: $60		(2)	**45**
19835	**FedEx 3464X Animated Boxcar** SMT 97 White-orange-purple/white-orange-purple, SRP: $55		(3)	**45**
19845	**Lionel Lines 3435 Aquarium Car** 98 Blue/white, CC, CS, SRP: $250			**C**
19846	**Animated Giraffe Car** Op 98 Brown/white, CC, EC, CS, SRP: $250			**C**
19855	**Christmas 1998** Aquarium Car SRP: $46. w/Santa and reindeer			**C**
19856	**Mermaid Transport** 98 Aquarium type car w/mermaids SRP: $55.			**C**
19965	**Pete's Place LRRC Aquarium Car 3435** U98 Purple-green/green			**C**

19967	**Lionel Kid's Club** Animated Gondola U98 Yellow-purple/multi			**C**
26961	**Lionelville Fire Company #1 Ladder Car** 98 *21753 Fire Rescue Train SSS*			**C**
26972	**Pony Express** Animated Gondola SRP: $45, 98			**C**
29231	**Halloween** Animated Boxcar SRP: $50, 98			**C**
52045	**Penn Dutch Milk Car** TCA U94 Red-black/graphics, w/platform		(4)	**200**
52065	**Pennsylvania Dutch** Boxcar TCA U96 Grn-blk/graphics, op, SMT		(4)	**125**
52067	**Burlington Ice Car** LOTS U95 Yellow-brown/black, SMT		(3)	**65**
52105	**Superstition Mountain 61997** Gondola TCA U97 Animated		(4)	**85**
52120	**Shedd Aquarium Car 3435-557** CLRC U98			**C**
52148	**Santa Fe REA 52148-558** Operating Boxcar U98 CLRC, SMT Green/red-red			**C**
52170	**SP 52170-562** Operating Boxcar, CLRC, SMT U99			**C**
52171	**Union Pacific 52171-561** Operating Boxcar U99 CLRC, SMT			**C**

Automobile Carriers

1973	**TCA** 3-tier Black/gold U73		(3)	**50**
9123	**Chesapeake & Ohio** 3-tier U72,73,74			
	1. Black/yellow, 1 board lettered		(2)	**30**
	2. Blue/yellow, 1 board lettered		(2)	**30**
	3. Yellow/blue, 10 made U73		(5+)	**400**▼
	4. Black/yellow, 2 boards lettered		(4)	**150**
	5. Blue/yellow, 2 boards lettered		(4)	**150**
9123	**No Road Name** 2-tier, U73		(5+)	**700***
	Blue/white, 6 made			
9125	**Norfolk & Western** 2-tier, NIB 73-77			
	1. Blue/white		(3)	**40**▼
	2. Black/white		(4)	**50**▼
	1386 Rock Island Express, 1586 Chesapeake Flyer			
9126	**Chesapeake & Ohio** 3-tier 73-75			
	1. Unpainted Yellow/blue, 1 board lettered		(2)	**30**
	2. Painted Yellow/blue		(5+)	*****
	3. 2 boards lettered		(4)	**150**
	Sold sep. & *1388 Golden State Arrow,*			
	1460 Grand National 74 only			
9129	**Norfolk & Western** 3-tier 75,76		(2)	**35**▼
	Brown/white, *1560 North American Express*			
	Sold sep. & *1584 Spirit of America*			
9139	**Penn Central** 3-tier Green/white, 76,77		(2)	**25**
	Sold sep. & *1664 Illinois Central Freight*			
9145	**Illinois Central Gulf** 3-tier Orange/black 77-80		(2)	**35**▼
9216	**Great Northern** 3-tier Blue/white SMT 78		(3)	**40**
	1867 Milwaukee Limited			
9281	**Santa Fe** 3-tier Red/white 78-80		(2)	**35**
9351	**Pennsylvania** 3-tier Tuscan/gold 80		(3)	**40**
16208	**Pennsylvania** Brown/yellow-white 89		(3)	**40**▲
	3-tier, w/6 cars 1 red, 1 blue, 1 black, 3 white			
16214	**Denver & Rio Grande** 2-tier, 90		(3)	**45**
	Orange-gray-white/white-black			
16215	**Conrail** 2-tier, 90		(3)	**45**
	Brown-gray-white/white-black			
16217	**Burlington Northern** 2-tier, 92		(3)	**45**
	Green-white-yellow/white			
16228	**Union Pacific** 2-tier, 92		(3)	**45**
	Yellow-white/white			
16229	**Erie Lackawanna** 2-tier U91YED		(3)	**75**▼
	Yellow-white/black-white,			
	11726 Erie Lackawanna Freight set			
16242	**Grand Trunk Western** 2-tier, 93		(3)	**45**
	Blue-silver/white			
16253	**Santa Fe** 2-tier Brown-sil/wht, SRP: $50, 94		(3)	**45**
16260	**Mopar** 2-tier Blue-silver/blue, NIB U94			
	1. Mopar Nameplate *11818 Chrysler Mopar Set*		(3)	**60**
	2. Dodge Nameplate *11933 Dodge Motorsports Set*		(4)	**75**

16757	**Johnny Lightning** Car Hauler Purple/yellow U96		(4)	**100**▲
	w/2 cars inside, Eastwood, SRP: $40.			

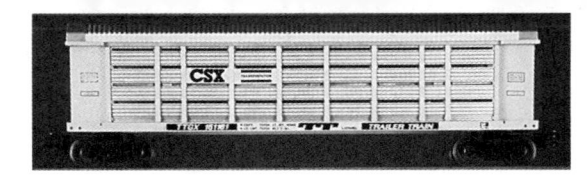

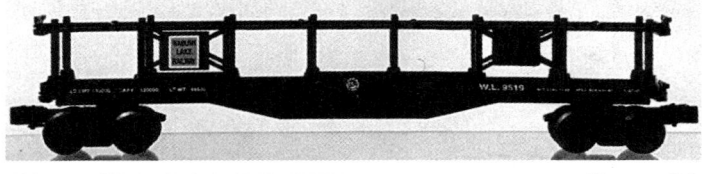

17890	**CSX** 2-tier Yellow/black, LOTS, SMT U91	(3)	**125**
52024	**Conrail** Artrain, 2-tier, SMT U93 Tuscan/white/yellow	(3)	**125**▲

52115	**Wabush** 2-tier LCAC U97 Black/white-green, die-cast trucks	(4)	**150**

Barrel Ramp Cars

9225	**Conrail** Brown/white, Op, 84	(3)	**75**▲
9290	**Union Pacific** Black/yellow, Op 83 *1361 Gold Coast Limited*	(4)	**85**▲
16301	**Lionel** Blue-white/yellow 87	(2)	**15**
16306	**Santa Fe** Red/white 88	(2)	**15**
16317	**Pennsylvania** Tuscan/gold 89	(2)	**15**▲

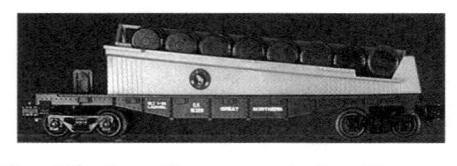

16320	**Great Northern** Green-orange/yellow 90	(2)	**15**

16325	**Microracers** Red/white U89 w/4 cars instead of barrels, *11771 K-Mart Microracers*	(3)	**35**

Boxcars

Boxcar Body Types

The 6464 boxcar, the most actively collected rolling stock category in the Lionel postwar era, continues to be made under different numbers, including 9200 (1970-86), 9400 (1978-86), 9700 (1972-82), the five-digit series (1987-to date), and 6464 (1993-to date).

In our *Postwar* guide we explain boxcar bodytypes 1 through 4, which existed between 1953 and 1969. In 1970 Lionel moved production to Mount Clemens, Michigan, and some new bodytypes appeared. The differences have to do with the rivets, endplates, and door guides. Type 5, the first new bodytype, appeared in 1970. Four additional bodytypes followed as boxcar bodies continued to change through 1972. In late 1972, production was standardized through 1986. Future guides will list the body type changes that have occurred since.

Type 5
There is one partially completed rivet row to the right of the door. The endplates are blank and the top and bottom doorguides are metal.
Type 6
The partially completed row of rivets to the right of the door is eliminated. Endplates are still blank and the doorguides are either metal top and bottom or plastic top and bottom.
Type 7
The endplates now have printing on them. One endplate reads *9200*, the other has the MPC logo. The doorguides remain the same.
Type 8
The top doorguide is plastic and plastic hooks replace the bottom doorguide. The endplates remain the same.
Type 9
The only change has to do with the endplates. One is now embossed *9700*.
Notes: All type 7 boxcars with double plastic doorguides demand a premium price. Very few 9200 boxcars made before 1980 were type 9. Most of the 9700 boxcars were made as type 9. A few were made as type 8 and very few were made as type 7. All 9400 boxcars are type 9.

Door Types
Unlike the postwar era, door types do not change. All are the multiple-block type.

0780	**LRRC** White-red/black, U82	(4)	**90▼**
1018-1979 TCA Mortgage Burning Hi-cube U79		(3)	**50**
1223	**Seattle North Coast** LOTS, U86 Green/yellow-white, Hi-cube, 47 made	(5)	**600▲**
1979	**IETCA** White/orange-green U79	(5)	**75**
1981	**LCOL** Orange/blue, LCOL, U81	(5)	**65**
1983	**Churchill Downs** Tan/red, GLTCA, U83	(5)	**200▲**
1984	**Sacramento Northern** TTOS, Hi-cube, U84 Brown/white-gold	(4)	**100**
1984	**Iron City** White-red/graphics U84 Not an authorized TCA car, but desirable anyway.	(4)	**500*▲**
1984	**Heinz Ketchup** White-red/graphics U84		
	1. Without letter	(4)	**200**
	2. With letter (behind divider inside box)	(4)	**225**
1984	**Heinz Pickles** U84 Not an authorized TCA car, but desirable anyway.	(4)	**250*▲**
6014-900	**Frisco** White/black, LCCA U75, U76	(4)	**40**
8051	**Hoods Milk** NETCA U86 Green-maroon/yellow-red-white	(4)	**150▲**
8103	**Toronto, Hamilton & Buffalo** U81 Yellow-black/black, LCAC	(4)	**150**
8204	**Algoma Central** Red/white, LCAC U82	(4)	**150▲**
8389	**Long Island** Tuscan/white, NLOE U89	(5)	**100***

6464 Series Boxcars
6464   **See 5-digit boxcar section for new 6464 cars**

6464-1970 TCA Chicago U70   (3)   **150▼**
       Yellow/red, Type 5, 1100 made

6464-1971 TCA Disneyland White, Disney logos, U71
     1. Mickey, full smile, Type 7   (3)   **225▼**
     2. Same, half-smile, one side   (4)   **300▼**
     3. Same, half-smile both sides   (4)   **350▼**

6464-1971 TCA Disneyland U71
Note: Sometime in 1971, 15 test shells, stamped with Disney markings and headed for the trash bin, were removed from the Lionel factory by a Lionel employee. The shells found their way to a collector in Georgia. He added trucks, trim and doors. Nine of the shells are white and six are colored, Type 6.

     1. Dark blue, 2 known   (5+)   *
     2. Green   (5+)   *
     3. Medium blue   (5+)   *
     4. Red, 2 known   (5+)   *
     5. Nine white versions   (5+)   *
        w/different colored doors and stampings

6464-500	**Timken** U70		
	1. Yellow/black, Type 5	(4)	**250**
	2. Orange/black, Type 6	(4)	**250**
	3. Orange/black, Type 7, 9200 endplate	(5)	**350**

7400 Series Boxcars
7403	**LNAC** Blue/red-white LCCA U84	(3)	**50**
7404	**Jersey Central** Green/cream SMT 86	(3)	**40**

7500 Series Boxcars (All 9700-type boxcars)
7501	**Lionel 75th Anniversary** Blue-silver/multi 75-77	(3)	**30**
7505	**Lionel 75th Anniversary** Silver-red/multi 75-77	(3)	**30**
7506	**Lionel 75th Anniversary** 75-77 Green-gold/multi, *1585 75th Anniversary Set*	(3)	**30**

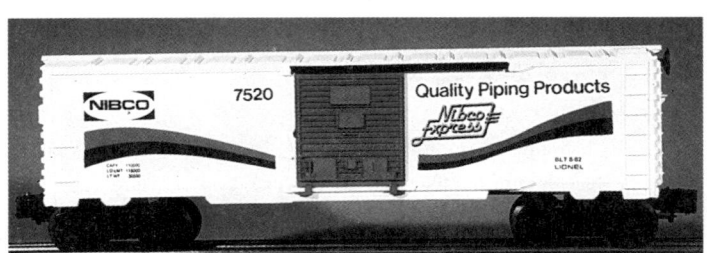

7520	**Nibco** White/green-black U82	(4+)	**500▼**

7600 Series Boxcars
7601	**Delaware** Yellow-blue/yellow 74-76	(2)	**25**
7602	**Pennsylvania** Lt blue-orange/black 74-76	(2)	**35**
7603	**New Jersey** Lt green-gray/gold 74-76	(2)	**30**
7604	**Georgia** Lt blue-red/black U74,75,76	(3)	**30**
7605	**Connecticut** U74,75,76 Light blue-dark blue/black	(2)	**30**
7606	**Massachusetts** Yellow-white/black U74,75,76	(2)	**30**
7607	**Maryland** Yellow-white/black U74,75,76	(2)	**40**
7608	**South Carolina** Yellow-brown/black U75,76	(3)	**40**
7609	**New Hampshire** Yellow-green/black U75,76	(3)	**50▲**
7610	**Virginia** Orange-blue/black U75,76	(4)	**185▼**
7611	**New York** Yellow-blue/black U75,76	(4)	**90▼**

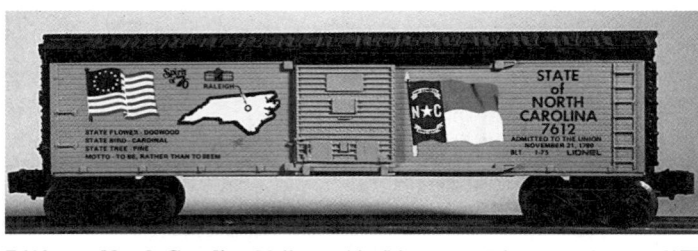

7612	**North Carolina** Yellow-white/black U75,76	(3)	**60▼**
7613	**Rhode Island** Green-gold/black U75,76	(3)	**60▼**
7679	**VTC** Silver/red-black U79	(5)	**20**
7685	**VTC** Blue-silver/yellow U85	(5)	**25**

7700 Series Boxcars

7700	**Uncle Sam** White-red/black-white U75	(3)	45▼
7701	**Camel** Yellow-brown/brown-black 76,77	(2)	30
7702	**Prince Albert** 76-77 Red-yellow-black/black-white	(2)	25
7703	**Beech-Nut** White-red/blue-red 76,77	(2)	35
7706	**Sir Walter Raleigh** 77,78 Orange-blue/white-gold	(2)	25
7707	**White Owl** White-brown/brown 77,78	(2)	30
7708	**Winston** Red-gold/white-red 77,78	(2)	30
7709	**Salem** Green-gold/graphics 78	(2)	30
7710	**Mail Pouch** White-Tuscan/red-brown 78	(3)	30
7711	**El Producto** White-red/black 78	(3)	30

7712	**Santa Fe** Yellow-silver/black *FARR 1* 79	(3)	35▼
7780	**TCA Museum** Red/white U80	(4)	50
7781	**Hafner** Silver/black TCA Museum U81	(4)	35
7782	**Carlisle & Finch** TCA Museum U82 Dark cream/brown	(4)	35
7783	**Ives** Green/white TCA Museum U83	(4)	35
7784	**Voltamp** Lt yellow/black TCA Museum U84	(4)	35
7785	**Hoge** Silver-black/black TCA Museum U85	(4)	35
7786	**Dorfan** (KMT car)	(4)	35

7800 Series Boxcars

7800	**Pepsi** White-red/red-blue U76,77	(3)	60
7801	**A&W** Yellow-orange/brown U76,77	(3)	40▲
7802	**Canada Dry** Green-gold/white-gold U76,77	(3)	40
7803	**Trains n' Truckin'** White-gold/green-gold U77	(3)	30
7809	**Vernors** Yellow-black/green U77,78	(3)	40▲
7810	**Crush** Orange-green/white U77,78	(3)	45▲
7811	**Dr. Pepper** Orange-brown/white U77,78	(3)	40▲

7900 Series Boxcars

7902	**AT&SF** Red/white 82-85 Sold sep. & *1353 Southern Streak*	(2)	10
7903	**The Rock** Blue/white 83	(2)	10
7905	**Black Cave Flyer** Green, glow decals, NIB 82 No number on car, *1254 Black Cave Flyer*	(3)	10
7908	**Tappan** Red/wht, NIB *1265 Tappan Special Set* U82	(4)	75
7909	**Louisville & Nashville** Blue/yellow 83,84 NIB, *1352 Rocky Mountain Freight*	(4)	40▲
7910	**Chessie System** Dk blue/yellow, Type 6454, 84,85	(3)	20

7920	**Sears Centennial** White/blue-black, NIB U85,U86		
	1. Spelled *"Centenial"* 1506 Sears Chessie System	(4)	**60**
	2. Spelled *"Centennial"* 1606 Sears Nickel Plate	(4)	**75**
7925	**Erie Lackawanna** *1615 Cannonball Express* NIB 86-90		
	1. Gray/maroon	(1)	**10**
	2. Orange/white	(5)	**250**
7926	**Nickel Plate Road** Yellow/black 86-91	(1)	**10**
	NIB, *1602 Nickel Plate Special*		
7930	**True Value** NIB *1685 True Value Freight* U86, U87		
	1. White-red/black U86	(4)	**75**
	2. Yellow-red/black U87	(4)	**75**
7931	**Town House** Gray/black, NIB U86	(3)	**50▼**
	1658 Town House Set		
7932	**Kay Bee Toys** White/multi, NIB U86, U87	(4)	**60▼**
	1686 Kay Bee Freight Flyer,		
	11753 Kay Bee Rail Blazer		

9000 Series Boxcars

9001	**Conrail** Blue/white U86,U87,88-90	(1)	**10**
	Sold sep. & *91687 Freight Flyer*		
9035	**Conrail** Blue/white 78-82,87	(1)	**10**
	Sold sep. & several sets		
9037	**Conrail** Tuscan/white U78,80	(2)	**10**
	Sold sep. & *1052 Chesapeake Flyer*		
9040	**Wheaties** Orange/white 70-72	(1)	**15**
	1084 GT, 1055 SF Twin Diesels & sold separately		
9041	**Hershey's** 70,71,73-76		
	1. Brown/white	(3)	**25**
	2. Maroon/white	(2)	**25**
	3. Dark chocolate brown/silver	(4)	**35**
9042	**Autolite** U71,72,74-76		
	1. White/black-orange	(2)	**12**
	2. White/black	(5)	**75**
	3. White/gold-red	(5+)	*****
	Sold sep. & *1199 Allegheny,* U71		
9043	**Erie Lackawanna** Gray/red 73-75	(1)	**10**
	Sold sep. & *1385 Blue Streak Flyer*		
9044	**D&RGW** 75,76		
	1. Orange/black	(1)	**10**
	2. Burnt orange/black	(3)	**35**
	Sold sep. & *1582 Yard Chief*		
9045	**Toys R Us** White/orange-black NIB U75	(4)	**50▼**
9046	**True Value** White/yellow-red U76	(3)	**35**
	1698 True Value Rock Island Line, NIB		
9047	**Toys R Us** White/orange-black U76	(3)	**40**
	1693 Toys R Us Rock Island Line, NIB		

9048	**Toys R Us** White/orange-black U76	(3)	35
	1694 Toys R Us Black River Freight, NIB		

9049	**Toys R Us** White/orange-black NIB U78	(4)	200▲
	No number on car, *1893 Toys R Us Workin' on the RR*		
9052	**Toys R Us** White/orange-black U77	(3)	35
	1793 Toys R Us Black River Freight, NIB		
9053	**True Value** Green/yellow-red U77	(3)	45
	1792 True Value Rock Island Line, NIB		
9054	**JC Penney** Orange/black U77	(3)	30▼
	1796 JC Penney Cargo Master, NIB		
9090	**Mini-Max** Light blue/black 71		
	1. Roof brackets, *G* in 4th panel from right	(3)	45
	2. No roof brackets	(3)	45
	3. No roof brackets, no USLX 9090	(4)	70
	4. *G* 4th panel from left	(4)	75▼
9090	**Mini-Max** Dark blue/black 71		
	1. Roof brackets, *G* in 4th panel from right	(3)	40
	2. No roof brackets	(3)	30
	3. No roof brackets and no USLX 9090	(4)	40
	4. *G* in 4th panel from left	(4)	60▼

9200 Series Boxcars

9200	**Illinois Central** Types 6,7,8 Orange/black-wht 70,71		
	1. IC close	(2)	25
	2. IC spread	(2)	35
9201	**Penn Central** 70 Type 6		
	1. Jade green/white	(3)	25
	2. Dark green/white	(4)	35
9202	**Santa Fe** 70 Type 6		
	1. Red/white, 3 dots left of door	(3)	40
	2. Same but 2 dots left of door	(4)	80
	3. Orange/black, 67 made	(5+)	950
9203	**Union Pacific** 70 Type 5		
	1. Yellow/yellow door, UP decal	(3)	35
	2. Yellow/red door, no decal	(4)	300▼
9204	**Northern Pacific** 70 Type 6		
	1. Green/white, built date	(3)	30
	2. Apple green/white, no built date	(3)	55
	3. Tuscan/white, built date	(5+)	*
9205	**Norfolk & Western** Blue/white 70 Type 6	(3)	20
9206	**GN** Light blue/white 70,71 Types 6,7	(3)	20

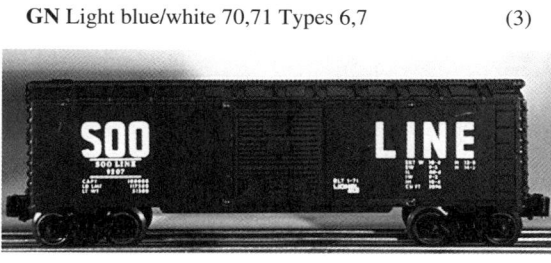

9207	**Soo Line** 71		
	1. Red/white, Type 7	(3)	30
	2. White/black, black roof	(5)	750*
	3. Blue/white	(5+)	900*

9208	**CP Rail** Lt or dk yellow/white NDV, Type 7, 71	(3)	30
9209	**Burlington Northern** Green/white 71,72		
	1. Type 7, Type 8	(3)	25
	2. Type 9	(4)	30
9210	**Baltimore & Ohio** Black/white DD 71	(3)	25
	different colored doors added outside of factory. NDV		
9211	**Penn Central** 71		
	1. Medium or jade green/white, Type 7	(3)	25
	2. Jade green/wht, Type 6, 1000 made	(4)	40
	3. Dark green/white, Type 7	(3)	35
9214	**Northern Pacific** 71,72		
	1. Red oxide/white, Type 7	(3)	35
	2. Same with double plastic door guide	(4)	35
	3. Same as 1 but Type 9	(4)	50▼
9215	**Norfolk & Western** 71		
	1. Dark blue/white, Type 7	(3)	30
	2. Royal blue/wht, Type 6, 1000 made	(4)	40
	3. Tuscan/white		5P
	4. Tuscan/gold		5P
9230	**Monon** Tuscan/white U71,U72		
	Sold sep. & *1150 Illinois Central SSS*		
	1. Type 7	(3)	25
	2. Type 9	(4)	35

9300 Series Boxcars

9339	**Great Northern** Green/white 79-83,U85,86	(1)	10
9359	**NBA** White-red/black U79,U80 YED	(2)	25
9360	**NHL** White-orange/black U79,U80 YED	(2)	25
9362	**Major League Baseball** U79,U80 YED White-blue/black	(2)	25
9365	**Toys R Us** White/orange-black U79 *1993 Toys R Us Midnight Flyer,* NIB	(4)	45
9376	**Soo Line** White/black U81 Sold sep. & *1157 Lionel Leisure Wabash Cannonball*	(5)	50
9388	**Toys R Us** White/orange-black U81 *1159 Toys R Us Midnight Flyer,* NIB	(4)	40

9400 Series Boxcars

9400	**Conrail** Tuscan/white 78		
	1. Regular production	(2)	25
	2. NETCA U78 added graphics	(4)	50
9401	**Great Northern** Pale green/white 78		
	1. Regular production	(2)	20
	2. D-TTCA U78 added graphics	(4)	30
9402	**Susquehanna** Green/gold 78	(3)	35▼
9403	**Seaboard Coast Line** 78		
	1. Black/dark yellow	(2)	25
	2. Black/yellow	(2)	25
	3. Black/white		PF
	4. SDTCA U78 added graphics	(4)	30
9404	**Nickel Plate** Maroon-silver/bl-wh 78	(3)	30
9405	**Chattahoochee RR** Silver/black-red 78		
	1. Regular production	(2)	20
	2. SDTCA U79 added graphics	(4)	30
9406	**D&RGW** White-brown/red-black 78,79	(2)	20
9411	**Lackawanna** Tuscan/white 78 SMT, *1867 Milwaukee Limited*	(4)	75▼
9412	**RF&P** Blue/white 79		
	1. Regular production	(2)	25
	2. WB&ATCA U79 added graphics	(4)	50

9413	**Napierville Junction** Yellow-red/red-black 79			
	Two different shades of graphic NDV			
	1. Regular production	(2)	**20▼**	
	2. LCAC U80 added graphics	(4)	**175▲**	
9414	**Cotton Belt** 79			
	1. Tuscan/white-blue	(2)	**20▼**	
	2. Made for LOTS, added graphics	(3)	**150**	
	3. S-STCA U80 added graphics	(5)	**45**	
9415	**Providence & Worcester** Red/wht-blk 79			
	1. Regular production	(2)	**20▼**	
	2. NETCA U79 added graphics	(4)	**50**	
9416	**Minnesota, Dakota & Western** 79,81	(2)	**25**	
	White-green/green			
9417	**CP Rail** Black/gold, NIB 79	(3)	**50▼**	
	1866 Great Plains Express			
9418	**FARR** Gold/red-white-yellow U79YED	(3)	**50**	
9419	**Union Pacific** Tuscan/white-red, *FARR 2,* 80	(3)	**30**	

9420	**B&O** Silver/dark blue 80	(3)	**30▲**
9421	**Maine Central** Yellow/green 80	(2)	**20**
9422	**Elgin, Joliet & Eastern** 80	(3)	**30**
	Turquoise-orange/turquoise		
9423	**NY, NH&H** Tuscan/white 80		
	1. Regular production	(3)	**30**
	2. NETCA U80 added graphics	(4)	**75**
9424	**TP&W** Orange-silver/white 80	(2)	**25**
9425	**British Columbia** Green/white DD 80	(3)	**30**
9426	**C&O** Blue-yellow/yellow-blue 80	(3)	**35▲**
	Both hot stamp and electrocal, NDV		
9427	**Bayline** 80,81		
	1. Green/yellow	(2)	**20**
	2. Green/white		**PF**
	3. S-STCA U81 added graphics	(5)	**50**
9428	**TP&W** Green-cream/green 80,81,U83	(3)	**40**
	NIB, *1072 Cross Country Express*		
9429	**The Early Years** SMT Red-yellow/black 80	(2)	**30▼**
9430	**The Standard Gauge Years** SMT 80		
	Silver-maroon/black	(2)	**30▼**
9431	**The Prewar Years** Gray-black/black SMT 80	(2)	**30▼**
9432	**The Postwar Years** SMT 80	(4)	**80▼**
	Tan-green/black, *1070 Royal Limited*		

9433	**The Golden Years** SMT 80		
	Gold-dark blue/blue, *1071 Mid-Atlantic*	(3)	**75▼**
9434	**Joshua Lionel Cowen** SMT U80 YED	(3)	**65▼**
	Yellow-brown/black		

9435	**Central of Georgia** U81 Silver/black-white, LCCA Convention car	(3)	**55**
9436	**Burlington** Red/white-black SMT 81 *1160 Great Lakes Limited*	(3)	**40**
9438	**Ontario Northland** Dk blue-yell/yell-white 81	(3)	**40▲**
9439	**Ashley, Drew & Northern** 81 1. Green/yellow 2. Green/white	(1)	**20** **PF**
9440	**Reading** Yellow-green/green SMT 81 *1158 Maple Leaf Limited*	(3)	**75▼**

9441	**Pennsylvania** Tuscan/white-red, SMT 81 *1158 Maple Leaf Limited*	(3)	**80▼**
9442	**Canadian Pacific** Silver-black/red 81	(2)	**20**
9443	**FEC** Tuscan-silver/white-red 81 1. Regular production 2. SDTCA U81 added graphics	(2) (4)	**25** **30**
9444	**Louisiana Midland** White-blue/red 81 1. Regular production 2. S-STCA U82 added graphics	(2) (4)	**20▼** **30**
9445	**Vermont Northern** Yellow-silver/blk 81 1. Regular production 2. NETCA U81 added graphics	(2) (4)	**20▼** **75**

9446	**Sabine River & Northern** Red-silver/white 81	(2)	**20**
9447	**Pullman Standard** 81 1. Silver/black 2. Gold/black	(2)	**20** **FAKE**
9449	**GN** Dark green/orange-white *FARR 3* 81	(4)	**60▼**
9451	**Southern** Tuscan/white SMT, *FARR 4* 83	(4)	**60▼**
9452	**Western Pacific** Tuscan/white 82,83 1. Regular production 2. S-STCA U83 added graphics	(2) (5)	**20** **35**
9453	**MPA** 82,83 1. Blue/yellow 2. Blue/white	(2)	**20** **PF**
9454	**New Hope & Ivyland** Dark green/white 82,83	(2)	**20**
9455	**Milwaukee Road** Yellow/black 82,83 Not made by Lionel in dark yellow or orange	(2)	**25**
9456	**Pennsylvania** Tuscan/white 84,85 SMT, DD, *FARR 5*	(3)	**50**
9460	**Detroit, Toledo & Shore Line** U82 Blue/white, DD, LCCA Dearborn, Mi	(4)	**50**
9461	**Norfolk Southern** 82 Tuscan/yellow SMT, *1260 Continental Limited*	(3)	**50**
9462	**Southern Pacific** Silver-black/black 83,84	(2)	**25**
9463	**Texas & Pacific** Yellow/black 83,84	(2)	**20▼**

9464	**Nashville, Chattanooga & St. Louis** Red/white with orange stripe 83,84 Not made by Lionel with yellow lettering	(2)	**20**
9465	**AT&SF** Dark green/yellow 83,84	(2)	**25**
9466	**Wanamaker Railway Lines** Wine red/gold, U82 1. Regular production 2. ADTCA U83 added graphics	(4) (4)	**75** **200**▼
9467	**World's Fair** White-Tuscan/black-red U82	(4)	**45**
9468	**Union Pacific** Tuscan/yellow SMT 83 DD, *1361 Gold Coast Limited*	(3)	**55**
9470	**Elgin, Joliet, & Eastern** Green/yellow 84	(2)	**25**
9471	**Atlantic Coast Line** Tuscan/white 84 1. Regular production 2. SDTCA U84 added graphics	(2) (4)	**20** **30**
9472	**Detroit & Mackinac** White-red/white-red 84	(3)	**35**
9473	**Lehigh Valley** Light green/white 84	(2)	**25**
9474	**Erie Lackawanna** Tuscan/white 84 SMT, *1451 Erie Lackawanna*	(3)	**60**
9475	**Delaware & Hudson** SMT U84 *1. I Love New York*, Blue-white/white-blue 2. LCOL added graphics	(3) (5)	**45** **65**
9476	**Pennsylvania** Tuscan/white, SMT, *FARR 5,* 84,85	(3)	**55**
9480	**Minneapolis, Northfield & Southern** 85,86 Dark blue/white	(2)	**20**
9481	**Seaboard System** Tuscan/white 85,86	(2)	**20**
9482	**Norfolk Southern** Gray-black/red 85,86 1. Regular production 2. SDTCA U85 w/added graphics	(2) (4)	**20** **30**
9483	**Manufacturers Railway Co** 85,86 Gray-red-black/black	(2)	**20**
9484	**Lionel 85th Anniversary** 85 Silver-black/gold-black	(3)	**30**▼

9486	**GTW I Love Michigan** White-purple/black-red 1. Regular production 86 2. Artrain w/added Michigan 150 graphics U87	(3) (4+)	**40** **450**▲
9492	**Lionel Lines** Orange-blue/blue 86	(3)	**35**▼

9600 Series Boxcars

9600	**Chessie** Dark blue/yellow, Hi-cube 76,77	(2)	**25**
9601	**Illinois Central** Orange/black, Hi-cube 76,77 1. Regular production 2. GTCA U77 w/added graphics	(2) (4)	**30** **30**
9602	**AT&SF** Red/white, Hi-cube 76,77	(2)	**25**
9603	**Penn Central** Green/white, Hi-cube 76,77	(2)	**25**
9604	**Norfolk & Western** Black/white, Hi-cube 76,77	(2)	**25**
9605	**New Haven** Orange/white, Hi-cube 76,77	(2)	**30**
9606	**Union Pacific** Yellow-silver/blue, Hi-cube U76,77	(2)	**25**
9607	**Southern Pacific** Red-grey/white, Hi-cube U76,77	(2)	**25**
9608	**Burlington Northern** Green/wht, Hi-cube U76,77	(2)	**25**
9610	**Frisco** Yellow/black, Hi-cube 77 *1765 Rocky Mountain Special*	(3)	**40**▼

9611	**TCA Flying Yankee** Blue-blk/blk, Hi-cube U78	(3)	**45**
	Repainted as *1018-1979 TCA Mortgage Burning Car* U79		
9620	**NHL Wales Conference** White-black/graphics 80	(2)	**25**
9621	**NHL Campbell Conference** 80 White-orange/graphics	(2)	**25**
9622	**NBA Western Conference** 80 White-silver/graphics	(2)	**25**
9623	**NBA Eastern Conference** White-blue/graphics 80	(2)	**25**
9624	**National League** White-red/graphics 80	(3)	**25**
9625	**American League** White-gold/graphics 80	(3)	**25**
9626	**AT&SF** Red/white, Hi-cube 82-84	(2)	**15**
9627	**Union Pacific** Yellow/red, Hi-cube 82,83	(2)	**15**
9628	**Burlington Northern** Green/white, Hi-cube 82-84	(2)	**15**
9629	**C&O** Dark blue/yellow, Hi-cube 83,84	(3)	**25**
9660	**Mickey Mouse** White-yellow/multi, Hi-cube 77,78	(3)	**50**
9661	**Goofy** White-red/multi, Hi-cube 77,78	(3)	**50**

9662	**Donald Duck** White-green/multi, Hi-cube 77,78	(3)	**50**
9663	**Dumbo** White-pink/multi, Hi-cube U77,78	(3)	**70**
9664	**Cinderella** White-lavender/multi, Hi-cube U77,78	(3)	**80**
9665	**Peter Pan** White-orange/multi, Hi-cube U77,78	(3)	**80**
9666	**Pinocchio** White-blue/multi, Hi-cube 78	(4)	**200**
9667	**Snow White** White-green/multi, Hi-cube 78	(4)	**475▼**
9668	**Pluto** White-brown/multi, Hi-cube 78	(4)	**175**
9669	**Bambi** White-lime green/multi, Hi-cube U78 YED	(3)	**100**
9670	**Alice In Wonderland** U78 YED White-jade green/multi, Hi-cube	(3)	**85**
9671	**Fantasia** White-dark blue/multi, Hi-cube U78 YED	(3)	**60**
9672	**Mickey Mouse 50th Anniv.** U78 YED White-gold/multi, Hi-cube one of the few cars without *Built by Lionel*	(4+)	**500▼**
9678	**TTOS Hollywood**, Hi-cube U78		
	1. White-red/red-yellow	(3)	**25**
	2. w/Chaplin decal	(4)	**30**

9700 Series Boxcars

9700	**Southern** 72,73		
	1. Red/white, Type 9	(2)	**30**
	2. Same but Type 7, metal door guides, 24 made	(5)	**1000***
	3. Tuscan/white	(5+)	**1500***
9701	**Baltimore & Ohio** DD 72 Type 2 *1186 Cross Country Express*		
	1. Silver/black w/black doors	(3)	**35**
	2. Same w/different colored door added outside the factory	(3)	**45▼**
	3. Black/white, black doors, TCA	(3)	**100**
	4. Same made for LCCA w/decal	(4)	**300***
	5. Same made for LCCA w/o decal	(4)	**200***
	6. Black/white, silver roof, yellow doors, 120 made	(5+)	**500***
	7. Blue/white, black doors	(5+)	**500***
	8. Blue/yellow-black doors, 12 made	(5+)	**1500***

9702	**Soo Line** White-black/black 72,73		
	1. Type 8	(3)	**30**
	2. Type 9	(3)	**30**
9703	**CP Rail** 72		
	1. Burnt orange/black, Type 9	(3)	**50**
	2. Dark green/black, 5 made	(5+)	**750***
9704	**Norfolk & Western** Brown/white 72		
	1. Type 9	(3)	**25**
	2. Type 7, metal door guides, 24 made	(5+)	**1500***
9705	**Denver & Rio Grande** 72		
	1. Orange/black, Type 9	(3)	**25**
	2. Same as 1, S-STCA U74 w/added graphics	(5)	**40**
	3. Dark orange/blk, plastic DG, Type 8	(4)	**60▼**
	4. Dark orange/blk, metal DG, Type 7	(5+)	**475**
	5. Silver/red, red doors, Type 9, 11 made	(5+)	**1000***
	6. Silver/orange, silver doors, 10 made	(5+)	**1200***
9706	**Chesapeake & Ohio** 72		
	1. Blue/yellow, Type 8	(3)	**30**
	2. Same but Type 9	(3)	**30**
	3. Black/yellow, black doors, 4 made	(5+)	**1500***
9708	**US Mail Car** *1585 Spirit of America* 72-75 *1388 Golden State Arrow* & Sold sep.		
	1. Red-white-blue/white-black, Type 9, w/ and w/o MPC logo, NDV	(3)	**35**
	2. Same w/red door added outside factory	(5)	**200**
	3. Reversed colors	(5+)	**800***
9708-9709	**US Mail/State of Maine** U72		**5P**
	One side mail car, other side B.A.R.,		

9709	**State of Maine** Sold sep. & *1250 NYC SSS* U72,73,74		
	1. Blue-white-red/white-black, Type 8	(4)	**40▼**
	2. Same but Type 9	(4)	**60▼**
	3. Printed one side only in white area	(5)	**175**
	4. White areas blank on both sides	(5)	**250**
9710	**Rutland** Sold sep. & *1250 NYC SSS* U72,73,74		
	1. Green-yellow/green-yellow, 9710 underscored, Types 8,9	(3)	**40▼**
	2. 9710 not underscored	(4)	**40▼**
	3. No "Capy 100000"	(4)	**40▼**
9711	**Southern** Tuscan/white 74,75 Type 9	(2)	**30▼**
9712	**B&O** Blue-silver/yellow DD 73,74 Type 2	(2)	**35▼**
9713	**CP Rail** Green/black 73,74 Type 9	(3)	**30▼**
9714	**Rio Grande** 73,74 Type 9		
	1. Silver/red	(3)	**30▼**
	2. Silver/orange, 4 known	(5+)	**1000***
9715	**C&O** Black/yellow 73,74 Type 9	(3)	**30▼**
9716	**Penn Central** Green/wht 73,74 Type 9	(3)	**30▼**
9717	**Union Pacific** Yellow/blk 73,74 Type 9	(3)	**30▼**
9718	**Canadian National** 73,74		
	1. Painted Tuscan on Tuscan mold/white,	(3)	**35▼**
	2. Same on orange mold	(4)	**50**
	3. Same on gray mold	(4)	**50**
	4. LCAC w/added graphics U79	(4)	**175**

9719	**New Haven** DD Auto box, Orange/blk-wht, U73	(3)	**40▼**
9723	**Western Pacific** U73,74 Sold sep. & *1350 Canadian Pacific SSS*		
	1. Orange/black	(3)	**40▼**
	2. Fanta orange (darker)	(3)	**45▼**
	3. S-STCA U74 w/added graphics	(5)	**50**
9724	**MP** Blue-silver/black-white U73,74 Sold sep. & *1350 Canadian Pacific SSS*	(3)	**35▼**
9726	**Erie Lackawanna** Blue/white SMT U78		
	1. *1868 Minneapolis & St. Louis SSS*	(3)	**40▼**
	2. S-STCA U79 w/added graphics	(5)	**40**
9727	**TAG** Tuscan/white LCCA U73 Type 9	(3)	**225▼**
9729	**CP Rail** Black/white-red NIB 78 Type 9 *1866 Great Plains*	(3)	**50▼**
9730	**CP Rail** 74,75 Type 9		
	1. Silver/black	(3)	**30▼**
	2. Silver/white	(3)	**30▼**
	3. D-TTCA Silver/white	(4)	**40**
9731	**Milwaukee Road** 74,75 Type 9		
	1. Red/white	(3)	**25▼**
	2. Same with silver roof, 100 reported	(5+)	**PF**
9732	**SP** Silver-black/red U79 Type 9 SMT, *1970 Southern Pacific Ltd.*	(3)	**50**
9733	**Airco** White-orange/blue U79 Type 9 LCCA, tank car inside box car	(4)	**85**
9734	**Bangor & Aroostook** Red/white 79 Type 9, SMT, *1971 Quaker City Ltd.*	(3)	**45**
9735	**GTW** Blue/white 74,75 Type 9	(3)	**25▲**
9737	**Central Vermont** 74-76 Type 9		
	1. Painted Tuscan on Tuscan mold/wht	(2)	**30**
	2. Painted Tuscan on orange mold/wht	(5)	**250▼**
	3. Painted Tuscan on clear mold/white		*****
9738	**Illinois Terminal** 82 Type 9 Yellow-green/green-red, SMT, *1260 Continental Limited*	(3)	**65**
9739	**Rio Grande** Sold sep. & *1450 D&RGW SSS* U74,75,76		
	1. Yellow-silver/blk, blk stripe, Type 9	(3)	**25**
	2. Same/no black stripe	(5)	**275▼**
	3. LSDTCA w/added graphics	(4)	**40**
	4. LCCA w/added graphics U78 "Lenny the Lion" Less that 100 reported to have been produced.	(5)	**300***
9740	**Chessie** Yellow/blue 74,75 Type 9		
	1. Sold sep. & *1460 Grand National*	(3)	**25**
	2. GLTCA w/added graphics	(4)	**35**
9742	**Minneapolis & St. Louis** U73 Green/gold, Type 9, coupon car	(3)	**35▼**
9743	**Sprite** Green/dark green, U74,75 NIB *1463 Coke set*	(3)	**50▼**
9744	**Tab** Magenta/white, U74,75 NIB *1463 Coke set*	(3)	**50▼**
9745	**Fanta** Orange/black, U74,75 NIB *1463 Coke set*	(3)	**50▼**
9747	**Chessie System** Blue/yellow DD 75,76	(3)	**35▼**
9748	**CP Rail** Blue/white 75,76 Type 9	(3)	**30▼**
9749	**Penn Central** Green/wht 75,76 Type 9	(3)	**25**
9750	**DT&I** Green/yellow 75,76 Type 9	(3)	**25**
9751	**Frisco** 75,76 Type 9		
	1. Red/white	(3)	**30**
	2. Red/yellow-white		**PF**
9752	**L&N** Blue/yellow 75,76 Type 9	(3)	**25**

9753	**Maine Central** Yellow/green 75,76 Type 9		
	1. Regular production	(3)	**25**
	2. METCA U75 w/added graphics	(4)	**35**
9754	**NYC** Gray-red/white U75,76,77 Type 9		
	1. Sold sep. & *1579 Milwaukee Road SSS*	(3)	**30**
	2. METCA U78 w/added graphics	(4)	**35**
9755	**Union Pacific** Tuscan/wht 75,76 Type 9	(3)	**30**
	Sold sep. & *1560 North American Express*		
9757	**Central of Georgia** U74 YED	(3)	**35▼**
	Tuscan-silver/red		
9758	**Alaska** U75,76,77		
	Sold sep. & *1579 Milwaukee Road SSS*		
	1. Blue/yellow, *At Your Service*	(3)	**50▼**
	on yellow stripe above lettering		
	2. Same but no *At Your Service*	(4)	**250***
	3. Blue/white, yellow stripe		**PF**
	4. Blue/white, white stripe		**PF**
9759	**Paul Revere** White-red/blue U75 Type 9	(3)	**40▼**
	NIB, *1577 Liberty Special*		
9760	**Liberty Bell** White-blue/blue U75 Type 9	(3)	**40▼**
	NIB, *1577 Liberty Special*		
9761	**George Washington** White-red/blue U75	(3)	**40▼**
	NIB, *1577 Liberty Special*		
9764	**Grand Trunk Western** DD Blue/white 76,77, U90		
	1. Built date 1-76	(3)	**35▼**
	2. Built date 9-90 made for GT Board of directors	(5+)	*****
9767	**Railbox** Yellow/black 76,77 Type 9		
	1. Regular production	(3)	**25**
	2. GTCA U78 w/added graphics	(4)	**30**
9768	**B&M** Blue/white-black 76,77		
	1. Regular production	(3)	**25**
	2. NETCA U76 w/added graphics	(4)	**30**
9769	**B&LE** Orange/white-blk 76,77 Type 9	(3)	**25**
9770	**NP** Orange/white-black 76,77 Type 9	(3)	**25**
9771	**N&W** Dark blue/white 76,77 Type 9		
	1. Regular production	(2)	**20**
	2. TCA Museum stamp U77	(3)	**40▼**
	3. LCCA U77 w/added graphics	(5)	**300***
	"Lenny the Lion"		
	4. WB&A, TCA (overstamped), 78	(4)	**30**
9772	**Great Northern** 76 Type 9		
	1. Green/orange-yellow	(4)	**80▼**
	2. Same but missing *GN 9772*	**FM**	**200**
	on one side, *1665 Empire State Express*		
9774	**The Southern Belle** U75	(3)	**45▼**
	Orange-silver/green-black TCA Type 9		
9775	**Minneapolis & St. Louis** U76 Type 9	(3)	**35▼**
	Red/white SMT *1672 Northern Pacific SSS*		
9776	**SP** Black/yellow-white SMT U76 Type 9	(4)	**50▼**
	1672 Northern Pacific SSS		
9777	**Virginian** Blue/yellow 76,77 Type 9	(3)	**30**
9779	**TCA** 9700-1976 U76 Type 9	(3)	**45▼**
	White-red/blue-brown		
	Philadelphia misspelled *Philadephia*		

9780	**Johnny Cash** U76 Type 9	(3)	**45**
	Silver-black/black		

9781	**Delaware & Hudson** 77,78 Type 9 Yellow/blue	(3)	**25**
9782	**The Rock** Blue/white-black 77,78 Type 9	(3)	**30**
9783	**Baltimore & Ohio** 77,78 Type 9 1. Blue-orange/white 2. Unfinished graphics 3. WB&ATCA w/added graphics U77	(3) (4)	**45▼** **FM** **35**
9784	**AT&SF** 77,78 Type 9 1. Black-red/white 2. Maroon/white	(3)	**35** **PF**
9785	**Conrail** 77,78 Type 9 1. Medium blue/white 2. Light blue/white 3. TCA Museum stamp	(3) (4) (5)	**30** **40** **45**

9786	**C&NW** Tuscan/white 77-79 Type 9 1. Regular production 2. TCA Museum stamp	(3) (5)	**35▼** **45**
9787	**Central of New Jersey** 77-79 Type 9 Green/gold	(3)	**35**
9788	**Lehigh Valley** Cream/blk 77-79 Type 9 1. Regular production 2. ADTCA U78 w/added graphics	(3) (4)	**25** **45**
9789	**Pickens** Blue/white 77 Type 9 *1765 Rocky Mountain Special*	(3)	**35**

Five-Digit Boxcars

15000	**Denver & Rio Grande** Waffle side 95 Orange/black	(2)	**25**
15001	**Seaboard** Waffle side Brown/white-red 95	(2)	**25**
15002	**C&O** Waffle side Blue/yellow 96	(2)	**25**
15003	**GBW** Waffle side Yellow/black 96	(2)	**20▼**
15004	**Bloomingdale's 9700** Tan/multi U97 NIB, *11841 Bloomingdale's Set*	(4)	**40**
15005	**I Love New York 9700** Blue/multi U97 NIB, *11841 Bloomingdale's Set*	(4)	**75**
15008	**CP Rail 56767** Red/white-black 98 NIB, *11944 Lionel Lines Freight Set*		**C**
16200	**Rock Island** Red/white, NIB 87-88 *11701 Rail Blazer*	(2)	**10**
16201	**Wabash** Blue/white, NIB 88-91 *11703 Iron Horse Freight*	(2)	**10**
16203	**Key America** Gray/black, NIB U87 *11754 Key America*	(5)	**100**
16204	**Hawthorne** White/blk-red, NIB U87 *11756 Hawthorne*	(5)	**100▲**

16205	**Mopar Express 1987** U87,U88 Gray/blue-red-white NIB *11757 Mopar Express*	(4)	50▼
16206	**D&RGW** Orange-black/black, SMT U89 *11758 Desert King SSS*	(3)	50▼
16207	**True Value** Blue/red-black, NIB U88 *11761 True Value Cannonball Express*	(4)	80▼
16209	**Sears Disney** White/blue U88 NIB, *11764 Iron Horse*	(4)	100
16211	**Hawthorne** White/black, NIB U88 *11756 Hawthorne Set*	(4)	50▼
16213	**Shop Rite** Yellow/black-red, NIB U88 *11767 Shoprite Freight Flyer*	(4)	60▼
16219	**True Value** Yellow/red, NIB U89 *11762 True Value Cannonball Express*	(4)	75▼
16220	**Ace Hardware** no number, NIB U89 White/red, *11774 Ace Hardware Cannonball Express*	(4)	75▼
16221	**Macy's** White/red no number, NIB U89 *11772 Macy's Freight Flyer*	(4)	85▼
16222	**Great Northern** Blue/white 90,91	(1)	15
16224	**True Value** White/black, NIB U90 *11781 True Value Cannonball Express*	(3)	50
16226	**Union Pacific** Yellow/black U90,U91 *11785 Costco UP*	(3)	20
16227	**Santa Fe** Red/white, NIB 91 *11720 Santa Fe Special*	(3)	20
16232	**C&O** Blue/yellow, NIB 92,U93,94 Sets 11727, 11746 and others		
	1. Body w/rivet detail, metal frame	(3)	35
	2. Body w/o rivet detail, plastic frame	(2)	25
	3. Brown/yellow	(5+)	*
16233	**MKT** Orange/black, NIB, DD 92 *11728 High Plains Runner*	(4)	30
16234	**ACY** Yellow/red, SMT 92 *11733 Feather River SSS*	(3)	40
16236	**New York Central Pacemaker** U92YED Red-gray/white, SMT	(3)	40▼
16237	**REA** Green/gold SMT U92YED	(3)	40
16238	**New York, New Haven & Hartford** 93-98 Green/white, Sold sep. & in several sets		C
16239	**Union Pacific** Brown/yellow NIB 93-95 *11736 Union Pacific Express*	(2)	20
16241	**Toys R Us** White/graphics, NIB U92,U93 *11800 Toys R Us Heavy Iron*	(3)	60
16243	**Conrail** Blue/white, *11740 Conrail Consolidated* 93	(2)	35▼
16244	**Duluth, South Shore & Atlantic** Tuscan/white 93	(2)	25
16245	**Contadina** Red/white-blue 93	(2)	25
16247	**Atlantic Coast Line** Brown/white, SRP: $32, 94	(2)	25
16248	**Budweiser** NIB U93,U94 White-blue/graphics, *11810 Budweiser Set*	(2)	50▼
16249	**United Auto Workers** NIB U93 Blue/yellow, *11811 UAW*	(4)	75
16250	**Santa Fe** Yellow/blue 93-95	(1)	10
16251	**Columbus & Greenville** Green/white, SRP: $33, 94	(2)	25
16252	**USN 6106888** Wht/blk, NIB, *11745 US Navy* 94,95	(2)	25
16255	**Wabash** Brown/white, DD 95	(2)	25
16256	**Ford** Brown/white, DD U94 Separate sale and *11814 Ford Set*	(3)	45▼
16257	**Crayola** White/orange NIB U94,95 No number on car, *11813 Crayola Activity Set*	(2)	20

16258	**Lehigh Valley** Green/white 95	(2)	25
16259	**Mopar** Tuscan/red, NIB U94 *11818 Chrysler Mopar*	(3)	35
16261	**Union Pacific** Red oxide/white-red-blue, DD 95 *11747 Lionel Lines Steam Set*	(3)	30
16263	**AT&SF** Green/yellow NIB 96-98 *11900 Santa Fe Special*		C
16264	**Red Wing Shoes** 90th Anniv. 95YED Gray/graphics, Sold sep. & *11820 Red Wing Set*	(3)	30
16265	**Georgia Power** White-blue/graphics U95 NIB, *11819 Georgia Power Set*	(4)	200▼
16266	**Crayola** White-green/no graphics 95	(2)	30▲

16267	**Sears/Zenith** White/graphics NIB U95,U96 *11821 Sears/Zenith Set*	(4)	60
16268	**GM/AC Delco** Blue/white NIB U95 *11822 Chevy Bow Tie Set*	(3)	50
16269	**The Lionel Corp 9700** Blue/orange 96 NIB, *11910 Lionel Lines X1113WS*	(3)	45
16270	**Department 56 Heritage Village** U96 Green/graphics, AMT, 5000 made	(3)	60
16271	**Lionel Cola 9700** Silver-blue/graphics 97 NIB, *11921 Lionel Lines Freight X1113WS*	(3)	40
16274	**Marvin the Martian 9700** Green-black/graphics 97	(2)	40
16275	**Radio Flyer** Eastwood Red/white U96	(3)	60
16276	**Bloomingdale's** Tan/multi U96 NIB, *11825 Bloomingdale's NYC Flyer Set*	(3)	40
16277	**Zenith Nationwide** White/multi U96 NIB, *11826 Zenith Nationwide Set*	(3)	45
16278	**Zenith** White/multi, *11827 Zenith Set* NIB U96	(4)	45
16279	**Dodge Motorsports** White-blue/graphics U96 NIB, *11933 Dodge Motorsports Set*	(4)	45
16280	**LLB Rawlings** Tan/graphics NIB U97	(3)	35
16281	**LLB McGregor** Green/graphics NIB U97	(3)	35
16282	**LLB Wisk** White-red/graphics NIB U97 *11935 Little League Set*	(3)	35
16284	**Galveston Wharves 9700** 98 Orange/black, SRP: $45		C
16285	**Savannah State Docks 9700** 98 Blue-silver/white-graphics, SRP: $45		C
16293	**JC Penney 9700** White-purple/graphics U97 NIB, *11832 NYC Flyer Set* JC Penney	(4)	60
16294	**Pedigree 9700-2** Yellow/multi U97 NIB, *11846 Kal Kan Express Set*	(4)	75▲
16295	**Kal Kan 9700-1** White/blue U97 NIB, *11846 Kal Kan Express Set*	(4)	75▲
16296	**Whiskas 9700-3** Purple/multi U97 NIB, *11846 Kal Kan Express Set*	(4)	75▲
16297	**Sheba 9700-4** Red/multi U97 NIB, *11846 Kal Kan Express Set*	(4)	75▲
16298	**Mobil Oil 9700** white/multi U97 NIB, *11957 Mobil Oil*	(3)	40

16617	**C&NW** Maroon/white, ETD 89	(3)	**30**
16622	**CSX** Blue/yellow, ETD 90-91	(3)	**30**
16623	**Katy** Orange-brown/black, DD, ETD 91	(3)	**30**
16631	**Rock Island** Green/gold, RS steam 90	(4)	**165**
16632	**Burlington Northern** Yell-wht/blk, RS diesel 90	(4)	**165**
16639	**Baltimore & Ohio** Silver/black, RS steam 91	(4)	**165**
16640	**Rutland** Green-yellow/yellow-green, RS diesel 91	(4)	**165**
16649	**REA** Green/gold, RS steam 92	(4)	**165**
16650	**NYC Pacemaker** Gray-red/white, RS diesel 92	(4)	**165**
16806	**Toys R Us** White/graphics U92	(3)	**35**
16808	**Toys R Us** Gray-blue/graphics U93	(3)	**35**
16811	**Rutland** TCA Yellow-grn/grn-yellow, SMT U96	(3)	**60**
17875	**Port Huron & Detroit 1289** LOTS U89 Blue-silver/white, SMT	(3)	**100▼**
17882	**B&O** Tuscan/white, DD, ETD, LOTS U90	(3)	**85**
17891	**GTW** Blue/white, Artrain, SMT U91	(3)	**125**
19200	**Tidewater Southern** Tuscan/yellow 87	(2)	**25**
19201	**Lancaster & Chester** White-blue/blue-white 87	(4)	**85▼**
19202	**Pennsylvania** Green/white-red 87	(3)	**35▲**
19203	**Detroit & Toledo Shoreline** Yellow/brown 87	(2)	**20**

19204	**Milwaukee Road** SMT, *FF2* 87		
	1. Brown-yellow/yellow-brown	(3)	**40**
	2. Missing heralds	(5+)	**FM***
19205	**Great Northern** Orange/green, DD, SMT, *FF3* 88	(2)	**35**
19206	**Seaboard System** Black/yellow-red 88	(2)	**25**
19207	**CP Rail** Orange/black DD 88	(2)	**25**
19208	**Southern** Tuscan/white DD 88	(2)	**25**
19209	**FEC** Blue/yellow 88	(2)	**25**
19210	**Soo Line** White-red/black-silver 89	(2)	**25**
19211	**Vermont Railway** Green/white 89	(2)	**25**
19212	**Pennsylvania** Tuscan/white-black 89	(2)	**25**
19213	**Spokane, Portland & Seattle** DD 89 Tuscan/white-black	(2)	**25**
19214	**Western Maryland** Brown/white, SMT, *FF4* 89	(2)	**35**
19215	**Union Pacific** Yellow/black DD 90	(2)	**25**
19216	**Santa Fe** Brown/white 90	(2)	**25**
19217	**Burlington** Red/white 90	(2)	**25**
19218	**New Haven** Black-orange/white 90	(2)	**25**
19219	**Lionel** Cream-orange-blue/blk, RS diesel, SMT 90	(2)	**145**

19220	**Lionel** Cream-orange-blue/black, SMT 90	(2)	**30**
19221	**Lionel** Cream-orange-blue/black, SMT 90	(2)	**30**

19222	**Lionel** Cream-orange-blue/black, SMT 90	(2)		30
19223	**Lionel** Cream-orange-blue/black, SMT 90 *11715 Lionel 90th Anniversary Set*	(2)		30
19228	**Cotton Belt** Brown/white 91	(2)		25

19229	**Frisco** Orange-silver/black-white 91 SMT, RS diesel, *FF5*	(3)		150
19230	**Frisco** Red/black-white DD SMT *FF5* 91	(3)		40
19231	**Tennessee, Alabama & Georgia** Blue/yell, DD 91	(2)		25
19232	**Rock Island** Tuscan/white, DD 91	(2)		25
19233	**Southern Pacific** Green/red-black 91	(2)		25
19234	**New York Central** SMT 91 Blue-yellow/black, *11722 Girls Train*	(4)		90▲
19235	**MKT** Yell-blue/black, SMT, *11722 Girls Train* 91	(4)		90▲
19236	**Nickel Plate Road** Brown/white, DD, *FF6* 92	(3)		35
19237	**Chicago & Illinois Midland** Green/yellow 92	(2)		25
19238	**Kansas City Southern** Tuscan/white 92	(2)		25
19239	**Toronto, Hamilton & Buffalo** Yell-blk/blk, DD 92	(2)		25
19240	**Great Northern** Silver/green, DD 92	(2)		25
19241	**Mickey Mouse 60th Birthday** U91YED White-yellow/graphics, Hi-cube, SMT	(4)		175▼
19242	**Donald Duck 50th Birthday** U91YED White-red/graphics, Hi-cube, SMT	(4)		175▼
19243	**Clinchfield 9790** Green/white U91YED *11726 Erie Lackawanna Freight*	(3)		45▼
19244	**Louisville & Nashville 9791** Blue/yellow, SMT 92	(3)		35
19245	**Mickey's World Tour** SMT U92YED Hi-cube, White-black/graphics	(3)		65▼
19246	**Disney World 20th Anniv.** U92YED Hi-cube, Red-white/graphics, SMT	(3)		65▼
19247	**6464 Boxcar Series I 19248-19250** (set of 3) 93	(4)		375
19248	**Western Pacific 6464** Silver/blue SMT 93	(4)		125
19249	**Great Northern 6464** Orange/white SMT 93	(4)		125
19250	**Minneapolis & St. Louis 6464** 93 Maroon/white SMT	(4)		125
19251	**Montana Rail Link** Blue/red-white DD 93	(2)		25
19254	**Erie** Brown/white SMT *FF7* 93	(2)		30
19255	**Erie** Brown-black/white DD SMT *FF7* 93	(2)		30
19256	**Goofy** Blue-white/graphics Hi-cube SMT 93	(3)		35▼
19257	**6464 Boxcar Series II** 94 **19258-19260** (set of 3), SRP: $115	(3)		150
19258	**Rock Island 6464** Green/gold SMT 94	(3)		50
19259	**Western Pacific 6464-100** SMT 94 Silver/black, Yellow feather	(3)		50
19260	**Western Pacific 6464-100** SMT 94 Orange/white, Blue feather	(3)		60
19261	**The Perils of Mickey I** Hi-cube 93YED White-purple/graphics, SMT	(3)		35▼
19262	**The Perils of Mickey II** Hi-cube 93YED White-green/graphics, SMT	(3)		35▼

19263	**NYC** Green/wh DD SMT 94 Box mislabeled 19623, *11744 New Yorker SSS*	(3)	40
19264	**The Perils of Mickey III** Hi-cube 94 White-orange/graphics, SMT, SRP: $70	(3)	40▼
19265	**Mickey's 65th Birthday** Hi-cube 94YED White-gold/graphics, SMT, SRP: $70	(3)	40▼
19266	**6464 Boxcar Series III** 95 **19267-19269** (set of 3), SRP: $115	(3)	125
19267	**NYC Pacemaker 6464-125** 95 Red-gray/black, SMT	(3)	45
19268	**Missouri Pacific 6464-150** 95 Blue-gray/black, SMT	(3)	45
19269	**Rock Island 6464** Silver/black SMT 95	(3)	40
19270	**Donald Duck** 60th Birthday Hi-cube 95YED Blue/graphics, SMT	(2)	35▼
19271	**Broadway Minnie** Hi-cube 95YED Purple/graphics, SMT	(3)	40
19272	**6464 Boxcar Series IV** 96 **19273-19275** (set of 3), SRP: $135	(3)	120
19273	**Bangor & Aroostook State of Maine 6464-275** 96 Blue-white-red/white-black, SMT	(3)	45
19274	**Southern Pacific 6464-225** Black/white, SMT 96	(3)	45
19275	**Pennsylvania 6464** Tuscan/white, SMT 96	(3)	45
19276	**6464 Series V, 19277-19279** SRP: $135, 96	(3)	100▼
19277	**6464-300 Rutland** Green/yellow SMT 96	(3)	35▼
19278	**6464-325 B&O Sentinel** Silver/blue SMT 96	(3)	40▼
19279	**6464-375 Central of Georgia** 96 Silver-maroon/white-yellow, SMT	(3)	35▼
19280	**Mickey's Wheat** Hi-Cube 96 SRP: $75 Yellow/white/graphics SMT	(2)	45▼
19281	**Mickey's Carrots** SMT Hi-Cube 96 Yellow/white/graphics, SRP: $75	(2)	45▼
19282	**AT&SF 6464-196** Orange-black/white, SMT, 96	(2)	30
19283	**Erie 6464-296** SMT Brown/white-black 96	(2)	30▼
19284	**Northern Pacific 6464-396** SMT 96 Green/white-red-black	(2)	30▼
19285	**Bangor & Aroostook State of Maine 6464-275** 96 Blue-white-red/white-black, SMT	(2)	30▼
19286	**All Abirrrd 9700** Blue-white/graphics SRP: $60, 96(3)		40▼
19287	**NYC/Penn Central 6464-125X** Gray-red/white 97 Merger overstamp, SMT *11918 Lionel Service Exclusive*	(3)	75
19288	**Pennsylvania/Conrail 6464-200X** 97 Brown/white-black, SMT, Merger overstamp, *11918 Lionel Service Exclusive*	(3)	75
19289	**Monon 6464-197** 97 Maroon-white/red, SMT, SRP: $45	(2)	30
19290	**Seaboard 6464-297** Silver/red, SMT, SRP: $45, 97	(3)	35
19291	**GN 6464-397** Green/orange, SMT, SRP: $45, 97	(3)	35
19292	**6464 Series VI, 19293-19295 & 29203** 97	(2)	100
19293	**6464-350 M-K-T** SMT Brown/white 97	(2)	30
19294	**6464-400 B&O Timesaver** 97 Orange-blue--silver/white-black, SMT	(3)	40
19295	**6464-425 New Haven** Black-orange/white, SMT 97	(2)	35
19853	**Lionelville Fire Company #1** Red/white 98 **Firefighting Instruction Car** *21753 Fire Rescue Train SSS*		C

19901	**I Love Virginia** Yellow-blue/blue-red 87	(3)	**35**
19905	**I Love California** Blue/white-gold 88	(2)	**30**
19906	**I Love Pennsylvania** Maroon/white 89		
	1. Regular production	(2)	**30**
	2. TCA President's car, overstamp, 50 made	(5)	**200***
19909	**I Love New Jersey** Green-gold/white-gold 90	(2)	**30**
19912	**I Love Ohio** Red-white/blue 91	(2)	**30**
19915	**I Love Texas** Blue-green/white 92	(3)	**30▲**

19919	**I Love Minnesota** Yellow-brown/black 93	(3)	**35▲**
19920	**Lionel Visitors Center** U92 Cream-blue/orange-black	(3)	**45**
19924	**LRRC** Silver-blue/black-gold U93	(3)	**40**
19925	**Lionel Learning Center** U93, U94	(4)	**200**
	White-blue/black, Series of cars presented to Lionel employes for the sucessful completion of a course at the Lionel Learning Center. Cars identical except for 1-inch plaque denoting which course was completed. Courses include ABM (Activity Based Management/Costing), Activity Control Circuit Board Soldering, Conflict Management, Dale Carnegie, Die Casting, High School Diploma, Interact, Masters Degree, Metallurgy, Problem Solving, Production Methods, Telemetrics, Supervision & Technical Math. NDV		
19926	**I Love Nevada** Brown-silver/white 94	(3)	**25**
19927	**Lionel Visitors Center** Cream-blue/black U93	(3)	**40**
19932	**Lionel Visitors Center** Gray-black/graphics U94	(3)	**35**
19933	**I Love Illinois** Tan-red/black 95	(2)	**25**
19934	**Lionel Visitors Center** White-green/graphics U95	(3)	**35**
19941	**I Love Colorado** Silver-blue/yellow-black 95YED	(2)	**30**
19942	**I Love Florida** White-green/graphics 96		
	1. Regular production	(3)	**35**
	2. Sunshine state graphics, 103 made SDTCA U96	(5)	**50**
19943	**I Love Arizona** 96 Cream-yellow/graphics, SRP: $35	(2)	**25**
19949	**I Love NY 9700** White-gray/multi, SRP: $45 97	(2)	**35**
19950	**I Love Montana 9700** 97 Red-blue/graphics, SRP: $45	(2)	**35**
19951	**I Love Massachusetts 9700** 98 Gray-magenta/graphics, SRP: $45		**C**
19952	**I Love Indiana** SRP: $45, 98		**C**
19953	**LRRC 6464-97** Blue/orange-cream, SMT U97	(3)	**45**
19964	**US JCI Senate** White-blue/blue U92	(4)	**140**
21756	**Overstamped 6464 Boxcar 2-pack** 98 29233 & 29234 SRP: $100.		**C**
26200	**Nickel Plate Road 18211** 98 *21750 Nickel Plate Rolling Stock 4-pack*		**C**
26201	**Operation Lifesaver** SRP: $45, 98		**C**
26203	**Hoboken Shore 1829** 98 NIB, *11971 Delaware & Hudson Train Set*		**C**

26204	**Alaska 10806** 98		C
	NIB, *11972 Alaska Railroad Train Set*		
26214	**Postal Service Stamp** U98		C
	Must include 1st day canceled stamp, SMT, metal door guides, SRP: $100.		
26215	**AEC** Glow-in-the-dark, SRP: $45, 98		C
26216	**Cheerios 9700** Yellow-red/multi U98		C
26218	**Quaker Oats** *11985 Quaker Oats Set* NIB U98		C
26219	**Ace Hardware** *11986 Ace Docksider Set* NIB U98		C
26220	**Smuckers 9700** Tan-green/multi U98		C
29200	**LRRC 9700** Blue/orange U96	(3)	45▲
	Remade with 6464-97 number as 19953		
29202	**AT&SF Map Car 6464-497** U97	(4)	75
	Free w/2343 Dummy A, Brown/white-black		
29203	**Maine Central 6464-597** U97	(3)	50
	Yellow/green, Free w/19292 6464 Set VI		

29204	**Century Club** Dark & light blue/white U97	(4)	400
	Free w/early enrollment		
29205	**Mickey Mouse RR 9555** Hi-cube 97	(3)	50
	Silver-blue/multi, SRP: $75		
29206	**Vapor Records 6464-496** U96	(5+)	*
	Silver-black/black-white-purple made for Neil Young, similar to 29218, box mismarked as 6-29606		
29209	**6464 Boxcar Series VII** set of 3 98		C
	29210, 29211 & 29212 SRP: $115		
29210	**Great Northern 6464-450** 98		C
	Green-orange/yellow-green, SMT		
29211	**Boston & Maine 6464-475** 98		C
	Light blue/white-black, SMT		
29212	**Timken 6464-500** Yellow-white/black, SMT 98		C
29213	**AT&SF Grand Canyon Route 6464-198** 98		C
	Red/white, SMT, SRP: $45		
29214	**Southern 6464-298** Brown/white, 98		C
	SMT, SRP: $45		
29215	**Canadian Pacific 6464-298** Brown/white, 98		C
	SMT, SRP: $45		

29218	**Vapor Records 6464-496** SMT U97	(4)	100
	Silver-black/purple-white-black		
29220	**1997 Lionel Centennial Series** 97	(3)	200
	(4-car set) 29221, 29222, 29223 & 29224 Blue-orange/graphics, Hi-cube, SRP: $250		
29221	**1997 Centennial Series 9697-1** Hi-Cube 97	(3)	50
29222	**1997 Centennial Series 9697-2** Hi-Cube 97	(3)	50
29223	**1997 Centennial Series 9697-3** Hi-Cube 97	(3)	50
29224	**1997 Centennial Series 9697-4** Hi-Cube 97	(3)	50

29225	**Horde** No number on car U97 White-black/black-graphics	(4)	**75**
29226	**Century Club** 726 Berkshire U97 Dark & light blue/white, SMT	(4)	**80**
29227	**Century Club** 2332 GG-1 U98		**C**
29232	**Lenny the Lion** White-orange/graphics 98 Hi-cube, SRP: $70		**C**
29233	**Penn Central/Conrail 6464-598** 98 *21756 2-pack Overstamped 6464 Boxcars*		**C**
29234	**Erie Lackawanna/Conrail 6464-698** 98 *21756 2-pack Overstamped 6464 Boxcars*		**C**
52009	**Western Pacific 6464-1993** TTOS U93 Silver-orange/black, SMT	(4)	**60**
52018	**3M TCA Banquet** Black/white-red U93	(5)	**600▲**
52019	**Long Island 8393** Brown/white-black NLOE U93	(4)	**75**
52022	**Union Pacific** Brown/yellow TTOS U93	(5)	**450**
52043	**LL Bean** Blue/white-red, SMT NETCA U94	(4)	**300▲**
52046	**ACL 16247** Brown/white TTOS U94 125 made with display	(4)	**150**
52051	**B&O Sentinel 6464-095** TCA U95 Silver-blue/blue-yellow, SMT	(3)	**60**
52052	**TCA 40th Anniversary** Orange-red/blk, SMT U94	(4)	**175▲**
52053	**Carail** White-blue/blue, TTOS U94	(3)	**60**

52054	**Carail** White-blue/blue-red U94	(5+)	*****
52057	**Western Pacific 6464-1995** TTOS U95 Orange/black, w/Silver feather, SMT	(3)	**65▼**
52058	**Santa Fe 6464-1895** TTOS U95 Brown/white-black, SMT	(3)	**55**
52063	**NYC Pacemaker 6464-125** TCA U95 Red-gray/white, Toy Train Museum overstamp, 300 made, SMT	(4+)	**450**
52064	**Missouri Pacific 6464-150** U95 Blue-gray-yellow/blue-gray, TCA, SMT Toy Train Museum Overstamp, 300 made	(4+)	**400▲**
52068	**Contadina** TTOS Red/graphics U94	(4)	**75**
52070	**Knoebel's** White-green/green U95	(3)	**75**
52075	**United Auto Workers** White/graphics U95	(4)	**75**
52077	**Great Northern** Hi-cube TCA U95 Blue/white, SMT, TCA Banquet car, 125 made	(5)	**500▲**
52081	**C&NW 6464-555** CLRC U96 Green/white-red, SMT, 3100 made	(3)	**75**
52082	**Steamtown Lackawanna** Green/white U95	(4)	**75▲**
52086	**Pacific Great Eastern 6464-1972** U96 Purple-green/white, SMT, TTOS	(3)	**60▼**
52087	**New Mexico Central 6464-1996** U96 Yellow-brown/green-red, SMT, TTOS	(3)	**60▼**
52093	**Lone Star Express 6464-696** TCA U96 Black-orange-silver/black-white, SMT	(4)	**75▲**
52096	**Department 56 Snow Village 9756** U95 Blue/white-graphics, AMT, 5000 made	(3)	**75**
52118	**D&RGW 5477097** TCA Museum U97 Yellow-silver/black, SMT	(3)	**60**

52119	**20th Anniversary 1977-1997** White/graphics U97 April 17, 1997, Toy Train Museum, artwork by Angela Trotta Thomas, 200 made	(4)	200▼
52126	**Milwaukee Road CTT 21027** SMT U97 Brown-black-yellow/multi	(3)	60
52128	**Penn Dutch Pretzels 91653** TCA SMT U97 Cream-green/graphics	(4)	80▲
52132	**Knoebel's** White-red/red U98		C
52133	**Knoebel's** White-blue/blue U99		C
52134	**Knoebel's** White-orange/orange U00 *Note: 52132, 52133 & 52134 were all made in 1998*		C
52141	**Zep Chemical** Blue/yellow U97	(4)	75▲
52162	**GM&O** DD LOTS SMT Red/white U99		C
52163	**Milwaukee Road Hiawatha** DD MLRRC U99 Brown/white-red, SMT		C
80948	**Michigan Central** Green-black/white U82 LOTS exclusive, decorated outside factory	(5)	500▲
830005	**Canadian National** LCAC U83	(4)	200
121315	**Penn** Hi-cube, LOTS Tuscan/white-yellow U84	(4)	300▲
	15th Anniv. Flag Pole Plot Toy Train Museum U96	(4)	200

Bunk Cars

1986	**20th Anniversary** Yellow/graphics SDTCA U86	(4)	35
1986	**IETCA** Gray/maroon U86	(4)	75
5717	**AT&SF** Gray/black 83	(3)	35▼
5724	**Pennsylvania** Yellow/black 84		
	1. Regular production	(2)	35▼
	2. LCOL U84	(5)	65
	3. ADTCA U85	(4)	55
5726	**Southern RR** Green/white U84	(3)	40▼
5727	**US Marines** Olive-cream/white 84,85	(3)	35▲
5728	**Canadian Pacific** Tuscan/white 86	(2)	25
5733	**Lionel Lines** Orange/blue U86YED	(3)	45▼
5735	**NYC** Gray/black, *1502 Yard Chief* 85,86	(3)	40▼
5745	**AT&SF** Tuscan-silver/yellow, SMT U86 *1632 Santa Fe Work Train SSS*	(4)	60▼
8391A	**Long Island** NLOE Orange-gray/gray U91	(5)	75
16702	**Amtrak** Orange-gray/black 91,U92 *11723 Amtrak Work Train*	(2)	35
16741	**Union Pacific** Red/white 96, 97	(3)	35▼
16801	**Lionel Railroader Club** Blue/yellow U88	(3)	45
19652	**Jersey Central** Tuscan/white 88	(2)	25
19654	**Amtrak** Orange/black 89	(2)	35▼
19656	**Milwaukee Road** Orange-brn/blk, smoke, SMT 90	(3)	50

19657	**Wabash** Blue-silver/white, smoke, SMT 91,92	(3)	60
52140	**UP** Artrain Silver/graphics, SMT U97	(3)	100
86009	**Canadian National** LCAC U86	(4)	150

Cabooses
Searchlight Cabooses are in the Searchlight Car Section
Bay Window

6401	**Virginian** Blue/yellow 81			
	1. Regular production		(3)	**60**
	2. S-STCA		(5)	**45**
6421	**Joshua Lionel Cowen** Gold/Tuscan 82		(3)	**50▼**
6422	**Duluth Missabe** Tuscan/yellow 81		(3)	**40▲**
6425	**Erie Lackawanna** Gray-maroon/yellow 83,84		(3)	**35▲**
6431	**Southern** Red/white *FARR 4* 83		(3)	**60▼**
6433	**Canadian Pacific** Gray/maroon 81		(3)	**65▲**
	1158 Maple Leaf Limited			
6438	**Great Northern** Orange/green *FARR 3* 81		(3)	**50▼**
6439	**Reading** Green/yellow 84,85		(3)	**35**
6441	**Alaska** Blue/yellow 82,83		(3)	**60▼**
6493	**L&C** Blue-white/white 86,87		(3)	**35▼**

9174	**NYC P&E** Green-black/white 76		(4)	**75**
	1665 Empire State Express			
9177	**Northern Pacific** Green-silver/yellow U76		(3)	**35**
	1672 Northern Pacific SSS			
9184	**Erie** Red/white 77,78			
	1. Regular production		(2)	**30**
	2. LSTCA U77		(4)	**50**
	3. LCOL U82		(5)	**65**
9188	**Great Northern** Blue/black-white 77		(3)	**35**
	1765 Rocky Mountain Special			
9231	**Reading** Grn/yellow, *1971 Quaker City Limited* 79	(3)	**40**
9259	**Southern** Red/white LCCA U77		(3)	**40▼**
9268	**Northern Pacific** Black/gold U77		(3)	**40**
9269	**Milwaukee Road** Orange/black 78		(3)	**85▼**
	1867 Milwaukee Ltd			
9271	**Minneapolis & St. Louis** Red-blue/white U78,79	(3)	**35**
	Sold sep. & *1868 Minneapolis & St. Louis SSS*			
9272	**New Haven** Red/white-black 78-80			
	1. Regular production		(3)	**35**
	2. D-TTCA U79		(4)	**50**
9273	**Southern** Green/gold-white U78		(3)	**55▲**
9274	**Santa Fe** Red-black/white, 3000 made U78		(3)	**65▼**
9309	**TP&W** Orange-silver/white 80,81,U83		(3)	**40**
	NIB, *1072 Cross Country Express*			
9316	**SP** Silver/black *1970 SP Limited* U79		(4)	**90▼**

9317	**AT&SF** Blue/yellow 79		(3)	**60▼**

68

9323	**AT&SF** Tuscan/black-white *FARR 1* 79	(3)	60▼
9326	**Burlington Northern** Green/white		
	1. Regular production 79,80	(4)	60▲
	2. TTOS U82	(4)	75▲
9328	**WM Chessie System** 80	(3)	45▲
	Yellow-silver/blue, *1070 The Royal Limited*		
9355	**Delaware & Hudson** Blue-gray/yellow		
	1. Regular production 80	(2)	40▲
	2. TTOS U82	(4)	75▲
9361	**Chicago & North Western** Yellow/green		
	1. Regular production 80	(4)	75▼
	2. TTOS U82	(4)	75▲
9368	**Union Pacific** Yellow-red/red *FARR 2* 80	(3)	50▼
9372	**Seaboard** Red-black/white 80	(3)	40
	1071 Mid Atlantic Limited		
9382	**FEC** Red-yellow/white-red		
	1. Regular production 80	(4)	85▲
	2. TTOS U82	(4)	75▲
9387	**Burlington** Red/white *1160 Great Lakes* 81	(4)	60▲
16506	**Santa Fe** Blue/yellow 88	(3)	40
16510	**New Haven** Tuscan-black/blk-white 89	(3)	30
16517	**Atlantic Coast Line** Red/white 90	(3)	30
16518	**Chessie** Orange-silver/graphics 90	(3)	45▲
	11717 CSX Freight		
16525	**Delaware & Hudson** 91	(3)	35
	Orange-black/white, *11719 Coastal Freight Set SSS*		
16533	**Chicago & North Western** Red/yellow 92	(3)	50▲
16535	**Erie Lackawanna** U91YED	(3)	50▲
	Maroon-gray/yellow, *11726 Erie Lackawanna Freight*		
16538	**L&N 1041** Red/yellow U92YED	(3)	40▲
16565	**Milwaukee Road** Orange-black/black 95	(3)	65▲
16804	**LRRC** Red-gray/white U91	(3)	50
19708	**Lionel 1990** Cream-orange-blue/blk 90	(3)	50▲
	11715 Lionel 90th Anniversary Set		
19717	**Susquehanna** Yellow-black/black 93	(3)	55
19719	**Erie C-300** Red-black/white *FF7* 93	(3)	65
19726	**NYC** Black-gray/white-black *SSS* U95	(3)	65
19728	**N&W 6517** Wine-black/gold, 96	(4)	85▲
	11909 Warhorse set		
19732	**AT&SF 6517** Red-black/white 96	(3)	55
19742	**Erie C-301** Red/white, CT, SRP: $200, 98		C
19748	**SP&S** Brown-black/white 97	(3)	65
	11839 Spokane, Portland & Seattle Steam Freight		
19749	**Southern Pacific 6517** Gray/white 98		C
	Weathered, *11940 Warhorse Coal Set*		
19750	**Holiday Music 6517** SRP: $190, 98		C
19752	**Nickel Plate Road 407** 98		C
	21750 Nickel Plate Rolling Stock 4-pack		
26502	**Union Pacific 6517** Yellow-red/red 97	(3)	65
	11837 Union Pacific GP-9 Unit Train		
52020	**Long Island 8393** NLOE U93	(5)	100
	Orange-black/graphics		
52036	**TCA 40th Anniv.** Orange-black/black U94	(3)	65▼
52079	**Southern Pacific 1996** U96	(3)	65
	Brown-orange/white, TTOS 30th Anniv.		

69

Bobber

6494	**AT&SF** Blue/yellow, NIB 85,86	(2)	**10**
	1501 Midland Freight		
9067	**Kickapoo Valley & Northern** NIB 72		
	1. Red/gold	(1)	**15**
	2. Yellow/gold	(1)	**15**
	3. Green/gold	(1)	**15**
	1280 Kickapoo Valley & Northern		
9068	**Reading** Green/yellow 73-76		
	1. *1380 US Steel Industrial Switcher & sold sep.*	(1)	**8**
	2. GTCA	(4)	**25**
9071	**AT&SF** Red/white, NIB U74,76,77	(3)	**10**
	Sears 79C9715C U74, *1760 Steel Hauler* 76,77		
9078	**Rock Island** Red/white 76,77	(2)	**8**
	NIB, *1661 Rock Island Line*		
9179	**Chessie** Yellow/blue, NIB, *1660 Yard Boss* 76	(3)	**20**
9357	**Smokey Mountain Line** 79		
	NIB, *1965 Smokey Mountain*		
	1. Red/white	(5)	**25**
	2. Green/black	(5)	**20**
	3. Yellow/black	(5)	**20**
16500	**Rock Island** Red/white, *11701 Rail Blazer*, 87,88	(2)	**10**
16511	**Pennsylvania** Tuscan/gold U88,89	(2)	**10**
	11708 Midnight Shift		
16583	**Lionel Lines 9067** Red/silver 97, U98		**C**
	11919, 11986 Docksider Sets, NIB		

Center Cupola

16559	**Seaboard** Red/white, SRP: $47. 95	(2)	**35**
16561	**Union Pacific** Yellow-brown/red 95	(2)	**35**
16562	**Reading** Green-yellow/yellow-green 95	(2)	**35**
16564	**Western Maryland** Red-white-black/black 95	(3)	**50**▼
	11749 Western Maryland SSS		
16581	**Union Pacific 16569** Yellow-gray/red, 96	(3)	**40**

Extended Vision (all are lighted and have metal trucks)

6900	**Norfolk & Western** Red-silver/white 82	(4)	**120**▼
	1260 Continental Limited		
6901	**Ontario Northland** Yell/blue U82 YED	(3)	**80**▼

6903	**Santa Fe** Blue/yellow 83	(4)	**200**▼
6904	**Union Pacific** Yellow/gray-red 83	(4)	**150**▼
	1361 Gold Coast Limited		
6905	**Nickel Plate Road** Red/gray U83 YED	(3)	**80**▼
6906	**Erie Lackawanna** Gray/maroon-yellow 84	(4)	**110**▼
	1451 Erie Lackawanna		
6910	**New York Central** Red-gray/black U84	(3)	**90**▼
6913	**BN** Green-yellow/white 85	(4)	**115**▼
	1552 Burlington Northern Limited		
6917	**Jersey Central** Green/cream 86	(3)	**60**
6926	**TCA** White/blue U86	(3)	**75**▼
16541	**Montana Rail Link** smoke 93	(3)	**80**▼
	Blue-silver/white-red		

16554	**GTW 79052** Red/white, smoke 94 SRP: $80	(3)	**65**
19700	**Chessie** Yellow-blue/blue 88 *11705 Chessie System Unit Train*	(3)	**90▼**
19703	**Great Northern** Red-black/white *FF3* 88	(3)	**70▼**
19704	**Western Maryland** Red-black/white, 89 Smoke, *FF4*	(3)	**65**
19705	**CP Rail** Yellow-black/white-black 89 Smoke *11710 CP Rail Freight Set*	(3)	**75▲**
19706	**Union Pacific 9706** Yellow-red/red, smoke 89	(3)	**75▼**
19710	**Frisco** Red-black/wht, smoke *FF5* 91	(3)	**65**
19711	**Norfolk Southern** Red/white, smoke 92 *11718 NS Unit Train*	(3)	**75**
19715	**Duluth Missabe & Iron Range** U92 **C-217,** Yellow-brown/graphics, JC Penney	(3)	**65**
19716	**Illinois Central 9405** 93 Orange/black w/smoke	(3)	**65**
19718	**Chicago & Illinois Midland** Green/white U92 NIB, *18556 Sears C&IM Freight Car Set*	(3)	**65**
19720	**Soo Line** White-red/black, *11738 Soo Line SSS* 93	(3)	**70▲**
19721	**Gulf, Mobile & Ohio 2956** U93 Red/white JC Penney	(4)	**75**
19723	**Disney** White-red/graphics 94 SRP: $70	(3)	**60▼**
19724	**MKT 125** Green/yellow JC Penney U94	(3)	**55**
19753	**Union Pacific 25641** 99 *21757 Union Pacific Freight Car Set*		**C**
19807	**Pennsylvania** Tuscan/yellow Smoke 88	(2)	**60**
52102	**Santa Fe** CLRC U96 Red/yellow-white	(3)	**80**
52103	**Santa Fe** CLRC U96 Red-black/yellow-white	(3)	**80**

N5C Pennsy-Type

6449	**Wendy's** Red/yellow 81,82	(3)	**55▼**
6908	**Pennsylvania** Maroon-yellow/black 84,85 *FARR 5*	(4)	**75▼**
7508	**Lionel** Silver/red 75-77 *1585 75th Anniversary Special*	(3)	**35**
7600	**Frisco** Red/white/blue 74-76 1. *Spirit of '76 series* 2. MDTCA 00003 U76	(3) (4)	**50▼** **55**

7681	**VTC** Red/white U81	(5)	**30**
9160	**Illinois Central** Orange-white/black-white 70-72		
	1. "i" in black dot	(3)	**35**
	2. No "i" in black dot	(4)	**300*▼**
	3. IC Yellow	(5+)	**PF**
9160	**Illinois Central** Orange/white-black U71	(5+)	**350***
	Factory painted for Glen Uhl		
9161	**CN** Orange-black/white 72-74	(3)	**40▼**
9162	**Pennsylvania RR** Tuscan/white U72,73-75	(3)	**40▼**
	Sold sep. & *1250 NYC SSS*		
9163	**AT&SF** Red/white-blue 73-76	(3)	**35▼**
	Sold sep. & *1388 Golden State Arrow*, 73,74 only		
9165	**Canadian Pacific** Red/white *SSS* U73	(4)	**45▼**
	1350 Canadian Pacific		
9167	**Chessie** Yellow-silver/blue 74-76	(3)	**40▼**
	1460 Grand National, also sold separately		
9168	**Union Pacific** 75-77		
	1. Yellow/red	(3)	**35**
	2. Yellow/green, heat-stamped lettering	(5+)	**150***
9170	**N&W 1776** Red-white-blue/white 75	(3)	**40▼**
	NIB, *1584 N&W Spirit of America*		
9175	**Virginian** Blue/yellow 76,77	(3)	**35**
9176	**Bangor & Aroostook** Red/wht/blue U76	(3)	**35**
	Sold only with locomotive		
9180	**The Rock** Blue/white 77,78	(3)	**35**
9181	**Boston & Maine** Blue/white U76,77		
	1. Regular production	(3)	**45**
	2. NETCA U77	(3)	**75**
9182	**Norfolk & Western** U76,77-80	(3)	**40▼**
	Black/white		

9183	**Mickey Mouse** White-orange/graphics 77,78	(4)	**75▼**
9185	**GTW** Blue/white 77	(4)	**45**
9186	**Conrail** Blue/white U76,77,78		
	1. Regular production	(3)	**40**
	2. ADTCA U79	(3)	**50**
9239	**Lionel Lines** Orange/blue U83YED	(3)	**65▼**
9270	**Northern Pacific** Orange/white 78	(3)	**25**
9287	**Southern** Red/white U77,78		
	1. Regular production	(3)	**35**
	2. SDTCA U77	(4)	**45**
9288	**Lehigh Valley** Red/yellow U77,78,80	(3)	**30**
9289	**C&NW** Yellow-green/black U77,78,80		
	1. Regular production	(3)	**50**
	2. TCA Museum U80 (Midwest Div. fundraiser)	(5)	**50**
16504	**Southern** Red-black/yellow U87	(3)	**50**
	11704 Southern Freight Runner SSS		
16522	**Chills & Thrills** Red-yellow/graphics 90, 91	(3)	**40**
	NIB, *11716 Lionelville Circus Special*		

19701	**Milwaukee Road** Orange-blk/blk *FF2* 87		
	1. Red decal	(3)	**50**
	2. No decal	(5)	**FM***
19702	**Pennsylvania RR** Gold/black 87	(3)	**50**
19712	**Pennsylvania** Blue/white, *11722 Girls Train* 91	(4)	**75▲**
19727	**Pennsylvania** Red-black/white 96	(3)	**65▲**
19736	**Pennsylvania 6417** Tuscan/white, lt 97	(2)	**45**
19738	**Conrail 6417** Blue/white 97 Covered rear portholes, *11918 Lionel Service Exclusive*	(3)	**50**
19740	**Virginian 6427** Blue/yellow 97 *11934 Virginian Rectifier Freight*	(3)	**60**
19741	**Pennsylvania 6417** 98 Tuscan-silver-black/white, SRP: $70		**C**
19751	**Pennsylvania 492418** 98 *21751 Pennsylvania Rolling Stock 4-pack*		**C**

Southern Pacific-Type

1980	**IETCA** Yellow/graphics U80	(5)	**75**
6430	**Santa Fe** Red/gold 83-89 Sold sep. & *1352 Rocky Mountain Freight*	(1)	**10**
6432	**Union Pacific** Gray-black/yellow 81,82 NIB, *1151 Thunder Freight*	(3)	**20**
6478	**Black Cave Flyer** Red/glow decal 82 no number on car, NIB, *1254 Black Cave Flyer*	(4)	**10**
6482	**Nibco** Red/white, NIB, *1264 Nibco Express* U82	(3)	**35**
6483	**Jersey Central** Red/white, LCCA exclusive U82	(4)	**35▲**
6485	**Chessie System** Yellow/black 84,85 *1402 Chessie System* and sold sep.	(3)	**15**
6486	**Southern** Green/white 83-85 NIB, *1353 Southern Streak*	(4)	**15**
6912	**Redwood Valley Express** Tuscan/yellow 84,85 NIB, *1403 Redwood Valley Express*	(3)	**15**
6918	**Baltimore & Ohio** Blue/yellow 86 Sold sep. & *1652 B&O Freight*	(2)	**20**
6919	**Nickel Plate Road** Red/white 86-91 NIB, *1602 Nickel Plate Special*	(1)	**15**
6921	**Pennsylvania** Red/white 86-90 NIB, *1615 Cannonball Express*	(1)	**15**
9057	**CP Rail** Yellow/black 78,79 NIB, *1866 Great Plains Express*	(3)	**15**
9058	**Lionel Lines** Orange/black, NIB, 78,79,83	(2)	**15**
9059	**Lionel Lines** Orange/black, NIB, 79,U81	(3)	**15**
9060	**Nickel Plate Road** NIB 70-72		
	1. Maroon/white	(2)	**15**
	2. Brown/white	(1)	**10**
9061	**AT&SF** Red/yellow 70-76	(1)	**10**
9062	**Penn Central** Green/white, NIB 70-72,74-76		
	1. MPC logo	(1)	**10**
	2. MPC logo missing	(3)	**15**
9063	**Grand Trunk** NIB 70,U71-U73		
	1. Orange/white	(3)	**20**
	2. Maroon/white	(3)	**25**
9064	**C&O** Yellow/blue-red 71,72,75-77	(2)	**15**
9065	**Canadian National** Maroon/white U71-73	(3)	**25**
9066	**Southern** NIB 73-76		
	1. Red/white	(2)	**15**
	2. Wine/white	(5)	**200▼**
9069	**Jersey Central** 73,74,U75,U76 Brown/white, NIB	(2)	**15**

9070	**Rock Island** Gray/black, NIB 73,74	(3)	**20**
9073	**Coca Cola** Red/white, NIB, *1463 Coke set* U74,75	(3)	**20**
9075	**Rock Island** Red/white U75,U76 NIB, *1594 Sears Set*	(3)	**20**
9076	**We The People** White-blue/graphics U75 NIB, *1577 Liberty Special*	(3)	**25**
9077	**Rio Grande** Orange/black 76-83,U84-U91 Sold sep. & *1662 Black River Freight*	(1)	**15**
9080	**Wabash** Red-black/white 77 NIB, *1762 Wabash Cannonball*	(3)	**20**
9166	**Rio Grande** Yellow-silver/black U74,75 Sold sep. & *1450 D&RGW SSS*	(2)	**25**
9169	**Milwaukee Road** Orange-black/red U75 *1579 Milwaukee Road SSS*	(3)	**30**
9171	**Missouri Pacific** Red/white 76,77	(2)	**30**
9172	**Penn Central** Black/white 76,77	(3)	**40**
9173	**Jersey Central** Red/white 76,77	(2)	**25**

9178	**Illinois Central** Orange-silver/black 76,77 *1664 Illinois Central Freight*	(3)	**35**
9187	**GM&O** Red-black/white 77 *1764 Heartland Express*	(3)	**30**
9341	**Atlantic Coast Line** 79-82,U86,87-90 Red/white, Sold sep. & *1960 Midnight Flyer* & *1687 Freight Flyer*	(1)	**10**
9346	**Wabash** Red-black/white 79 NIB, *1962 Wabash Cannonball*	(4)	**25**
9380	**NY, NH&H** Silver/black 80,81 NIB, *1050 New Englander*	(3)	**20**
9381	**Chessie** Yellow-silver/blue 80 NIB, *1052 Chesapeake Flyer*	(3)	**15**
16501	**Lehigh Valley** Yellow-silver/black 87 NIB, *11701 Black Diamond*	(3)	**25**
16505	**Wabash** Red/white 88-91 NIB, *11703 Iron Horse Freight*	(2)	**15**
16507	**Mopar Express 1987** Red/white U87,U88 NIB, *11757 Mopar Express*	(3)	**40▼**
16508	**Lionel Lines 6508** Orange/black U89 NIB, *11771 Microracers*	(3)	**15**
16509	**D&RGW** Orange/black U89 NIB, *11758 Desert King SSS*	(3)	**35**
16513	**Union Pacific** Gray-black/red 89	(3)	**30**
16515	**Lionel Lines Railscope** Gray-blue/white 89	(3)	**30**
16516	**Lehigh Valley** Red/white 90	(2)	**25**
16520	**Welcome to the Show** Red/white U89 NIB, *11770 Sears Circus Set*	(3)	**35▼**
16521	**Pennsylvania** Tuscan/white 90,91	(2)	**15**
16523	**Alaska** Blue-yellow/yellow 91	(3)	**45**

16524	**Anheuser Busch** Red/white U89-U92 NIB, *11775 Budweiser*	(4)	**35**
16526	**Kansas City Southern** Tuscan/wht 91	(2)	**25**
16528	**Union Pacific 6528** Red/white U90,U91 NIB, *11785 Costco*	(4)	**20**
16529	**Santa Fe 16829** Red/wht, NIB, *11720 SF Special* 91	(3)	**15**
16530	**Mickey's World Tour 16830** Red/graphics 91 NIB, *11721 Mickey's World Tour*	(3)	**20**
16531	**Texas & Pacific** Red/white 92	(2)	**30**
16534	**Delaware & Hudson** Red/white 92	(2)	**30**
16536	**Chesapeake & Ohio** 92,U93,94,U96,97,98 *11727 Coastal Ltd.* and several other sets, NIB 1. Yellow/blue, 4 window body 2. Brown/yellow, 4 window body 3. Red/white, 2 window body	(1) (5)	**25** **250** **C**
16537	**MKT** Red/white 92,U93 NIB, *11728 High Plains Runner*	(3)	**30**
16543	**New York Central** Red/white 93-98 NIB, *11735 NYC Flyer* 1. 4 window body 2. 2 window body	(2)	**20** **C**
16544	**Union Pacific** Gray/yellow 93-95 NIB, *11736 UP Express* 1. 4 window body 2. 2 window body	(2) (2)	**20** **15**
16546	**Clinchfield** Dull red/white, lights 93	(2)	**30**
16547	**Christmas** Red/graphics SRP: $47 93-95 1. 4 window body 2. 2 window body	(3) (2)	**45** **40**
16548	**Conrail** Blue-black/white 93 *11740 Conrail Consolidated*	(3)	**35**

16551	**Anheuser Busch** Red/white U93,U94 NIB, *11810 Budweiser Set* 1. 4 window body 2. 2 window body	(3) (2)	**45** **30**
16553	**United Auto Workers** U93 Yellow/blue, NIB, *11811 UAW Set*	(4)	**35**
16555	**C&O** Yellow-blk/blue, *11743 C&O Freight Set* 94	(3)	**30**
16557	**Ford** Red/white U94 Sold sep. & *11814 Ford Set*	(2)	**25**
16558	**Crayola** Red/graphics U94,95 No number on car, NIB, *11813 Crayola Activity Set* 1. 4 window body 2. 2 window body	(2) (2)	**20** **15**

16560	**Mopar** Red/white-blue U94 NIB, *11818 Chrysler Mopar Set*	(3)	25▼
16563	**Lionel Lines** Red/white 94 *11747 Lionel Lines Steam*	(3)	30
16566	**US Army** Gray/white 95YED	(3)	30▲
16568	**AT&SF** Red/white, lt, 96-98 NIB, *11900 Santa Fe Special*		C
16571	**Georgia Power** White-black/brown U95 NIB, *11819 Georgia Power Set*	(4)	75▼
16575	**Sears/Zenith** Red/white-blue, NIB U95,96 *11821 Sears/Zenith Set*	(4)	50
16578	**Lionel Lines** Yellow/red, NIB U95 *11906 Factory Selection Special Set*	(4)	25
16579	**GM/AC Delco** Red/graphics U95 NIB, *11822 Chevrolet Bow Tie Set*	(3)	35
16580	**Lionel Lines SP 6357** Red/white 96-98 *11910, 11921, 11944 Lionel Lines Sets*, NIB 1. No blt date 2. 98 blt date	(2)	20 C
16586	**Southern Pacific** Silver/black-red SRP: $55. 97	(2)	40
16588	**Bloomingdale's Coast-to-Coast** Red/multi U96 *11825 Bloomingdale's NYC Flyer Set*, NIB	(3)	30
16589	**Zenith Express** Red/multi U96 *11826, 11827 Zenith Sets*, NIB	(3)	45
16590	**Dodge Motorsports** Blue-red/multi U96 *11933 Dodge Motorsports Set*, NIB	(4)	40
16591	**Lionel Lines SP LLB 6357** Red/multi U97 *11935 Little League Set*, NIB	(3)	30
16593	**Lionel Belt Line 6257** 98 Silver-black-red/graphics, SRP: $ 50	(2)	35
16594	**Lionel SP 6357** Brown/white, SRP: $ 55, 98	(2)	35
19733	**NYC 6357** Red/white 96	(2)	35▼
19734	**Southern Pacific 6357** Red/white 96	(2)	35▼
26504	**Mobil Oil 6257** Black/multi U97 NIB, *11957 Mobil Oil Set*	(3)	35
26506	**Norfolk & Western 562748** 98 *11979 Norfolk & Western Train Set*, NIB		C
26507	**Delaware & Hudson 35707** 98 *11971 Delaware & Hudson Train Set*, NIB		C
26508	**Alaska 1081** 98 *11972 Alaska Railroad Train Set*, NIB		C
26511	**Quaker Oats** U98 *11985 Quaker Oats Set*, NIB		C
52050	**Schuylkill Haven Borough Day** Red/white U94	(4)	65

52139	**Department 56 6256** Red/wht-graphics AMT U97	(3)	60
52161	**Monopoly** Red-black/multi U98 Sold exclusively by Eastwood		C
52165	**Southern Pacific** Artrain White-red/multi U98		C

Standard O, Woodside & Steelside

6907	NYC Woodside, Low cupola, Brown/white, U86 (3)	125▼
	Mail-order only from Lionel, w/ 4 lanterns	

6920	B&A Woodside, Low cupola U86	
	Mail-order only from Lionel, w/4 lanterns	
	1. Brown/white-brown roof (3)	125▼
	2. Brown/white-black roof	5P
16539	Western Pacific 539 Steelside 92 (3)	75▲
	Gray-orange/blk, smoke, *11733 Feather River SSS*	
17600	NYC Woodside, Low cupola, Brown/wht U87YED (4)	75▼
17601	Southern Woodside, High cupola, Red-blk/yell 88 (3)	80▼
17602	Conrail High cupola, Blue-black/white, 87 (4)	85
	Woodside, *11700 Conrail Limited*	
17603	Rock Island Woodside, High cupola Tuscan/wht 88 (2)	65
17604	Lackawanna Woodside, Low cupola, SMT 88 (2)	65
	Tuscan/white	
17605	Reading Woodside, Low cupola, Red-black/wht 89 (2)	50
17606	NYC Steelside, Red-gray/white, smoke 90 (3)	85▼
17607	Reading Steelside, Brown/white, smoke 90 (3)	65
17608	C&O Chessie Steelside, Tuscan/white, smoke 91 (4)	90▼

17610	Wabash Steelside, Red/white, smoke 91 (3)	80▼
17611	New York Ontario & Western Woodside U90,91 (3)	65
	High cupola, Brown/white	
17612	Nickel Plate Road Steelside 92 (3)	85▼
	Brown/white, smoke, *FF6*	
17613	Southern Steelside, Tuscan/white smoke 92 (3)	85▼
17615	NP Woodside, Tuscan/wht, High cupola, smoke 92 (3)	85▼
17617	Denver & Rio Grande Steelside 95 (3)	90▲
	Silver-yellow/white	
17618	Frisco Woodside, High cupola, Tuscan/wht 95YED (3)	85
17620	Northern Pacific 1746 Woodside, High cupola 98	C
	11977 Northern Pacific 4-pack	
17880	D&RGW Woodside, High cupola, LCCA U90 (4)	85
	Black/white	
19739	NYC 6907 Woodside, SRP: $110, 97 (3)	75
	Low cupola, Brown-black/white-black	

77

19754	**NYC 20112** Steelside 98 *17246 NYC Pacemaker 4-pack*			C
19957	**Ambassador Club Award** Woodside U98 Low cupola, blue-bronze/multi			C
19958	**Ambassador Club Engineer Award** U98 Woodside, low cupola, blue-silver/multi			C
19959	**Ambassador Club J.L. Cowen Award** U98 Woodside, low cupola, blue-gold/multi			C
26503	**AT&SF 7606** Steelside Red/white 97 *11838 Warhorse ATSF Hudson Freight Set*	(3)		80
51700	**Lionel Lines 8817** Red-black/brass 89 *51001 #44 Freight Special Prewar Set*	(3)		*
51701	**NYC 19400** Low cupola, Tus/wht, Semi-scale 91	(3)		175
51702	**Pennsylvania N-8 478039** Brass 91 Brown-black/white, smoke, SMT	(4)		450▲
52047	**Cottonbelt** Woodside, High cupola U94,U95 Brown-black-orange/white, smoke, TTOS	(3)		80▲
88011	**CN** Woodside, High cupola, LCAC U88 Orange/white	(5)		400▲

Work, Transfer, & Maintenance

6420	**Reading** Maintenance Green/yellow 81,82 NIB, *1154 Reading Yard King*	(2)		20
6426	**Reading** Maintenance Yellow/green 82,83	(2)		20
6427	**BN** Maintenance Green/white 83,84	(2)		20
6428	**C&NW** Maintenance 83-85 Black/yellow, *1354 Northern Freight Flyer*	(3)		25
6435	**USMC** Security Olive drab 83,84 NIB, *1355 Commando Assault*	(3)		25

6491	**Erie Lackawanna** Transfer Black-red/white 85,86	(3)		20
6496	**AT&SF** Work Red/yellow,black base U86 SMT, *1632 Santa Fe Work Train SSS*	(3)		30
6916	**NYC** Work Black/gray, *1502 Yardchief* 85,86	(2)		30

9021	**Santa Fe** Work 70,71,73-75			
	1. Red-black/yellow w/*9021*	(1)		15
	2. Red-black/yellow w/o *9021*	(1)		15
	3. Orange-black/yellow	(4)		50
9025	**DT&I** Work Orange-black/white 71-74,77,78	(2)		20
9027	**Soo Line** Work Red/black, NIB 75,76	(3)		25
9085	**AT&SF** Work Red/yellow 79-82	(3)		15

16503	**NYC** Transfer Black-gray/white-blk 87	(3)	**20**
16519	**Rock Island** Transfer Black-blue/white 90	(2)	**20**
16549	**Soo** Work Red-black/white 93 NIB, *11741 Northern Express*	(3)	**25**
16577	**US Coast Guard** Medical White/red 96 w/figure, canisters, stretchers, NIB, *11905 US Coast Guard set*	(2)	**30**
16584	**Port of Lionel City 6130** Medical 97 Silver-black/black-blue, NIB *11920 Port of Lionel City Dive Team set*	(2)	**30**
19709	**Pennsylvania** Work Tuscan-black/yell, smoke 89	(3)	**75**
26505	**Lionelville Fire Company #1 Rescue Unit** 98 *21753 Fire Rescue Train SSS*		**C**

Coal Dump

6251	**New York Central** Black/white 85	(2)	**20**
9304	**C&O** 74-78 1. Dark blue/yellow 2. No lettering	(1)	**20** **FM**
9311	**Union Pacific** Yellow/red U78,79-82	(3)	**20**
9330	**Kickapoo Valley** Manual dump, NIB 72,79 1. Green 2. Red 3. Yellow *1280 Kickapoo Valley, 1965 Smokey Mountain Line*	(1) (1) (1)	**6** **6** **6**
9363	**Norfolk & Western 9325** Black/white 79	(3)	**15**
9398	**Pennsylvania** Tuscan/gold 83,84	(2)	**25**
9399	**Chicago & North Western** Black/gray 83-85 NIB, *1354 Northern Freight Flyer*	(3)	**30**
16600	**Illinois Central Gulf** Orange/brown 88	(3)	**25**
16602	**Erie** Gray/maroon 87	(3)	**25**
16607	**Southern 16707** Green/white, SMT U87 *11704 Southern Freight Runner SSS*	(3)	**30**
16613	**Katy** Black/white 89	(2)	**25**
16619	**Wabash** Gray-Tuscan/white w/load 90	(2)	**25**
16634	**Western Maryland** Tuscan-orange/white 91	(2)	**25**
16657	**Lehigh Valley** Gray-black/white U92YED	(3)	**25**
16664	**Louisville & Nashville** Yellow-gray/red 93	(2)	**25**
16676	**Chicago Burlington & Quincy** 94 Gray-red/black-white, SRP: $37	(2)	**25**
16749	**Midget Mines 3479** Brown-silver/yellow-green 97	(2)	**30**
16766	**Bureau of Land Management 3479** 98 Brown-gray/yellow, SRP: $47		**C**
16928	**Soo** Brown/white, w/dump bin 95	(2)	**20**

Crane & Derrick Cars

6508	**Canadian Pacific** 6WT, 81 Maroon/white-maroon/maroon boom			
	1. Regular production *1158 Maple Leaf Limited*	(3)		60
	2. LCOL w/added graphics	(5)		85
6510	**Union Pacific** Yellow/gray/yellow boom, 6WT 82	(3)		80
6524	**Erie Lackawanna** 84 Maroon-gray/yellow/grayboom, 6WT *1451 Erie Lackawanna Limited*	(3)		80

6560	**Bucyrus Erie** Red/black/black boom 71			
	1. Heat-stamped white lettering	(4)		200
	2. Black base, silver rubber stamped lettering	(4)		175
6567	**ICG** Gray-orange-black/white LCCA 6WT U85	(3)		90
6574	**Redwood Valley Express** 84, 85 Tuscan/yellow/gray boom NIB, *1403 Redwood Valley Express*	(3)		20
6576	**AT&SF** Blue/yellow/gray boom 85,86 NIB, *1501 Midland Freight*	(2)		15
6579	**NYC** Black/black-white/black boom 85,86 *1502 Yardchief*	(3)		45
6593	**AT&SF** Red/black SMT U86 *1632 Santa Fe Work Train SSS*	(3)		50
9235	**Union Pacific** Yellow/black derrick 83,84	(3)		20
9236	**C&NW** Black/yellow derrick 83-85 NIB, *1354 Northern Freight Flyer*	(3)		25
9329	**Chessie System** 6WT 80 Yellow/blue/blueboom, *1070 Royal Limited*	(3)		75
9332	**Reading** Yellow/green/yellow boom SMT 79 *1971 Quaker City Ltd.*	(3)		65
9348	**Santa Fe** U79 YED Blue/blue-yellow/yellow boom, SMT, *FARR 1*	(4)		75▼
9364	**Norfolk & Western 9325** Black/white 79	(3)		15
9378	**Lionel** Red/white/yellow derrick 81,82 NIB, *1154 Reading Yard King*	(3)		25
16609	**Lehigh Valley** Derrick Grn/white/yellow boom 87 *11702 Black Diamond,* NIB	(3)		25
16644	**Amtrak** Orange-gray/blk/blk boom 91,U92 *11723 Amtrak Work Train*	(3)		45
16653	**Western Pacific** 6WT, 92 Black/white/silver roof & boom, *11733 Feather River SSS*	(3)		65
16658	**Erie** Maroon/yellow/silver boom 6WT 93			
	1. Regular production	(3)		65
	2. TCA w/added graphics	(4)		75
16684	**USN** Yellow-gray/black 94,95 NIB, *11745 US Navy Set*	(3)		45▼
16709	**NYC** Derrick Black/white/gray boom 95	(2)		30
16717	**Jersey Central** Red/white/red boom 96	(2)		45

16736	**US Coast Guard** Derrick Blu/blk/wht 96 NIB, *11905 US Coast Guard set*	(2)	25
16746	**Port of Lionel City 6660** Derrick Sil/blk/blue 97 NIB, *11920 Port of Lionel City Dive Team set*	(2)	25
19402	**Great Northern** 6WT, *FF3* 88 Orange-white/black/black boom	(3)	75▼
19405	**Southern** Green-silver/gold/silver boom, 6WT 91	(4)	85
19412	**Frisco** Black/yellow/silver boom 6WT 92	(3)	75
19834	**Lionel Lines 2460** Gray/black/black boom 97 6WT SRP: $90.	(2)	65▼
19837	**Lionel Lines 2460** 6WT U98 Red-black/white SRP: $90.		C
52008	**Bucyrus Erie** TCA Gray-black/blk-wht, 6WT U93	(3)	75
	Illinois Central no number, 78,79 Blk/yellow, black boom 78, white boom 79, NDV *1860 Workin' on the Railroad*	(2)	10

Flat Cars
Flat Cars with Vans and Trailers

0781	**Lionel Club** Black/white U83 Silver/red-black, 2 vans	(4)	125
6531	**Express Mail** Blue/white 85,86 Blue-orange/white-orange 2 vans	(3)	50
9120	**Northern Pacific** Green/white 70,71 2 white vans made both before and after 1970	(3)	50▼
9122	**Northern Pacific** w/2 white or gray vans 72-75 1. Tuscan/white 2. Green/white	(3) (4)	50▼ 60▼
9133	**Burlington Northern** Green/white 76,77,80 2 green/white vans	(4)	40
9149	**CP Rail** Red/white, 2 silver/black-white vans 77,78	(3)	45
9212	**SCL** Tuscan/white, LCCA, 2 vans w/graphics U76	(3)	35
9222	**Louisville & Nashville** Tuscan/white 83,84 2 gray/black vans	(3)	35
9226	**Delaware & Hudson** Blue/yellow 84,85 2 gray/black vans	(3)	45
9282	**Great Northern** Orange/green 78,79,81,82 2 green/orange vans	(3)	5
9285	**Illinois Central Gulf** Black/white 77 2 silver/black vans, *1765 Rocky Mountain Special*	(4)	65▼
9333	**Southern Pacific** Tuscan/white 80 2 white/black vans	(3)	55
9352	**Chicago & North Western** Green/yellow 80 2 yellow/green vans	(4)	85▼

9383	**Union Pacific** Black/white U80 2 Light yellow/red vans, *FARR 2* YED	(3)	50
16303	**Pennsylvania** Tuscan/gold, Tuscan/gold vans 87	(3)	45
16307	**Nickel Plate Road** Blue/wht, 2 Silver/blue vans 88	(3)	35
16308	**Burlington Northern** Green/white 88,89 Silver/green van	(3)	50

16311	**Mopar** Blue/white, NIB U87,U88 White/black 2 vans, *11757 Mopar Set*	(4)	120▼
16314	**Wabash** Blue/white, 2 blue/white vans 89	(3)	40
16321-16322	**Sealand TTUX** Yellow/white 90 1 Silver/black van each, sold as set	(3)	95
16323	**Lionel Lines** Gray/black 90 2 Blue/red-white-blue vans	(3)	35
16330	**Missouri Kansas & Texas** 91 Red/white, 2 Silver/red-black Katy vans	(3)	30
16334	**C&NW TTUX 16337, 16338** Yellow/black 91 1 White/black van each, sold as set	(3)	90
16335	**New York Central** Black/white SMT 91 Red/gray van *11719 Coastal Freight SSS*	(3)	80▼
16345-16346	**SP TTUX** Yellow/white 92 1 Beige/graphics Southern Pacific van each	(3)	75
16357	**L&N** Brown/white w/L&N silver van SMT 92	(3)	45
16363	**Southern TTUX 16364, 16365** 93 Yellow/white w/1 silver/green van each	(3)	75▼
16374	**Denver & Rio Grande** Black/white 93 w/D&RGW van silver/black	(3)	35
16376	**Union Pacific** Black/yellow w/van 93-95 NIB, *11736 UP Express*	(3)	30
16378	**Toys R Us** Black/white U92,U93 w/white Toys R Us van NIB, *11800 Toys R Us Heavy Iron*	(4)	125▼
16383	**Conrail** Brown/white w/Conrail van white/black 93 *11740 Conrail Consolidated*	(3)	60
16398	**C&O** Blue/yellow w/van, *11743 C&O Freight* 94	(3)	65
16904	**NYC TTUX 16905, 16906** 94 Yellow/white, w/2 Pacemaker vans SRP: $100	(2)	70▼
16910	**Missouri Pacific** Blue/white, 94 w/Mopac van, SRP: $37	(2)	30▼
16911	**Boston & Maine** Black/wht, 94 w/B&M van, SRP: $37 1. Added NETCA graphics	(3) (5)	30 150
16916	**Ford** Gray/white w/Ford van U94 *11814 Ford Set* & sold sep.	(3)	40
16922	**C&O** Black/white 95 w/C&O Blue/yellow trailer	(3)	45▲
16924	**Lionel 6424** w/Lionel Corp trailer SMT 96	(3)	45

16925	**NYC** Black/white w/gray/red trailer 94 *11747 Lionel Lines Steam Set*	(3)	**65**
16926	**Frisco** Brown/white, w/2 Frisco Silver/red vans 95	(2)	**40**
16940	**AT&SF** w/trailer Gray-red/gray/black 96-98 *11900 Santa Fe Special*		**C**
16953	**NYC** Red/white w/Red Wing van U95 Sold sep. & *11820 Red Wing Set*	(3)	**50**
16956	**Sears/Zenith** Black/white NIB U95 w/white/red/black trailer, *11821 Sears/Zenith Set*	(4)	**150**
16961	**GM/AC Delco** Gray/black NIB U95 w/silver/red-white-blue trailer, *11822 Chevy Bow Tie Set*	(4)	**75**
17871	**NYC** Black/white, SMT TTOS U87 w/2 vans, 1 Kodak van, White/yellow-black-red 1 Xerox van, White/blue	(4)	**350**
19404	**Western Maryland** Red/white SMT 89 2 Silver/yellow vans *FF4*	(3)	**45**
19411	**Nickel Plate Road** Black/white SMT 92 cream/black Sears van, *FF6*	(3)	**70▼**
19415	**Erie** Black/white, SMT, w/silver Erie van, *FF7* 93	(3)	**50**
19416	**Illinois Central 19417, 19418 TTUX** Yell/wht 93 w/1 ICG Van silver/black each, *11738 Soo Line SSS*	(3)	**110**
19425	**CSX** Artrain SMT Black/yellow U96 w/white/graphics trailer	(3)	**100**
19437	**LRRC** Blue w/orange trailer U97	(3)	**50▲**
19440	**Fedex** w/ Trailer SRP: $45, 98		**C**
19948	**Lionel Visitor Center** U97 Lt. blue/white, w/same trailer as 12860 but 1997 in black on roof	(3)	**40**
26908	**Apple TTUX 26909, 26910** 98 w/2 Apple vans, SRP: $85		**C**
26949	**Nickel Plate Road 2016** Blue/white w/trailer 98 *21750 Nickel Plate Rolling Stock 4-pack*		**C**
26950	**Nickel Plate Road 2017** Blue/white w/trailer 98 *21750 Nickel Plate Rolling Stock 4-pack*		**C**
26951	**Pennsylvania 6424** Brown/white w/trailer 98 *21751 Pennsylvania Rolling Stock 4-pack*		**C**
26952	**Trailer Train 64241** w/JB Hunt trailer 98 *21752 Conrail Unit Trailer Train Set*		**C**
26953	**Trailer Train 64242** w/JB Hunt trailer 98 *21752 Conrail Unit Trailer Train Set*		**C**
26954	**Trailer Train 64243** w/JB Hunt trailer 98 *21752 Conrail Unit Trailer Train Set*		**C**
26955	**Trailer Train 64244** w/JB Hunt trailer 98 *21752 Conrail Unit Trailer Train Set*		**C**
26959	**J.C. Penney** Purple w/trailer and tractor U98 NIB, *11978 JC Penney NYC Flyer Set*		**C**
52000	**D-TTCA** Blue/silver w/silver/blue trailer U92	(4)	**150▲**
52003	**Meet Me In St. Louis** Red/white, SMT, TCA U92	(5)	**650▲**
52014	**BN TTUX** LOTS Grn/wht w/N&W vans U93	(3)	**175**
52026	**Long Island** Black/white, NLOE, SMT U94 w/Grumman trailer and 52072 tractor	(5)	**450**
52040	**GTW** Orange/white, w/Lionel van TTOS SMT U95 1. Convention date 8-94 2. Convention date 2-95	(3) (5)	**65▼** **150**
52041	**BN TTUX** LOTS Green/white, w/Conrail vans U94	(3)	**125**
52042	**BN TTUX** LOTS 15th Anniv. U94 Green/white, w/Canadian National van (Single flatcar in double box)	(3)	**75**
52080	**B&M** NETCA Blue/white, SMT U95 w/blue/white-black-yellow trailer	(4)	**150▲**

52083	**Eastwood** Brn/white w/silver/graphics tanker U95	(3)	**50**▲
52099	**MP** St.LLRRC Black/white, SMT U96		
	1. w/52104 Magic tractor & trailer	(3)	**50**
	2. w/52136A Merry Christmas tractor & trailer	(5)	**175**
52111	**Ben & Jerry's** NETCA Blue/wht, tractor & trailer U96	(4)	**300**
52114	**NYC** TTOS Black/white SMT U97 w/Gleason & Sasib Trailers	(3)	**60**
52116	**Milwaukee Road** MLRRC Maroon/white U97 SMT, w/silver trailer and tractor	(3)	**60**
52117	**Wabash** St.LLRRC Black/white, SMT U97 w/REA tractor & trailer	(3)	**60**
52130	**Hot Wheels 21697** Black/white U97 w/multicolored tanker/trailer, Eastwood exclusive	(3)	**60**
52144	**Long Island 8398** NLOE SMT U98 w/Grumman tractor & trailer		**C**
52147	**Frisco** St.LLRRC Brown/white, SMT U98 w/Campbell's 66 tractor & trailer		**C**
52150	**Frisco** St.LLRRC Brown/white, SMT U98 Same as 52147, but w/52136B Frisco tractor & trailer		**C**
52166	**Long Island 8399** NLOE SMT U99 w/Northrup tractor & trailer		**C**
52167	**Santa Fe** St.LLRRC Black/white, SMT U99 w/Navajo tractor & trailer		**C**
52169	**Zep** w/tractor & trailer U98		**C**
900013	**Canadian National** LCAC SMT U90 Black/white, w/Canadian National trailers	(4)	**200**▼

Flat Cars with Loads

With or without bulkheads, NDV

6504	**Laser** w/helicopter Black/white, NIB 81,82 *1150 L.A.S.E.R. Train*	(3)	**25**
6505	**Laser Tracking** Black/white, NIB 81,82 *1150 L.A.S.E.R. Train*	(3)	**30**
6506	**Laser Security** Blk-chrome/blue, NIB 81,82 *1150 L.A.S.E.R. Train*	(3)	**30**
6507	**Laser** Black/white w/Cruise missile, NIB 81,82 *1150 L.A.S.E.R. Train*	(3)	**25**
6509	**Lionel** Depressed center, Gray die-cast trucks 81 Two maroon girders, *Remake of Postwar 6418*	(3)	**85**
6515	**Union Pacific** Yellow/black 83,84,86	(4)	**10**
6561	**Unlettered** Olive/cream, NIB 83,84 w/Cruise missile, *1355 Commando Assault Set*	(3)	**20**
6562	**Unlettered** Olive/cream, NIB, crates, 83,84 barrels & fence, *1355 Commando Assault Set*	(3)	**20**
6564	**Unlettered** Olive/cream, 2 olive tanks 83,84 NIB, *1355 Commando Assault Set*	(3)	**20**
6575	**Redwood Valley Express** Tuscan/yellow 84,85 yellow fence, *1403 Redwood Valley Express* & sold sep.	(2)	**15**
6576	**Santa Fe** Blue/yellow w/fences U92	(2)	**15**

6582	**TTOS** Tuscan/yellow, lumber SMT U86	(4)	**250**
6585	**Pennsylvania** NIB, 1615 *Cannonball Express* 86-90		
	1. Black/white, yellow fence	(2)	**10**
	2. Blue/white, black stakes	(4)	**25**
	3. Yellow/black, black stakes	(4)	**25**

6587	**W&A** Tuscan, yellow fence, NIB U86	(4)	**30**
	1608 American Express		
9019	**Unlettered** 78	(2)	**5**
9020	**UP** w/ and w/o bulkheads, NIB 70-77,U83-U90		
	1. Yellow/black	(1)	**10**
	2. Yellow/blue	(2)	**15**
	3. Tuscan/yellow	(4)	**30**
	4. Dark red/yellow	(4)	**30**
	5. Black/yellow	(4)	**50**
9022	**AT&SF** w/ and w/o bulkheads, NIB 70-72,75-79		
	1. Red/yellow	(2)	**10**
	2. Black/yellow	(2)	**15**
9023	**MKT** w/ and w/o bulkheads, NIB 73,74	(2)	**10**
	Black/white, *1386 Rock Island Express*		
9024	**Chesapeake & Ohio** Yellow/blue, NIB 73-75	(2)	**8**
9026	**Republic Steel** Blue/white, NIB 75-82	(2)	**8**

9121	**L&N** Yellow dozer or scraper kits 71-79		
	1. Brown/white	(3)	**50▲**
	2. Maroon/white	(4)	**60▲**
	3. Brown/yellow	(5)	**350***
	4. Maroon/yellow	(5)	**550***
	Note: 3 & 4 are legitimate variations; fakes were made		
9124	**P&LE** Green/white 73,74		
	1. 3 logs	(3)	**20**
	2. Yellow dozer kit	(4)	**50**
	3. 2 white vans	(4)	**40**
9157	**C&O** Blue/yellow 76-78,81,82	(4)	**65**
	Yellow P&H crane kit		
9158	**Penn Central** Green/white, yellow steam shovel		
	1. With black threads 76,77	(4)	**50▼**
	2. With gray threads 80	(4)	**60▼**

9232	**Allis Chalmers** Orange-gray/blue 80,81,U83	(4)	**65▼**
	NIB, *1072 Cross Country Express*		

9233	**Transformer Car** Tuscan-red/yellow 80	(4)	**90**
	Depressed center, *1071 Mid-Atlantic Limited*		
	Remake of postwar 6518		
9306	**AT&SF** Brown/gold, brown fence 80-82	(3)	**20**
	NIB, *1053 James Gang*		
9325	**Norfolk & Western** Black/white 79	(2)	**15**
	Sold sep. & *1963 Black River Freight*		

9553	**Western & Atlantic** U77,78-80 Brown/yellow, brown fence	(3)	40
16300	**Rock Island** Red/white, NIB 87,88 Black fence, crates, *11701 Rail Blazer*	(2)	10
16315	**Pennsylvania** Brown/white U88,89 Brown fence & crate load, *11708 Midnight Shift*	(2)	10
16318	**Lionel Lines** Brown/white 89 2 gray wire reels, depressed center	(2)	25
16324	**Pennsylvania** Black/white 90-91 2 tan cable reels, depressed center	(2)	25
16326	**Santa Fe** Gray/white 91 2 blue cable reels, depressed center	(2)	25
16329	**Southern Pacific** Brown/white 90-91 Yellow fence & 2 horses, 1 black, 1 brown NIB, *11714 Badlands Express*	(2)	20
16332	**Lionel Lines** Blue/white 91 Depressed center, gray transformer	(2)	25
16333	**Frisco** Brown/white, bulkhead & load 91	(2)	25
16341	**New York Central** Brn/wht, gray transformer 92	(3)	35▼
16347	**Ontario Northland** Blue/white SMT 92 w/bulkheads & wood load	(3)	35
16348	**Lionel Liquefied Petroleum Car** 92 Tuscan/white, silver/black tank & bulkheads	(3)	55▼
16349	**Allis Chalmers Condenser Car** 92 Blue/orange, gray condenser	(3)	55▼
16350	**CP Rail** Red/white U91YED Bulkheads & load, *11726 Erie Lackawanna Freight*	(3)	35
16352	**Cruise Missile Car** Red/white, blue/wht missile 92	(3)	65▼
16356	**MKT** Depressed Center 92,U93 Red/white w/2 cable reels, NIB *11728 High Plains Runner, 11800 Toys R Us*	(3)	30
16360	**Norfolk & Western 16361, 16362** Maxi-stack 93 Red/white, w/2 Intermodal containers per car	(2)	65
16368	**Katy Liquid Oxygen** 93 Yellow/black w/black/white tank & bulkheads	(3)	35
16369	**Amtrak Wheel Rack** Black/white U92YED *11723 Amtrak Work Train*	(3)	30
16370	**Amtrak Rail Carrier** Black/white U92YED *11723 Amtrak Work Train*	(3)	35
16371	**Burlington I-Beam** Green/white, U92 YED SMT, w/load	(3)	50
16372	**Southern I-Beam** Brn/wht, SMT, w/load U92 YED	(3)	40
16373	**Erie Lackawanna** Brown/yellow 93	(3)	25
16375	**New York Central** Yellow/black 93-98 w/bulkheads, *11735 NYC Flyer* and other sets		C
16379	**Northern Pacific** White/black 93 w/bulkheads & wood load	(2)	20
16380	**Union Pacific Center I-Beam** Yellow/red 93 SMT, w/wood load	(2)	35▼
16381	**CSXT Center I-Beam** Red/white, 93 SMT, w/wood load	(2)	35▼
16382	**Kansas City Southern** Black/wht, w/bulkheads 93	(3)	20
16386	**Southern Pacific** Brown/white 94 w/wood load, SRP: $33	(2)	25
16389	**Pennsylvania Wheel Car** 94 Tuscan/white w/8 wheel sets, SRP: $33	(2)	25
16390	**Lionel Water Car** Gray/black 94 w/black/white water tank, SRP: $45	(3)	45▼
16393	**Wisconsin Central** Maroon/yellow 94 w/bulkheads & stakes, SRP: $27	(2)	20

16394	**Central Vermont** Green/yellow 94 w/bulkheads & stakes, SRP: $27	(2)	**20**
16395	**CP Rail** Red/white, w/rails SRP: $29, 94	(2)	**25**
16396	**Alaska Railroad** Blue/yellow 94 w/bulkheads & stakes, SRP: $27	(2)	**25**
16397	**Milwaukee Road I-Beam** SMT 94 Yellow/black, w/wood load, SRP: $60	(3)	**45**
16399	**Western Pacific I-Beam** SMT 94 Black/white, w/wood load, SRP: $60	(3)	**45**
16903	**Canadian Pacific** Gray/white 94 w/bulkheads, SMT, *11744 New Yorker SSS*	(3)	**30**
16907	**Lionel Farm Equipment** U94YED Gray/black, w/3 red tractors, SRP: $36	(3)	**50▼**
16912	**CN Maxi Stack 640001** 94 **16913, 16914** Blue/white, SRP: $100 w/4 containers, articulated	(2)	**70▼**
16920	**Construction Block Helicopter** 95YED Cataloged, but never produced, although test-shots and helicopter kits exist		**5P**
16923	**Lionel Intermodal** Blue/white, w/chocks 95	(3)	**25**
16927	**NYC** Green/white, w/NYC Gondola Black/white 95	(2)	**25**
16930	**Santa Fe Wheel Car** Red/white, w/8 wheel sets 95	(2)	**30**
16932	**Erie** Green/yellow, w/rail sections 95	(3)	**25**
16933	**Lionel Lines** Orange/blue, w/2 blue cars 95	(2)	**30**
16934	**Pennsylvania** Brown/white, w/yellow grader 95	(3)	**50**
16935	**Union Pacific** Gray/red, w/yellow bulldozer 95	(3)	**50**
16936	**Susquehanna 16937, 16938 Maxi-stack** 95 Red/white, Articulated, w/4 Sea Land intermodal containers	(3)	**75**
16939	**USN** Gray/black w/boat 95YED	(2)	**30▼**
16941	**AT&SF** w/2 sedans Red/black/white 96-98 *11900 Santa Fe Special*		**C**
16944	**Georgia Power** Gray/black NIB U95 w/transformer, *11819 Georgia Power Set*	(4)	**50**
16945	**Georgia Power** Gray/black NIB U95 w/orange reels, *11819 Georgia Power Set*	(4)	**50**
16946	**C&O 3840** F9 Well car Black/yellow/gray 96, 97 w/2 cable reels, 6WT	(2)	**40**
16951	**Southern 9823** Bulkhead Flat 96, 97 w/wood load, Black/white, SMT	(2)	**40**
16952	**USN Helicopter Car** Black/white, 96 w/olive Helicopter by Ertl	(3)	**45▼**
16954	**NYC 6424** w/Ertl Scraper Black/white, SMT 96	(3)	**40**
16955	**AT&SF** Depressed Center, Red/white 96 w/Ertl Challenger	(2)	**30**
16957	**Lionel 6461** Depressed Center, SMT 96 Yellow/black, w/Ertl 4WD tractor	(1)	**30▼**
16958	**Lionel** Orange/black 96 w/Ertl New Holland Loader	(1)	**30▼**
16960	**US Coast Guard** Flat Blue/black/white, NIB 96 w/motorboat, *US Coast Guard set 11905*	(2)	**40**
16963	**Lionel 6411** Gray/red 96, 97 w/stakes/3 logs	(2)	**35**
16965	**Lionel 6424** w/stakes Gray/red 96,97 *11910, 11921 Lionel Lines Sets,* NIB	(2)	**15**
16967	**Lionel 6461** Gray/red/white, SMT 96 Depressed Center, w/transformer	(2)	**35**
16968	**Lionel 6461** Maroon/silver, SMT 96 w/Ertl Helicopter	(2)	**40▼**

16969	**Lionel 6411** Gray/black/white 96 w/stakes/Beechcraft plane, Die-cast	(2)		**45▼**
16970	**LA County 6424** Yellow/orange/white, SMT 96 w/motorboat	(2)		**35▼**
16975	**Lionel Maxi-Stack Set 6840** 97 Intermodal Containers Lionel/Porter, Gilbert, Lionel Corp., Airex, SRP: $100	(3)		**80**
16978	**Milwaukee Road 6424** 97 w/P&H shovel kit, SRP: $45	(2)		**35**
16980	**Speedy Gonzales 6823** Red/gray, w/2 Missles 97	(3)		**50▲**
16982	**BC Rail 9823** w/Cut-wood load, SMT 97 SRP: $47	(2)		**40**
16983	**Pennsylvania F9** Well car, 6WT 97 w/2 cable reels, SRP: $55	(2)		**40**
16985	**Ford** Blue/white U97 w/2 white & blue Ford Vans, Eastwood	(3)		**50**
16986	**Zenith** w/bulkheads Black/white U96 *11826, 11827 Zenith Sets,* NIB	(4)		**40**
16987	**Musco Lighting 6424** Black/white U97 w/lighting unit load, NIB, *11935 Little League Set*	(3)		**30**
19409	**Southern** Black/white SMT 91	(4)		**40**
19413	**Frisco** Brown/white, stakes SMT 92	(3)		**30**
19414	**Union Pacific** Brown/yellow SMT 92	(3)		**35**
19423	**Lionel 6424** Yellow/white/gold 96 w/2 Circle-L race cars	(2)		**35▼**
19424	**Edison 6461** Silver/red, w/transformer load 97 Depressed center, SMT, *11918 Lionel Service Exclusive*	(3)		**40**
19430	**Lionel 6411** Silver/black, die-cast, 98 w/Black-yellow/white airplane load, SRP: $70			**C**
19442	**Lionelville Fire Company #1** w/water tank 98 *21753 Fire Rescue Train SSS*			**C**
26930	**Erie Lackawanna 7232** w/stakes 98 NIB, *11944 Lionel Lines Freight Set*			**C**
26957	**Delaware & Hudson 16533** w/bulkheads 98 NIB, *11971 Delaware & Hudson Train Set*			**C**
26971	**Lionel Flatcar** w/steel load 98 16-Wheel, depressed SRP: $190			**C**
36016	**Lionel Naval Support** w/Propellers, SRP: $80, 99			**C**
51600	**NYC** Black/white 96 Depressed Center, w/transformer	(4)		**150**
52084	**Union Pacific** I Beam U95 TTOS Banquet Car, Yellow/red, SMT	(5)		**350**
52101	**BN Maxi-Stack CLRC** Red/white-blue U97 w/two white BN containers, single unit	(4)		**100▲**
52142	**Massachusetts Central 5100/5101** TCA U98 Maxi Stack with UPS, "K"Line, Cole's Express, and St. John's Bay containers			**C**
52149	**Conrail Flatcar**, Blue/white, TTOS U98 w/Blue-gray/white Blum Coal power shovel			**C**
52159	**Monopoly Electric Company** U98 w/transformer, Gray/white Sold exclusively by Eastwood			**C**

Gondolas

6200	**FEC** Orange/yellow 81,82 NIB, *1154 Reading Yard King*	(3)	40
6202	**Western Maryland** Black/white SMT 82 w/coal load, *1260 Continental Limited*	(3)	40
6203	**Black Cave Flyer** Orange/decal, 82 no number on car, NIB, *1254 Black Cave Flyer*	(3)	10
6205	**Canadian Pacific** Tuscan/white SMT 83	(3)	35

6206	**Chicago & Illinois Midland** 83-85 Red/white, Sold sep. & *1354 Northern Freight Flyer*	(3)	25
6207	**Southern** Black/white 83-85 NIB, *1353 Southern Streak*	(3)	10
6208	**Chessie System** Blue/yellow SMT U83YED	(3)	35
6210	**Erie Lackawanna** Black/white SMT 84 *1451 Erie Lackawanna Limited*	(3)	35
6211	**C&O** Black/yellow, canisters 84,85,U86 1. *1402 Chessie System* 2. LOTS exclusive U86	(3) (3)	15 125
6214	**Lionel Lines** Orange-blue/blue U84 YED	(3)	35
6254	**Nickel Plate Road** Black/yellow 86-91 *1602 Nickel Plate Special* & sold sep.	(2)	15
6258	**Santa Fe** Blue/yellow 85,86,U92 Sold sep. & *1501 Midland Freight*	(2)	10
6260	**New York Central** Gray/black 85,86 *1502 Yard Chief*	(3)	20
6272	**Santa Fe** Red/yellow SMT U86 *1632 Santa Fe Work Train SSS*	(3)	25
9017	**Wabash** Red/white, NIB 78-81	(2)	8
9030	**Kickapoo Valley & Northern** NIB 72,79 Black base with green, yellow, or red bins. NDV *1280 Kickapoo Valley, 1965 Smokey Mountain*	(1)	5
9031	**Nickel Plate** 73-75,82,83,U84-U91 Brown/white, NIB	(1)	8
9032	**Southern Pacific** Red/white, NIB 75-78	(1)	8
9033	**Penn Central** 76-78, 82,U86,87-90,U92 Green/white, Sold sep. & *1687 Freight Flyer*	(1)	8
9055	**Republic Steel** Yellow/blue U78	(3)	15
9131	**Rio Grande** Orange/black 73-77	(2)	15
9136	**Republic Steel** Blue/white 72-76,79 1. MPC logo 2. No MPC logo	(1) (3)	15 15
9140	**Burlington** Green/wht 70,73-82,87-89	(1)	15
9141	**Burlington Northern** 70-72 1. Green/white 2. Tuscan/white	(1) (4)	15 250▼
9142	**Republic Steel** 1. Green/white 71 2. LCCA exclusive U77,78 3. Tuscan/yellow	(1) (3) (5+)	15 15 *

89

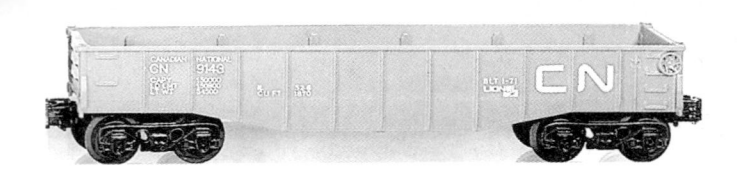

9143	**Canadian National** U71-U73 Maroon/white, Canadian catalog only	(4)	**45**
9144	**Rio Grande** Black/yellow U74,75,76 *1450 D&RGW SSS*	(2)	**15**
9283	**Union Pacific** Yell/red, *1764 Heartland Express* 77	(3)	**20**
9284	**Santa Fe** Red-yellow/red-yellow 77 NIB, *1762 Wabash Cannonball*	(3)	**30**
9315	**Southern Pacific** Brown/white SMT U79 *1970 Southern Pacific Limited*	(3)	**30**
9336	**CP Rail** Red/white-black SMT 79 *1971 Quaker City Limited*	(3)	**30**
9340	**Illinois Central Gulf** 79-81,U82,U83 1. Orange/black 2. Red/white *1159 Toys R Us* and other sets	(4) (3)	**20** **20**
9370	**Seaboard** Tuscan/yellow SMT 80 *1071 Mid Atlantic Limited*	(3)	**30**
9379	**AT&SF** Black-yellow/black-white 80,81,U83 NIB, *1072 Cross Country Express*	(3)	**30**
9385	**Alaska** Yellow/black, SMT 81 *1160 Great Lakes Limited*	(3)	**50**
16304	**Rock Island** NIB, *11701 Rail Blazer* 87,88 1. Orange/white 87 2. Red/white 88	(3) (2)	**15** **10**
16309	**Wabash** Tuscan/white 88-91 NIB, *11703 Iron Horse Freight*	(3)	**15**
16310	**Mopar Express** Tuscan/white U87,U88 NIB, *11757 Mopar Express*	(3)	**30▼**
16313	**Pennsylvania** Green/white U88,89 Cable reels, NIB, *11708 Midnight Shift*	(2)	**15**
16327	**Big Top** Yellow/blue w/canisters U89 NIB, *11770 Sears Circus Set*	(3)	**30▼**
16328	**NKP** Gray/yellow w/cable reels 90, 91	(2)	**15**
16336	**Union Pacific 6336** U90,U91 Black/yellow, NIB, *11785 Costco UP*	(4)	**15**
16339	**Mickey's World Tour** Blue/graphics 91 NIB, *11721 Mickey's World Tour*	(3)	**20**
16342	**CSX** Black/yellow, coil covers gray/blue 92	(2)	**25**
16343	**Burlington** Red/white, Coil covers black/white 92	(2)	**25**
16353	**B&M** Orange/black U91YED Coil covers silver, *11726 Erie Lackawanna*	(3)	**40▼**
16355	**Burlington** Red/white 92,U93,94,U95 *11727 Coastal Ltd.* and other sets	(1)	**15**
16358	**Louisville & Nashville** 92 Gray/white, SMT, Coil covers black	(3)	**35**
16359	**Pacific Coast** Brown/white SMT 92 Coil covers gray, *11733 Feather River SSS*	(3)	**35**
16367	**Clinchfield** Black/white, Coil covers silver 93	(2)	**25**
16384	**Soo Line** White/red w/cable reels 93 NIB, *11741 Northern Express*	(3)	**25**
16387	**Kansas City Southern** Black/white 94 w/coil covers yellow/black, SRP: $32	(2)	**25**
16388	**Lehigh Valley** Tuscan/white 94 w/4 orange canisters, SRP: $32	(2)	**25**

16391	**Lionel Lines** Red/wht, NIB, *11811UAW Set* U93	(4)	**25**
16392	**Wabash** Red/white w/canisters 93-95	(2)	**10**
16556	**USN** Black/white w/canisters 94,95 NIB, *11745 US Navy Set*	(3)	**20**
16915	**Lionel Lines** Green/black U93,94	(4)	**10**
16917	**Crayola** Blue/yellow, NIB, w/crayons U94,95 No number on car, *11813 Crayola Activity Set*	(2)	**20**
16919	**Mopar** Black/white U94		
	1. w/silver coil covers, *11818 Chrysler Mopar Set*	(3)	**45▼**
	2. w/canisters, *11933 Dodge Motorsports Set*	(3)	**40▼**
16929	**British Columbia Rail** 95 Dark green/white, w/3 cable reels	(2)	**25**
16943	**Jersey Central** Red/white 96	(2)	**25**
16964	**The Lionel Corp. 6462** Black/white, SMT 96, 97	(2)	**25**
16972	**P&LE** Maroon/silver, SRP: $30, 97	(2)	**25**
19400	**Mil. Road** Tuscan/white, cable reels, *FF3*, SMT 87	(3)	**40▼**
19401	**Great Northern** Black/white, SMT 88 Coal load, *FF3*	(3)	**30**
19403	**Western Maryland** Brown/white, w/load 89 SMT, *FF4*	(3)	**30**
19408	**Frisco** Black/white, Coil covers, SMT, *FF5* 91	(3)	**35**
19410	**New York Central** Pink/black, SMT 91 *11722 Girls Train*	(4)	**55▲**
19429	**NYC** Red/white SRP: $45, 98 Remake of 6342 Culvert Gondola		**C**

19955	**1998 Visitor Center** w/coil covers U98		**C**
26905	**Bethlehem Steel 6462** Black/white, 98 w/4 black canisters, SRP: $30		**C**
26956	**Chesapeake & Ohio 29656** 98 NIB, *11979 Norfolk & Western Train Set*		**C**
52004	**Algoma Center 9215** LCAC, SMT U92 Black/white w/black coil covers, 400 made	(4)	**150**
52016	**B&M** NETCA, silver/blk w/blue coil covers U94	(4)	**60▲**
52030	**Ford 4023** Black/white TTOS U94 *52028 Ford TTOS 3-Pack*	(3)	**30**
52049	**Burlington Northern** Artrain SMT U94 Green/white w/black coil covers	(3)	**100**

Hoppers

C-covered, Q-quad, S-short

00005	**Midwest TCA** Blue/yellow U78 C, Q	(4)	**30**
0784	**Lionel RR Club** White/black U84 C, Q	(4)	**95**
1981	**IETCA** Blue/dark blue U81 C, Q	(5)	**75**
1985	**Snowbird** Lt blue/black TTOS U85 C, Q	(3)	**75**
6076	**Santa Fe** Gray/graphics TTOS U70 S	(4)	**100**
6100	**Ontario Northland** Blue-yellow/yellow 81,82 C, Q		
	1. Regular production	(3)	**50**
	2. LCAC U82	(5)	**250**
6101	**Burlington Northern** Green/white 81,82 C, Q		
	1. Regular production	(3)	**30**
	2. ADTCA U82	(4)	**60**

6102	**Great Northern** Tuscan/white, *FARR 3* 81 C, Q	(3)	**55**
6103	**Canadian National** SMT 81 C, Q Gray-maroon/maroon, *1158 Maple Leaf Limited*	(3)	**50**
6104	**Southern** Dark green/gold SMT 83 Q Coal load, *FARR 4*	(3)	**80**▼

6105	**Reading** Tuscan/white, operating, SMT 82 S	(3)	**65**
6106	**Norfolk & Western** SMT 82 C, Q Gray-black/black, *1260 Continental Limited*	(3)	**55**
6107	**Shell** Yellow/red 82 C, Q	(3)	**30**
6109	**C&O** Black/white, operating 83 S	(3)	**50**
6110	**Missouri Pacific** Black/white 83,84 C, Q	(3)	**30**
6111	**L&N** Gray/red 83,84 C, Q		
	1. Hole for spread bar	(3)	**30**
	2. No hole for spread bar	(4)	**45**
	3. LOTS U83	(4)	**100**
	4. SDTCA U83	(4)	**40**
6112	**Commonwealth Edison** U83 Q Tuscan/black/white, w/coal load, LCCA	(4)	**100**
6113	**Illinois Central** Black/white 83-85 S *1354 Northern Freight Flyer* and sold seperately		
	1. Non-operating	(4)	**30**
	2. Operating	(5)	**100**
6114	**Chicago & North Western** SMT 83 C, Q Green/yellow, *1361 Gold Coast Limited*	(4)	**135**
6115	**Southern** Gray/red 83-86 S NIB, *1353 Southern Streak*	(4)	**20**
6117	**Erie** Black/white, operating SMT 84 S	(3)	**50**
6118	**Erie** Gray/black, SMT 84 C, Q *1451 Erie Lackawanna*	(3)	**50**
6123	**Pennsylvania** SMT 84,85 C, Q Gray/black, *FARR 5*	(3)	**60**
6124	**Delaware & Hudson** Red/yellow 84 C, Q		
	1. Regular production	(3)	**30**
	2. NETCA U84	(4)	**75**
6131	**Illinois Terminal** Yellow/red 85,86 C, Q	(3)	**25**
6137	**Nickel Plate Road** Gray/black 86-91 S NIB, *1602 Nickel Plate Special*	(1)	**15**
6138	**Baltimore & Ohio** Gray/black 86 Q w/coal load, *1652 B&O Freight*	(3)	**40**▼
6150	**AT&SF** Blue/yellow 85,86,U92 S Sold sep. & *1501 Midland Freight*	(2)	**15**
6177	**Reading** Brown/yellow 86-90 S NIB, *1615 Cannonball Express*	(2)	**25**
6446-25	**N&W 450** Glen Uhl exclusive U70 C, Q		
	1. Royal blue/white	(4)	**195**
	2. Tuscan/white	(5+)	*****
6476-135	**Lehigh Valley 25000** Yellow/black U70	(1)	*****
7504	**Lionel 75th Anniversary** 75-77 C, Q Blue-silver/multi, *1585 75th Anniv. Set*	(3)	**35**▼
7682	**VTC** Black/white U82 C, Q	(5)	**30**
8390	**Long Island** Gray/orange NLOE U90 C, Q	(5)	**100**
8912	**Canadian Southern** Blk/wh, oper, LCAC U89 S	(4)	**130**

9010	**Great Northern** Blue/white 70,71 S	(1)	**10**
9011	**Great Northern** U70,75,76,78-83 S		
	1. Blue/white	(1)	**10**
	2. Royal blue/white	(3)	**75**
	3. Dark blue/white	(5+)	*****
9012	**TAG** 71,72 S		
	1. Dark blue/white	(1)	**10**
	2. Medium blue/white	(4)	**20**
	3. Royal blue/white	(5)	**65**
	4. Royal blue/yellow		**PF**
9013	**Canadian National** Red/white 72-76 S	(1)	**10**
9015	**Reading** Brown/yellow 73-75 S	(3)	**25**
9016	**Baltimore & Ohio Chessie** 75-79, 87 S		
	1. Yellow/blue	(1)	**10**
	2. LCCA meet special 79,80	(3)	**25**
9018	**DT&I** Yellow/black, NIB 78,79,81,82 S	(2)	**10**

9034	**Lionel Leisure** *Happy Hopper* U77 S White/red-blue-orange, NIB, *1790 Steel Hauler*	(4)	**50▼**
9038	**Chessie** Dark blue/yellow U78,80 S Sold sep. & *1052 Chesapeake Flyer*	(3)	**25**
9079	**Grand Trunk Western** Blue/white 77 S NIB, *1762 Wabash Cannonball*	(4)	**50**
9110	**Baltimore & Ohio** 71 Q		
	1. Black/white	(2)	**40▼**
	2. Black/gray, 1000 made	(3)	**60▼**
	3. Black/yellow	(5+)	*****
9111	**Norfolk & Western** 72-75		
	1. Brown/white	(2)	**20**
	2. Red/white 40 made	(5+)	**1500***
9112	**D&RG** Orange/black 73-75 C, Q	(3)	**25**
9113	**N&W** Grey/black U73 Q		
	1. *1350 Canadian Pacific SSS*	(3)	**40▼**
	2. TRTCA U76	(4)	**40**
9114	**Morton Salt** Navy blue-yell/white-yell 74-76 C, Q	(2)	**25**
9115	**Planter's Peanuts** 74-76 C, Q		
	1. Dark blue-yellow/yellow	(3)	**30**
	2. Orange/white, 2 reported	(5+)	*****
9116	**Domino Sugar** Gray-blue/blue 74-76 C, Q	(3)	**30**
9117	**Alaska** Black/yellow U74,75,76 C, Q *1450 D&RGW SSS*	(3)	**35▼**
9118	**Corning** White-green/black LCCA U74 C, Q	(4)	**100**
9119	**Detroit & Mackinac** Red/white U75 C, Q		
	1. sold separately & *1579 Milwaukee Road SSS*	(3)	**35▼**
	2. D-TTCA U77	(4)	**40**
	3. LSTCA U77	(4)	**40**
9130	**Baltimore & Ohio** Royal blue/white 70 Q	(3)	**25**
9134	**Virginian** Silver/blue 76,77 C, Q	(3)	**25**
9135	**Norfolk & Western** U70,71,75 C, Q		
	1. Light blue/white	(3)	**25**
	2. Royal blue/white	(3)	**25**
	3. Purple/white, 1000 made	(4)	**150**
	4. Navy blue/gray	(4)	**50**

9213	**Minneapolis & St. Louis** SMT U78 C, Q Red/white *1868 SSS*	(2)	30
9240	**New York Central** Brown/white 86 S		
	1. Operating, SMT	(3)	50▼
	2. Non-operating	(4)	35
9260	**Reynolds Aluminum** 75,76 C, Q Blue-silver/silver	(3)	30
9261	**Sun Maid** Red-yellow/yellow U75,76 C, Q	(3)	30
9262	**Ralston-Purina** U75,76 C, Q White-red/red-black	(4)	95▼
9263	**Pennsylvania** Tuscan/white 76,77 C, Q	(3)	50▼
9264	**IC** Orange-black/black 76,77 C, Q		
	1. Regular production	(3)	25
	2. TCA Museum U78	(5)	45
9265	**WM Chessie** Yellow-blue/blue 76,77 C, Q	(3)	30
9266	**Southern** Silver-red/black 76 C, Q *1665 Empire State Express*		
	1. Builders plate	(4)	80▼
	2. No builders plate	(3)	75▼
9267	**Alcoa** Silver/blue SMT U76 C, Q *1672 Northern Pacific SSS*	(3)	35
9276	**Peabody** Yellow/dark green 78 Q SMT, *1867 Milwaukee Limited*	(3)	40
9286	**B&LE** Orange/black 77 C, Q *1765 Rocky Mountain Special*	(3)	30
9322	**AT&SF** Red/white *FARR 1* 79 C	(3)	80▼
9338	**PP&L** SMT 79 Q Tuscan/yellow, *1971 Quaker City Limited*	(4)	85▲
9358	**Sands of Iowa** Blue-blk/blk U80 C, Q LCCA 1980 National Convention	(2)	40▼
9366	**Union Pacific** Silver-black/black *FARR 2* 80 C, Q	(3)	35
9371	**Lantic Sugar** Yellow/blue, SMT 80 C, Q *1071 Mid-Atlantic Limited*	(3)	40
9374	**Reading** Black/white 80,81,U83 C, Q NIB, *1072 Cross Country Express*	(3)	70▼

9384	**Great Northern** Gray/white SMT 81 S Operating, *1160 Great Lakes Limited*	(4)	80
16400	**Pennsylvania** Gray/black U88,89 S Sold sep. & *11708 Midnight Shift*	(3)	25
16402	**Southern** Gray/black SMT w/coal load U87 Q *11704 Southern Freight Runner SSS*	(3)	40
16406	**CSX** Black/yellow, coal load 90 Q *11717 CSX Freight*	(3)	35▲
16407	**Boston & Maine** Gray/black SMT 91 C, Q *11719 Coastal Limited SSS*	(3)	35
16408	**Union Pacific** Gray/black U90,U91 S NIB, *11785 Costco UP*	(4)	25
16410	**MKT** Green/yellow, NIB 92,U93 S *11728 High Plains Runner, 11800 Toys R Us*	(4)	30▲
16411	**Louisville & Nashville** 92 C, Q Black/yellow w/coal load	(3)	35
16412	**C&NW** Red/white SRP: $32, 94 C, Q	(3)	30

16413	**Clinchfield** Black/wht w/coal load, SRP: $32, 94 Q	(2)	25
16414	**CCC & STL** Black/white, SRP: $25, 94 S	(3)	20
16416	**D&RG** Black/white 95 C, Q	(3)	35
16417	**Wabash** Black/white w/coal load 95 Q	(3)	35
16418	**C&NW** Green/yellow, w/coal load 95 S	(3)	25
16419	**Tennessee Central** Tuscan/yellow 96 S	(3)	25
16420	**Western Maryland** 95 Q Black/white, w/coal load SMT, *11749 Western Maryland SSS*	(3)	35
16421	**Western Maryland** 95 Q Black/white, w/coal load SMT, *11749 Western Maryland SSS*	(3)	35
16422	**Western Maryland** 96 Q Black/white, w/coal load SMT	(3)	35
16423	**Western Maryland** 96 Q Black/white, w/coal load SMT	(3)	35
16424	**Western Maryland** Gray/black SMT 95 C, Q *11749 Western Maryland SSS*	(3)	35
16425	**Western Maryland** Gray/black SMT 95 C, Q *11749 Western Maryland SSS*	(3)	35
16426	**Western Maryland** Gray/black SMT 95 C, Q *11749 Western Maryland SSS*	(3)	35
16427	**Western Maryland** Gray/black SMT 95 C, Q *11749 Western Maryland SSS*	(3)	35
16429	**Western Maryland** 96 set of **16422** & **16423**	(3)	70

16430	**Georgia Power** Green/white U95 Q w/coal load, NIB, *11819 Georgia Power Set*	(4)	75
16431	**The Lionel Corp. 6456-1** Black/white 96 S	(2)	25▼
16432	**The Lionel Corp. 6456-2** Black/white 96 S	(2)	25▼
16433	**The Lionel Corp. 6456-3** Black/white 96 S	(2)	25▼
16434	**Lehigh Valley 6456** 97 S Gray/black-red-white, SRP: $33	(2)	30
16435	**Virginian 6456-1** Gray/white 97 S SMT, *11934 Virginian Rectifier Freight*	(3)	35
16436	**N&W 6456-2** Gray/white 97 S SMT, *11934 Virginian Rectifier Freight*	(3)	35
16437	**C&O 6456-3** Gray/white 97 S SMT, *11934 Virginian Rectifier Freight*	(3)	35
16438	**Frisco 87538** 98 C, Q *21755 4-Bay Covered Hoppers 2-pack*		C
16439	**Southern 77833** 98 C, Q *21755 4-Bay Covered Hoppers 2-pack*		C
16440	**Alaska 7100** NIB, *11972 Alaska Railroad Set* 98 S		C
19302	**Milwaukee Road** Yellow/black, w/coal, *FF2* 87 Q	(3)	40▲
19303	**Lionel Lines** Orange/blue, w/coal U87 Q	(2)	35▼
19304	**Great Northern** Gray/black SMT *FF3* 88 C	(3)	40
19309	**Seaboard** Gray/black 89 C, Q	(3)	25
19310	**L&C** w/load Blue-white/white-blue 89 Q	(3)	30
19311	**Southern Pacific** Gray/red 90 C, Q	(3)	25
19312	**Reading** Black/white, coal load 90 Q	(3)	35

19316	**Wabash** Gray/red 91 C, Q	(3)	**30**
19317	**Lehigh Valley** Lilac/black, SMT, w/coal 91 Q *11722 Girls Train*	(4)	**75▲**
19318	**Nickel Plate Road** 92 Q Black/white, SMT, w/coal, *FF6*	(3)	**40**
19319	**Union Pacific** Tuscan/white 92 C, Q	(3)	**25**
19324	**Erie** Black/white-yellow, *FF7* 93 Q w/coal load, SMT	(3)	**40**
19325	**N&W 6446-1** Gray/black, w/coal load 96 Q SMT, weathered, *11909 Warhorse Set*	(3)	**50**
19326	**N&W 6446-2** Gray/black, w/coal load 96 Q SMT, weathered, *11909 Warhorse Set*	(3)	**50**
19327	**N&W 6446-3** Gray/black, w/coal load 96 Q SMT, weathered, *11909 Warhorse Set*	(3)	**50**
19328	**N&W 6446-4** Gray/black, w/coal load 96 Q SMT, weathered, *11909 Warhorse Set*	(3)	**50**
19329	**N&W 6446** Gray/blk w/coal SMT SRP $55 97 Q	(3)	**40**
19330	**Cotton Belt 6446-1** Gray/black, w/ coal load 98 Q SMT, weathered, *11940 Warhorse Coal Set*		**C**
19331	**Cotton Belt 6446-2** Gray/black, w/ coal load 98 Q SMT,weathered, *11940 Warhorse Coal Set*		**C**
19332	**Cotton Belt 6446-3** Gray/black, w/ coal load 98 Q SMT, weathered, *11940 Warhorse Coal Set*		**C**
19333	**Cotton Belt 6446-4** Gray/black, w/ coal load 98 Q SMT, weathered, *11940 Warhorse Coal Set*		**C**
19804	**Wabash** Black/white, operating SMT 87 S	(3)	**45**
19806	**Pennsylvania** Gray/black, op, SMT 88 S	(3)	**45**
19930	**LRRC** Yellow/black-red, w/coal load U94 Q	(3)	**40**
21755	**4-Bay Covered Quad Hopper** 2-pack 98 Contains 16438 & 16439 SRP: $110.		**C**
26937	**4-pack Hoppers** die-cast 98 Contains 26935, 26944, 26945 & 26946 SRP: $500.		**C**
26935	**Reading 63202** die-cast, *26937 4-pack Hoppers* 98		**C**
26944	**Jersey Central 68007** die-cast 98 *26937 4-pack Hoppers*		**C**
26945	**B&O 235152** die-cast, *26937 4-pack Hoppers* 98		**C**
26946	**D&H 9642** die-cast, *26937 4-pack Hoppers* 98		**C**
26948	**P&LE** die-cast, SRP: $125, 98		**C**
52001	**Boston & Maine** U92 Q Gray/black, NETCA, SMT, w/coal	(4)	**65▲**
52031	**Ford 1458** Black/white, TTOS U94 S *52028 Ford TTOS 3-pack*	(3)	**40**
52059	**Clinchfield 16413** TCA York U94 Q Black/white, w/coal load (Fakes have been made)	(3)	**150**
840006	**Canadian Wheat** LCAC U84 C, Q Dark brown/yellow	(4)	**250**

Log Dump Cars

6573	**Redwood Valley Express** 84,85 Tuscan/yellow, NIB, gray tray, 3 logs	(2)	**20**
9238	**Northern Pacific** 84		
	1. Dark green/white	(2)	**20**
	2. Same w/upside down lettering, FM	(4)	**100▲**
9241	**Pennsylvania** Tuscan/gold 85,86	(2)	**20**
9300	**Penn Central** Green/white 70-75,77	(2)	**20**
9303	**Union Pacific** Yellow/red 74-78,80	(2)	**20**
9310	**AT&SF** Red/yellow U78,79-83	(3)	**20**
9335	**Baltimore & Ohio** Tuscan/white, 86 *1652 B&O Freight*	(3)	**20**

16604	**New York Central** Black/white 87	(3)	**20**
16611	**Santa Fe** Blue/yellow, w/logs 88	(3)	**20**
16612	**Soo Line** Brown/white, w/logs 89	(3)	**20**
16621	**Alaska** Yellow/blue, w/logs 90	(3)	**25**
16627	**CSX** Blue/wht, w/3 logs *11717 CSX Freight Set,* 90	(3)	**25**
16636	**Denver & Rio Grande** Orange/black, w/3 logs 91	(2)	**25**
16656	**Burlington** Green/black-white U92YED	(3)	**35**
16665	**Maine Central** Green/white, w/logs 93	(2)	**30**
16668	**Ontario Northland** Green/white w/logs 93 NIB, *11741 Northwest Express*	(3)	**30**
16675	**Great Northern** Grn/orange, w/logs, SRP: $37, 94	(2)	**30**
16715	**AT&SF** Yellow/black w/logs, NIB 96-98		**C**
16748	**US Forest Service 3361** 97 Yellow/black-green, SRP: $47	(2)	**35**
16765	**Bureau of Land Management 3351** 98 Yellow/black-green, w/5 logs, SRP: $47		**C**

17874	**Milwaukee Road** Tuscan/white SMT U88 Logs and chains, LOTS exclusive	(4)	**175▲**

Mint Cars

7515	**Denver Mint** Gold/black SMT 81	(3)	**70▼**
7517	**Philadelphia Mint** Bronze/silver SMT 82	(3)	**60▼**

7518	**Carson City Mint** Black/gold SMT		
	1. Regular production 83	(3)	**50▼**
	2. IETCA U84	(5)	**300▲**
7522	**New Orleans Mint** Blue/silver SMT		
	1. Regular production U84YED	(2)	**45**
	2. LSTCA w/coin U86	(5)	**650**
7530	**Dahlonega Mint** Red/gold SMT U86YED	(3)	**80▼**
9319	**TCA Silver Jubilee** Blue/white U79		
	1. Without coin	(3)	**225▼**
	2. With coin	(4)	**300▼**
9320	**Fort Knox Gold Reserve** SMT U79 Silver/black *1970 Southern Pacific Limited* Featured in 1979 advance catalog only	(4)	**200**
9349	**San Francisco Mint** Maroon/gold SMT 80	(3)	**100▼**
19406	**West Point Mint** Blue/gold SMT U91YED	(4)	**75**
19419	**Charlotte Mint** Green/silver SMT 93	(3)	**50**
19660	**Lionel Mint** SRP: $55, 98		**C**
52158	**Monopoly** Green-black/multi U98 Sold exclusively by Eastwood		**C**

Ore Cars

6116	**Soo Line** Tuscan/white 84	(3)	35
6122	**Penn Central** Black/white 84	(3)	35
6126	**Canadian National** Tuscan/white 86	(3)	30
6127	**Northern Pacific** Black/white 86	(3)	35
11844	**Union Pacific 4-Pack** Silver/black 98 Die-cast body, frame & trucks, SRP: $300		C
16175	**NJ Transit Port Morris Yard 9125** 98 Orange/white, NIB		C
16176	**NJ Transit Raritan Yard 9126** 98 Black/white, NIB		C
16177	**NJ Transit Gladstone Yard 9127** 98 Magenta/white, NIB		C
16178	**NJ Transit Bay Head Yard 9128** 98 Silver/white, NIB		C
16179	**NJ Transit Dover Yard 9129** Blue/white 98 NIB, *11982 NJ Transit Ballast Train Set*		C
16305	**Lehigh Valley** Gray/black 87 NIB, *11702 Black Diamond*	(4)	95▼
16385	**Soo Line** Gray/black 93 NIB, *11741 Northwest Express*	(4)	75▼
16800	**LRRC** Yellow/black U86	(4)	90▼
17872	**Anaconda** Brown/white, TTOS U88	(4)	90
17878	**Magma** Black/white, TTOM, w/load U89	(4)	75
17881	**Phelps-Dodge** Gray/black, TTOM, w/load U90	(3)	50
17886	**Cyprus** Silver/blue-black, TTOM, w/load U91	(3)	50
19300	**Pennsylvania** Tuscan/white 87	(2)	25
19301	**Milwaukee Road** Red oxide/white 87	(2)	20
19305	**Chessie System** Black/yellow 88	(2)	25
19307	**B&LE** Brown/white w/load 89	(2)	20
19308	**Great Northern** Brown/white w/load 89	(2)	20
19313	**B&O** Black/white w/load 90-91	(2)	20
19315	**Amtrak** Orange/black w/load 91	(2)	25
19320	**Pennsylvania** Tuscan/white w/load SMT 92	(2)	35
19321	**B&LE** Brown/white w/load SMT 92	(2)	35
19322	**C&NW** Brown/white, w/load 93	(3)	30
19323	**Detroit & Mackinac** Brown/white, w/load 93	(3)	30
19961	**Inspiration Consolidated Copper Company** U92 Tan/gold, w/load, TTOM	(3)	50
26920	**UP 64861** Silver/black, die-cast, SMT 97 *11837 UP GP-9 Unit Train*		C
26921	**UP 64862** Silver/black, die-cast, SMT 97 *11837 UP GP-9 Unit Train*		C
26922	**UP 64863** Silver/black, die-cast, SMT 97 *11837 UP GP-9 Unit Train*		C
26923	**UP 64864** Silver/black, die-cast, SMT 97 *11837 UP GP-9 Unit Train*		C

26924	**UP 64865** Silver/black, die-cast, SMT 97 *11837 UP GP-9 Unit Train*		**C**
26925	**UP 64866** Silver/black, die-cast, SMT 97 *11837 UP GP-9 Unit Train*		**C**
26926	**UP 64867** Silver/black, die-cast, SMT 98 *11844 UP Ore Car 4-pack*		**C**
26927	**UP 64868** Silver/black, die-cast, SMT 98 *11844 UP Ore Car 4-pack*		**C**
26928	**UP 64869** Silver/black, die-cast, SMT 98 *11844 UP Ore Car 4-pack*		**C**
26929	**UP 64860** Silver/black, die-cast, SMT 98 *11844 UP Ore Car 4-pack*		**C**
51502	**Lionel Steel 6486-3** SMT 96 Silver/red-black, die-cast w/load	(3)	**110▼**
51503	**Lionel Steel 6486-1** Silver/red-black, SMT 96 Die-cast w/load, *11912 Service Exclusive Set SSS*	(3)	**110▼**
51504	**Lionel Steel 6486-2** Silver/red-black, SMT 96 Die-cast, w/load, *11912 Service Exclusive Set SSS*	(3)	**110▼**
52011	**Tucson, Cornelia & Gila Bend** U93 Black/tan, SMT, TTOM	(3)	**40**
52027	**Pinto Valley Mine** Grn/white, TTOM, w/load U94	(3)	**35**
52071	**Copper River Basin** Gray/black, TTOM U95	(3)	**35**
52089	**SMARRCO** Red oxide/white, w/load, TTOM U96	(3)	**35**
52124	**El Paso & South Western** Blk/white, TTOM U97	(3)	**35**
52164	**Southern Pacific** TTOM Tuscan/white w/load U98		**C**

Reefers

1971-1976	**RMTCA** White-blue/graphics U76	(3)	**50**
1983	**IETCA** Orange-green/black U83	(5)	**75**
1983	**Churchill Downs** Tan/red GLTCA U83	(5)	**200**
1984	**Iron City** White-red/graphics U84 Not an authorized TCA car.	(4)	**500*▲**
3764	**Kahn's** Yellow/brown LOTS U81 Decorated outside factory 1. Brown roof 2. Red roof	(4) (4)	**150** **175**

5700 Prototype

5700	**Oppenheimer** Blue-green/black SMT 81 1. Regular production 2. GTCA U81, first TCA banquet car	(3) (5)	**50** **300*▲**
5701	**Dairymen's League** 81 Off white-black/blue, SMT	(3)	**35**
5702	**National Dairy Despatch** 81 Gray-red/black, SMT	(3)	**35**
5703	**North American Despatch** SMT 81 Yellow-brown/black	(3)	**35**
5704	**Budweiser** Dark green/white SMT 81,82	(4)	**100**
5705	**Ball Glass** Off white-brown/blue SMT 81,82	(3)	**50**
5706	**Lindsay Bros** Maroon/yellow SMT 81,82	(3)	**35**
5707	**American Refrigerator Transit** 81,82 Cream-brown/black, SMT	(3)	**35**

5708	**Armour** Cream-brown/blue 82,83	(2)	**35**
5709	**REA** Green/white-red 82,83	(3)	**50▼**
5710	**Canadian Pacific** Tuscan/white 82,83		
	1. Regular production	(2)	**25**
	2. NETCA U82	(4)	**75**
	3. LCAC U83	(5)	**250**
5711	**Commercial Express** 82,83 Caramel-brown/black-red	(2)	**20**

5712	**Lionel** Orange-blue/blue U82 YED	(4)	**200▼**
5713	**Cotton Belt** Yellow-brown/black 83,84	(2)	**25**
5714	**Michigan Central** White-brown/black		
	1. Regular production 83,84	(2)	**25**
	2. LCAC U85	(4)	**150**
5715	**Santa Fe** Orange-brown/black 83,84	(3)	**30**
5716	**Vermont Central** Silver-black/black-green 83,84		
	1. Regular production	(2)	**25**
	2. NETCA U83	(4)	**75**
5719	**Canadian National** Gray/red 84	(2)	**25**
5720	**Great Northern** Green/gold-red-white 84	(4)	**125▼**
5721	**Soo Line** Orange-brown/black 84	(2)	**25**
5722	**Nickel Plate Road** Yellow-brown/black 84	(2)	**25**
5730	**Strasburg RR** Tuscan/yellow 85,86	(2)	**25**
5731	**L&N** Tuscan/white 85,86		
	1. Regular Production	(2)	**25**
	2. TCA Museum, 100 made U90	(4)	**175**
5732	**Central Railroad of New Jersey** 85,86 Tuscan/white	(2)	**25**
5734	**TCA Seattle** Green/red-white SMT U85	(3)	**100▼**
7502	**Lionel 75th Anniversary** 75-77 Yellow-blue/multi	(3)	**25**
7503	**Lionel 75th Anniversary** 75-77 Orange-brown/multi	(3)	**25**
7507	**Lionel 75th Anniversary** 75-77 White-blue/multi, *1585 75th Anniversary Set*	(3)	**25**
7509	**Kentucky Fried Chicken** Red-Tuscan/white 81,82	(3)	**35▼**
7510	**Red Lobster** White-black/red 81,82	(3)	**45▼**
7511	**Pizza Hut** White-red/red 81,82	(3)	**45▼**
7512	**Arthur Treachers** Yellow-green/green 82	(3)	**35▼**
7513	**Bonanza** White-red/black-red 82	(3)	**35▼**
7514	**Taco Bell** White-brown/brown 82	(3)	**45▼**
7683	**Virginia Fruit Express** Tan/red-black, VTC U83	(5)	**30**
9811	**UP Pacific Fruit Express** 80 Yellow-Tuscan/Tuscan, *FARR 2*	(3)	**35**
9812	**Arm & Hammer** Orange-red/graphics 80	(2)	**25**
9813	**Ruffles** Light blue-blue/red 80	(3)	**25**
9814	**Perrier** Dark green-yellow/white 80	(3)	**40**
9816	**Brachs** White-brown/graphics 80	(2)	**30**
9817	**Bazooka** White-red/graphics 80	(2)	**35▼**
9818	**Western Maryland** SMT 80 Orange-black/black, *1070 Royal Limited*	(3)	**40**

9819	**GN Western Fruit Express** 81 Yellow/brown, *FARR 3*	(3)	**40**
9827	**Cutty Sark** Yellow-black/black 84	(3)	**30**
9828	**J&B** Gold-white/red-black 84	(3)	**30**
9829	**Dewars White Label** White-red/red-black 84	(3)	**30**
9830	**Johnnie Walker Red** Gold-Tuscan/yellow 84		
	1. Blue pant legs	(4)	**55**
	2. White pant legs	(4)	**55**
9831	**Pepsi Cola** White-blue/blue-black-red 82	(4)	**70**

9832	**Cheerios** Yellow/black 82	(4)	**125**
9833	**Vlasic** White-yellow/black 82	(3)	**30**
9834	**Southern Comfort** White-gold/black 83,84	(3)	**30**
9835	**Jim Beam** White-red/black 83,84	(3)	**35**
9836	**Old Granddad** Orange-gold/brown 83,84	(3)	**45▼**
9837	**Wild Turkey** Yellow-brown/brown-red 83,84	(3)	**50▼**
9840	**Fleischmann's Gin** Tan-brown/blue-brown 85	(3)	**30▼**
9841	**Calvert Gin** Blue-silver/silver 85	(3)	**30▼**
9842	**Seagram's Gin** Cream-black/blue-red 85	(3)	**30▼**
9843	**Tanqueray Gin** White-black/red-black 85	(3)	**30▼**
9844	**Sambuca** Blue/silver 86	(3)	**30▼**
9845	**Baileys Irish Cream** Green-Tuscan/orange-brn 86	(4)	**60▲**
9846	**Seagram's Vodka** Blue-black/white 86	(3)	**30**
9847	**Wolfschmidt's** Green-gold/white 86	(3)	**30**
9849	**Lionel** Orange-blue/graphics U83YED	(3)	**60▼**
9850	**Budweiser** White-red/red U72,73-75		
	1. No "." after BEER CAR	(3)	**50**
	2. "." after BEER CAR	(3)	**55**
9851	**Schlitz** White-brown/brown U72,73-75	(3)	**30**
9852	**Miller** White-brown/black-red U72,73-76	(3)	**30**
9853	**Cracker Jack** U72,73-75		
	1. White/red roof, no outlined lettering	(4)	**35**
	2. White/brown roof, no outlined lettering	(2)	**30**
	3. White/brown roof, white outlined lettering	(4)	**100**
	4. Caramel/brown roof, white outlined lettering	(2)	**35**
	5. Caramel/brown roof, no outlined lettering	(5)	**250**
9854	**Baby Ruth** White-red/red-blue U72,73-76		
	1. Registration mark	(2)	**30**
	2. No registration mark	(4)	**50***
9855	**Swift** Silver-black/black-red U72,73-77		
	1. *BLT 1-77*	(2)	**30**
	2. *BLT 1-7*	(3)	**40**
	Sold sep & *1764 Heartland Express,* 77 only		
9856	**Old Milwaukee** Red-gold/white-black 75,76	(3)	**40**
9858	**Butterfinger** Orange-blue/blue-white U73,74-76	(3)	**30**
9859	**Pabst** White-blue/blue-red U73,74,75	(3)	**30▲**
9860	**Gold Medal** U73,74-76 White-orange/black-orange, Sold Sep. & *1460 Grand National*	(2)	**25**

101

9861	**Tropicana** Plastic guides except as noted 75-77		
	1. White-gloss green/black-orange	(3)	40▲
	2. Same as 1 but flat green paint	(3)	40▲
	3. Metal guides	(4)	50
	Sold Sep. & *1560 North American Express,* 75 only		
9862	**Hamms** Blue-white/red-white 75,76	(3)	35
9863	**REA** Green/gold U74,75,76		
	Sold Sep. & *1450 D&RGW SSS*		
	1. Electrocal, metal guides	(3)	40
	2. Electrocal, plastic guides	(4)	40
	3. Rubber stamp, plastic guides	(3)	40
9864	**TCA** White-blue/black-red U74	(3)	45▼
	1974 TCA National Convention		
9866	**Coors** White-brown/black-yellow 76,77		
	1. No registration mark	(3)	50
	2. Low registration mark	(4)	65
	(between s in Coors and n in golden)		
	3. Same as 2 but mark starts in the bottom of the s	(4)	60
	4. High registration mark (near top of s in Coors)	(4)	60
9867	**Hershey's** 76,77		
	1. Brown-silver/silver	(3)	60▲
	2. Brown-gray/gray	(4)	75
9868	**TTOS** Yellow/blue SMT U80	(3)	45▼
9869	**Santa Fe** White-brown/black, SMT U76	(3)	50▼
	1672 Northern Pacific SSS		
9870	**Old Dutch Cleanser** 77,78,80	(2)	25
	Yellow-red/white-blue-red-black		
9871	**Carling Black Label** 77,78,80	(3)	35
	Red/black		
9872	**PFE** Orange-silver/black 77-79		
	1. Regular production	(3)	35
	2. MDTCA 00006 U79	(4)	55
9873	**Ralston Purina** White-blue/red-blue 78	(3)	45
9874	**Miller Lite** White-blue/black-red-gold 78,79	(3)	45
9875	**A&P** Mustard-brown/black-red 78,79	(3)	30
9876	**Central Vermont** 78	(3)	45
	Silver-black/green SMT		
	1867 Milwaukee Limited		
9877	**Gerber** Blue-dark blue/white 79,80	(4)	80
9878	**Good and Plenty** White/magenta-black 79	(2)	25
9879	**Kraft** U79, Reproductions have been made		5P
9879	**Hills Bros** Red-yellow/white 79,80	(2)	25
9880	**Santa Fe** Orange-Tuscan/black *FARR 1* 79	(3)	45▼
9881	**Rath** Yellow-Tuscan/black U79	(3)	45
	1970 Southern Pacific Limited		
9882	**New York Refrigerated Boxcar** SMT 79	(3)	45
	Tuscan-orange/black, *1971 Quaker City Limited*		
9883	**Nabisco Oreo** Blue/blue-white 79	(4)	85
9883	**Phoenix** TTOS Gold-black/black U83	(4)	75
9884	**Fritos** Orange-red/red-white 81,82	(2)	30
9885	**Lipton** Red-yellow-brown/white 81,82	(2)	30
9886	**Mounds** White-red/brown 81,82	(2)	30
9887	**Southern Fruit Growers Express** SMT 83	(3)	50▼
	Yellow-green/black, *FARR 4*		
9888	**Green Bay & Western** SMT 83	(3)	85▼
	Gray-red/black, *1361 Gold Coast Ltd*		
11849	**Centennial Series Woodside Reefer 4-pack** 98		C
	19981, 19982, 19983 & 19984		
	Orange-blue/1917 Logo, SRP: $200		
16131	**Texas & Pacific** Yellow/black 94	(2)	25

16133	**Santa Fe** Yellow-black/black 94	(2)	**25**
16134	**Reading** Gray/black 94 SRP: $33	(2)	**25**
16143	**Reading** Orange-brown/black-white 94 *11747 Lionel Steam Set*	(3)	**35**
16146	**Dairy Dispatch** Orange-red/black 95	(2)	**25**
16223	**Budweiser Beer Car** NIB U89 White-red/graphics *11775 Budweiser Set*	(3)	**90▼**
16235	**REA Express** Green-black/white, SMT 92	(2)	**35**
16805	**Budweiser Malt Nutrine 3285** U91,U92 Gray-green/graphics	(3)	**100▲**
16807	**H.J. Heinz** 93YED White-green/graphics SMT	(2)	**40▼**
17898	**Wabash 21596** TCA U92 Orange-silver/graphics SMT	(3)	**70▼**
19500	**Milwaukee Road** *FF2* SMT 87 Tuscan-yellow/Tuscan-yellow	(3)	**45**
19502	**C&NW** Green-yellow/green 87	(3)	**50▼**
19503	**Bangor & Aroostook** 87 White-blue-red/white-blue	(3)	**40▼**
19504	**Northern Pacific** Yellow-red/black 87	(3)	**35▼**
19505	GN Orange-green/black-white *FF3* SMT 88	(3)	**55▲**
19506	**Thomas Newcomen** White-red/black 88 *Famous Inventor Series*	(3)	**25▼**
19507	**Thomas Edison** Tan-black/black 88 *Famous Inventor Series*	(3)	**25▼**
19508	**Leonardo da Vinci** Yellow-brown/black 89 *Famous Inventor Series*	(3)	**25▼**
19509	**Alexander Graham Bell** 89 Blue-dark blue/black, *Famous Inventor Series*	(3)	**25▼**
19511	**Western Maryland** 89 Orange-brown/black, SMT, *FF4*	(3)	**30**
19512	**Wright Brothers** 90 White-green/green, *Famous Inventor Series*	(3)	**25▼**
19513	**Ben Franklin** Cream-red/brown 90 *Famous Inventor Series*	(3)	**25▼**
19516	**"When in the course of human events"** U89,91 White-silver-red/blue, *19599 Old Glory Series*	(2)	**20**
19517	**"Four score and seven years ago"** U89,91 White-silver/blue, *19599 Old Glory Series*	(2)	**20**
19518	**"That's one small step for man"** U89,91 White-silver-blue/blue, *19599 Old Glory Series*	(2)	**20**
19520	**CSX** Yellow-black/black 91	(3)	**30**
19522	**Guglielmo Marconi** Silver-black/black 91 *Famous Inventor Series*	(2)	**25▼**
19523	**Dr. Robert Goddard** White-red/red 91 *Famous Inventor Series*	(2)	**25▼**
19524	**Delaware & Hudson** 91 Yellow-black/blue, SMT *11719 Coastal Freight SSS*	(3)	**35**
19525	**Alka Seltzer** U91YED Blue-dark blue/graphics, SMT	(3)	**55▼**
19526	**Green Giant** U91YED White-green/graphics, SMT	(3)	**50▼**
19527	**Nickel Plate Road** 92 Yellow-brown/black, SMT, *FF6*	(3)	**35**
19528	**Joshua Lionel Cowen** 92 Orange-red/black, *Famous Inventor Series*	(3)	**35▼**
19529	**A.C. Gilbert** Cream-blue/blue 92 *Famous Inventor Series*	(3)	**35▼**

19531	**Rice Krispies** U92YED White-blue/graphics, SMT		(3)	55▼
19532	**Hormel** Cream-black/black-green, SMT U92YED		(3)	45
19535	**Erie** Yellow-brown/black *FF7* SMT 93		(3)	35
19536	**Soo Line REA** Green/yellow SMT 93 *11738 Soo Line SSS*		(3)	35
19538	**Hormel** Yellow-brown/black SMT 94YED SRP: $45		(2)	35▼
19539	**Heinz** White-red/graphics SMT 94YED		(2)	35▼
19599	**Old Glory Set of 3** U89,91 19516-19518		(2)	50
19981	**Centennial Series 1998-1** Woodside 98 Orange-blue/graphics, *11849 Centennial Series Woodside Reefer 4-pack*			C
19982	**Centennial Series 1998-2** Woodside 98 Orange-blue/graphics, *11849 Centennial Series Woodside Reefer 4-pack*			C
19983	**Centennial Series 1998-3** Woodside 98 Orange-blue/graphics, *11849 Centennial Series Woodside Reefer 4-pack*			C
19984	**Centennial Series 1998-4** Woodside 98 Orange-blue/graphics, *11849 Centennial Series Woodside Reefer 4-pack*			C
52097	**Chessie** Artrain Yellow/graphics SMT U95		(3)	100
52135	**Santa Fe 3464** LOTS SMT U98 Orange/black-white			C

52146	**Ocean Spray 1998** NETCA SMT U98 Cranberry-black/white-blue, Banquet car			C

52152	**Ben Franklin/Philadelphia 1998** LCCA 98 Woodside Blue/multi			C
87010	**Canadian National** LCAC U87 Green-black/yellow		(4)	150

Searchlight Cars

6522	**C&NW** Black-gray/white NIB 83-85 *1354 Northern Freight Flyer*		(3)	35
6526	**US Marines** 84,85 Camouflage Olive-cream/white-decal		(3)	45
6529	**NYC** Black/white *1502 Yard Chief* 85,86		(3)	30
9302	**Louisville & Nashville** U72,73-78			
	1. Brown-gray/yellow lettering		(1)	25
	2. Brown-gray/white lettering		(4)	75
9312	**Conrail** U78,79-83			
	1. Blue/white gray base		(2)	25
	2. Blue/white orange base		(3)	30

9345	**Reading** Green-cream/yellow 84,85	(3)	25
16550	**USN** Searchlight Caboose NIB 94,95 Yellow-gray/black, *11745 US Navy Set*	(3)	30
16552	**Frisco** Searchlight Caboose 94 SRP: $47 Black-yellow/yellow-black	(3)	35
16601	**Canadian National** Tuscan/white 88	(2)	25
16606	**Southern** Green/white 87		
	1. Regular production	(3)	25
	2. SDTCA U88	(4)	50

16608	**Lehigh Valley** Black/gray, NIB 87 *11702 Black Diamond*	(3)	25
16615	**Lionel Lines** Extension Black-gray/white 89	(3)	30
16616	**Rio Grande** Yellow-gray/black U89 *11758 Desert King SSS*	(3)	30
16625	**New York Central** Extension Tuscan/white 90	(2)	30
16626	**CSX** Black-gray/yellow, *11717 CSX Freight Set* 90	(3)	30

16637	**Western Pacific** Extension Tuscan/yellow 91	(3)	35
16645	**Amtrak** Searchlight Caboose 91,U92 Silver/white, *11723 Amtrak Work Train*	(3)	35
16659	**Union Pacific** NIB 93-95 Pink/yellow/yellow base, *11736 UP Express*	(2)	25
16663	**Missouri Pacific** Red/white/gray base 93	(2)	25
16667	**Conrail** Blue/white/gray base 93 *11740 Conrail Consolidated Freight*	(3)	30
16669	**Soo Line** Black/white/yellow base 93 NIB, *11741 Northwest Express Set*	(3)	25
16678	**Rock Island** Yellow/black 94 SRP: $37	(2)	25
16685	**Erie** Extension Black/white 95	(2)	35
16711	**Pennsylvania** Tuscan/white/yellow base 95	(2)	25
16720	**Lionel Lines 3650** Extension Gray/red/black 96, 97	(2)	45
16734	**US Coast Guard** Blue/orange/black 96 NIB, *11905 US Coast Guard Set*	(2)	25
16744	**Port of Lionel City 6822** Silver/black/blue 97 NIB, *11920 Port of Lionel City Dive Team Set*	(2)	25
16803	**LRRC** Red-gray/white LRRC U90	(3)	45
19707	**SP** Searchlight Caboose Red-gray/white, smoke 90	(3)	100
19714	**NYC** Searchlight Caboose Green/white 92	(3)	120▼
19737	**Lackawanna 2420** Searchlight Caboose 97 Gray-maroon/black-white, SRP: $150	(3)	110
19854	**Lionelville Fire Company #1** Extension 98 *21753 Fire Rescue Train SSS*		C

Semi-Scale Cars

51300	**Shell 8124** Tank Black/white, SMT 91 1d Die-cast	(3)	**150**
51301	**Lackawanna 7000** Reefer SMT 92 White-brown/black, phenolic body	(4)	**375▲**
51401	**Pennsylvania 100800** Boxcar SMT 91 Brown/white, phenolic body	(3)	**150**
51402	**Chesapeake & Ohio 95250** SMT 92 Stock car, brown/white, phenolic body	(4)	**225**
51501	**B&O 532000** Hopper Black/white SMT 91 Die-cast	(3)	**130**
51701	**NYC 19400** Low cupola Caboose 91 Tuscan/white, die-cast, 3 color marker lanterns	(3)	**175**
51702	**Pennsylvania N-8 478039** 91,92 Caboose Brass, Brown-black/white, w/smoke	(4)	**450▲**

Standard O Cars

All have sprung metal trucks. C-Covered, 1d-1 dome, 2d-2 dome, 3d-3 dome

6134	**BN** 2-bay ACF Hopper Green/white U86 Mail order only, B&A series	(4)	**175▼**
6135	**C&NW** 2-bay ACF Hopper Gray/yellow U86 Mail order only, B&A series	(4)	**175▼**
6209	**NYC** Gondola Black/white w/coal load 84,85	(3)	**65▼**
6230	**Erie Lackawanna** Reefer U86 Orange-white/black, mail order only, B&A series	(4)	**125▼**
6231	**Rail Gon** Gondola Black/yellow U86 Mail order only, B&A series	(4)	**125▼**
6232	**Illinois Central** Boxcar Orange/black-white U86 Mail order only, B&A series	(4)	**125▼**
6233	**CP** Flatcar Black/white w/stakes U86 Mail order only, B&A series	(4)	**75▼**
6234	**BN** Boxcar Green/white 85	(3)	**60▼**
6235	**BN** Boxcar Green/white 85	(3)	**60▼**
6236	**BN** Boxcar Green/white 85	(3)	**60▼**
6237	**BN** Boxcar Green/white 85	(3)	**60▼**
6238	**BN** Boxcar Green/white 85 *1552 Burlington Northern Limited*	(3)	**60▼**
6239	**BN** Boxcar Green/white U86 YED	(3)	**65▼**
6521	**NYC** Flatcar Brown/white, w/stakes 84,85	(3)	**65▼**
9469	**NYC** Boxcar Red-gray/white 84,85	(3)	**75**
9801	**B&O** Boxcar Silver-blue/blue-silver 73-75	(2)	**50**

9802	**Miller High Life** Reefer 73-75		
	1. White/red	(2)	**40**
	2. Gray/red, 5 made	(5+)	**700***
9803	**Johnson's Wax** Boxcar 73-75 Red-white-blue/black	(2)	**40**
9805	**Grand Trunk** Reefer Silver/black 73-75	(2)	**40**
9806	**Rock Island** Boxcar Tuscan/white 74,75	(3)	**100▼**
9807	**Stroh's Beer** Reefer Red/gold-white 74-76	(4)	**125▼**
9808	**UP** Boxcar Yellow-silver/black 75,76	(4)	**100▼**
9809	**Clark** Reefer Red/blue 75,76	(2)	**40**
9815	**NYC** Reefer Orange-brown/blue 84,85	(3)	**75▼**
9820	**Wabash** Gondola w/coal load 73,74		
	1. Black/white	(2)	**35**
	2. Brown/white	5P	**600***
	3. Gray/black	5P	**800***
9821	**Southern Pacific** Gondola, coal load 73-75		
	1. Brown/white	(2)	**40**
	2. Black/white, 3 made	5P	**700***
	3. Black/white w/ decal	5P	**800***
9822	**GT** Gondola Blue/white, coal load 74,75	(2)	**40**
9823	**AT&SF** Flat 75,76 Tuscan/white stakes & crates	(3)	**90**
9824	**NYC** Gondola Black/white, coal load 75,76	(3)	**80▼**
9825	**Schaefer** Reefer White/red 76,77	(3)	**75▼**
9826	**P&LE** Boxcar 76,77		
	1. Glossy green/white	(3)	**100▼**
	2. Flat green/white, 500 made	(4)	**200▼**
16181	**Biohazard** Uni-body Tank SRP: $75 98 with lights		**C**
16812	**Grand Trunk 315060** 2-bay ACF Hopper U96 Blue/white, LOTS	(3)	**65**

16813	**Pennsylvania Power & Light 297** U97 Hopper w/coal, Brown/red-yellow-white-black	(3)	**85**
17002	**Conrail** 2-bay ACF Hopper Gray/black 87 *11700 Conrail Set*	(3)	**100▼**
17003	**DuPont** 2-bay ACF Hopper 90 Red-white/white-black *11713 Santa Fe 8-40B*		
	1. Polyethylene, spelled correctly, White on black	(3)	**90**
	2. Polythylene, missing first e, Black on white	(5+)	**400***
17004	**MKT** 2-bay ACF Hopper Green/yellow 91	(3)	**45**
17005	**Cargill** 2-bay ACF Hopper Cream/brown 92	(3)	**45▲**
17006	**Soo Line** 2-bay ACF Hopper 93 Gray/green-black, *11738 Soo Line SSS*	(3)	**75**
17007	**Great Northern 173872** 2-bay ACF Hopper 94 Gray/black-red SRP: $50	(3)	**45▲**
17008	**D&RGW 10009** 2-bay ACF Hopper 95 Gray/black	(3)	**45**
17009	**NYC** 2-bay ACF Hopper 96 Gray/black-white-red, SRP: $50	(2)	**40**

17010	**Government du Canada 7000** 98		C
	2-bay ACF Hopper, Red/white-yellow, SRP: $55		
17011	**Northern Pacific 75052** 2-bay ACF Hopper 98		C
	11977 Northern Pacific 4-pack		
17012	**Government du Canada 7001** 98		C
	2-bay ACF Hopper, Red/white-yellow, SRP: $55		

17100, 17101, 17102, 17103, 17104 C&O 88		(3)	**60**
Yellow/blue, 3-bay ACF Hoppers			
11705 Chessie System Unit Train, price per car			
17105	**C&O** 3-bay ACF Hopper Yellow/blue 95	(3)	**45▲**
17107	**Sclair** 3-bay ACF Hopper 89	(4)	**110▼**
	Orange-white/black *11710 CP Rail Freight Set*		
17108	**Santa Fe** 3-bay ACF Hopper 90	(3)	**80▼**
	Brown/white, *11713 Santa Fe 8-40B*		
17109	**N&W** 3-bay ACF Hopper Gray/black 91	(3)	**40**
17110	**Union Pacific** Hopper Tuscan/white, w/coal load 91	(3)	**45**
17111	**Reading** Hopper Black/white w/coal load 91	(3)	**45**
17112	**Erie Lackawanna** 3-bay ACF Hopper Gray/blk 92	(3)	**40**
17113	**Lehigh Valley** Hopper Gray/black w/coal 92, 93	(3)	**60**
17114	**Peabody** Hopper Yellow-green/black, w/coal 92, 93	(4)	**85**
17118	**Archer Daniels Midland** 3-bay ACF Hopper 93	(3)	**40▲**
	Blue/white		
17120	**CSX 295110** Hopper 94	(3)	**45▲**
	Black/yellow, w/coal load SRP: $55		
17121	**Illinois Central 72867** Hopper 94	(3)	**45▲**
	Orange/black-white, w/coal load SRP: $55		
17122	**Rock Island 800200** 3-bay ACF Hopper 94	(3)	**45▲**
	Blue-black/white SRP: $55		
17123	**Cargill 844304** Hopper Yellow/blk, w/cover 95 C	(3)	**50**
17124	**ADM 50224** 3-bay ACF Hopper 95	(3)	**45**
	Gray/black-white		
17127	**Delaware & Hudson** Hopper 96	(2)	**45▼**
	Red/yellow-white, w/coal load SRP: $60		
17128	**C&O** Hopper Black/white 96	(2)	**45▼**
	w/coal load, SRP: $60		
17129	**Western Maryland 9300** Hopper 97	(3)	**45**
	Brown/white, w/coal load, SRP: $ 55		
17132	**Pennsylvania 260815** 3-bay ACF Hopper 98		C
	21751 Pennsylvania Rolling Stock 4-pack		
17133	**BNSF** 3-bay ACF Hopper 98		C
	21754 BNSF ACF Hopper 2-pack		
17134	**BNSF** 3-bay ACF Hopper 98		C
	21754 BNSF ACF Hopper 2-pack		
17135	**BNSF** 3-bay ACF Hopper w/ETD 98		C
	Green/white, SRP: $55		
17200	**CP Rail** Boxcar Silver-black/red 89	(3)	**65▼**
	11710 CP Rail Freight		
17201	**Conrail** Boxcar Tuscan/white 87	(3)	**65▼**
	11700 Conrail Freight Set		
17202	**Santa Fe** Boxcar Brown/white-yellow 90	(3)	**110▼**
	RS diesel, *11713 Santa Fe 8-40B*		

17203	**Cotton Belt** Boxcar Brown/white-yellow, DD 91	(3)	**40**
17204	**Missouri Pacific** Boxcar 91 Gray-blue-yellow/black, DD	(3)	**45**
17207	**Chicago & Illinois Midland** Boxcar 92 Green/white-red, DD	(3)	**45**
17208	**Union Pacific** Boxcar Yellow-silver/black, DD 92	(3)	**50**
17209	**B&O** Boxcar Tuscan/white DD 93	(3)	**55▲**
17210-17212	**Chicago & Illinois Midland** Boxcars U92 **16020, 16021 & 16022** Green/white-red, NIB *18556 Sears C&IM Freight Car Set* Price Listed is for each car	(3)	**35**
17213	**Susquehanna 501** Boxcar Green/white 93	(4)	**45**
17214	**Railbox** Boxcar Yellow-silver/black, RS Diesel 93	(4)	**175**
17216	**Pennsylvania 60155** Boxcar 94 Tuscan/white DD, SRP: $60	(3)	**55**
17217	**State of Maine New Haven 45003** 95 Boxcar, Red-white-blue/white-black, SRP: $53	(3)	**50**
17218	**State of Maine Bangor & Aroostook 2184** 95 Boxcar, Red-white-blue/white-black, SRP: $53	(3)	**50**
17219	**Tazmanian Devil** 40th Birthday Boxcar 95YED White-blue/graphics	(3)	**45**
17220	**Pennsylvania** Boxcar Tuscan-white/white 96	(3)	**45**
17221	**New York Central** Boxcar 96 Green-black/white-red-black	(3)	**45▲**
17222	**Western Pacific** Boxcar 96 Silver/black/orange feather	(3)	**45**
17223	**Milwaukee Road** Boxcar 96 Yellow/black, DD, SRP: $60	(3)	**45**
17224	**Central of Georgia 9464-197** Boxcar 97 Silver-maroon/maroon-yellow SRP: $55	(2)	**40**
17225	**Penn Central 9464-297** Boxcar 97 Green/white-red, SRP: $55	(2)	**45**
17226	**Milwaukee Road 9464-397** Boxcar 97 Brown-black/white-red, SRP: $55	(2)	**40**
17227	**Union Pacific 9200** Boxcar DD, SRP: $60, 97	(2)	**45**
17231	**Wisconsin Central 9200** Maroon/white 98 DD, w/auto frames, SRP: $65		**C**
17232	**SP/UP Merger 9200** Gray/white 98 DD, w/auto frames, SRP: $65		**C**
17233	**Western Pacific 9464-198** 98 Brown/white, SRP: $60		**C**
17234	**Port Huron & Detroit 9464** 98 Blue/white, SRP: $60		**C**
17235	**Boston & Maine 9464-398** 98 Blue-black/white, SRP: $60		**C**
17239	**AT&SF Super Chief 9464-1** Boxcar Red/white 97	(3)	**60**
17240	**AT&SF Texas Chief 9464-2** Boxcar Red/white 97	(3)	**60**
17241	**AT&SF Grand Canyon Line 9464-3** Boxcar 97 Red/white	(3)	**60**
17242	**AT&SF El Capitan 9464-4** Boxcar Red/white 97 *11838 Warhorse AT&SF Hudson Freight Set*	(3)	**60**
17243	**Northern Pacific 8722** Boxcar 98 *11977 Northern Pacific 4-pack*		**C**
17244	**AT&SF Chief 9464** Boxcar SRP: $55, 98		**C**
17245	**C&O** Boxcar w/Chessie Kitten SRP: $55, 98		**C**
17247	**NYC 174940** Boxcar 98 *17246 NYC Pacemaker 4-pack*		**C**
17248	**NYC 174945** Boxcar 98 *17246 NYC Pacemaker 4-pack*		**C**

17249	**NYC 174949** Boxcar 98 *17246 NYC Pacemaker 4-pack*			**C**
17250	**Union Pacific 507406** Boxcar 99 *21757 Union Pacific Freight Car Set*			**C**
17300	**Canadian Pacific** Reefer Brown/white 89 *11710 CP Rail Freight Set*	(3)		**50▼**
17301	**Conrail** Reefer Blue/white 87 *11700 Conrail Freight*	(3)		**65▼**
17302	**Santa Fe** Reefer Yellow-black/black 90 w/ETD, *11713 Santa Fe 8-40B*	(3)		**75**
17303	**C&O** Reefer Yellow-silver/black 93	(3)		**50**
17304	**Wabash 26269** Reefer 94 Yellow-brown/black, SRP: $55	(3)		**45▼**
17305	**PFE 459400** Reefer Orange/black, SRP: $55, 94	(3)		**45**
17306	**PFE 459401** Reefer Orange/black, SRP: $55, 94	(3)		**45**
17307	**Tropicana 300** Reefer Orange/green 95	(3)		**55**
17308	**Tropicana 301** Reefer Orange/green 95	(3)		**55**
17309	**Tropicana 302** Reefer Orange/green 95YED	(3)		**45**
17310	**Tropicana 303** Reefer Orange/green 95YED	(3)		**45**
17311	**REA** Reefer Green/gold 96	(3)		**45**
17314	**PFE 9800-198** Reefer Orange-white/black 98 SRP: $55			**C**
17315	**PFE 9800-298** Reefer Orange-white/black 98 SRP: $55			**C**
17316	**Northern Pacific 98583** Reefer 98 *11977 Northern Pacific 4-pack*			**C**
17317	**Pennsylvania 91904** Reefer 98 *21751 Pennsylvania Rolling Stock 4-pack*			**C**
17318	**Union Pacific 170650** Reefer 99 *21757 Union Pacific Freight Car Set*			**C**
17400	**CP Rail** Gondola Red/black-white w/coal 89 *11710 CP Rail Freight Set*	(3)		**50▼**
17401	**Conrail** Gondola Tuscan/white w/coal 87 *11700 Conrail Freight*	(3)		**50▼**
17402	**Santa Fe** Gondola Brown/white 90 w/coal load *11713 Santa Fe 8-40B*	(3)		**50▼**
17403	**Chessie System** Gondola 93 Black/yellow w/coil covers	(3)		**45**
17404	**Illinois Central Gulf** Gondola 93 Black/orange-white w/coil covers	(3)		**45**
17405	**Reading 24876** Gondola Cream/green 94 Maroon/white coil covers, SRP: $50	(3)		**40**
17406	**Pennsylvania 385405** Gondola 95 Tuscan/white, w/Tuscan/white coil covers	(3)		**45**
17407	**NKP** Gondola Black/white, w/scrap load 96 SRP: $50	(3)		**40▼**
17408	**Cotton Belt 9820** Gondola SRP: $50 97 Tuscan/white-black w/scrap metal load	(2)		**35**
17410	**Union Pacific 903004** Gondola w/scrap load 99 *21757 Union Pacific Freight Car Set*			**C**
17500	**Canadian Pacific** Flatcar Black/white 89 w/3 logs *11710 CP Rail Set*	(3)		**55**
17501	**Conrail** Flat car Tuscan/white 87 *11700 Conrail Limited*	(3)		**60▼**
17502	**Santa Fe** Flatcar Black/white 90 w/trailer, Silver/red *11713 Santa Fe 8-40B*	(3)		**85▲**

17503-17507	**Norfolk Southern** 92 price per car Gray/white w/Triple Crown van white/black-red *11718 NS Dash 8-40C Unit Train*	(3)	75
17510	**Northern Pacific 61200** Flatcar 94 Black/white, w/logs, SRP: $50	(3)	50▲
17511	**Western Maryland Flatcar set 17512-17514** 95 Black/white, with logs (set of 3)	(4)	275
17512	**Western Maryland** Flatcar Black/white 95		
17513	**Western Maryland** Flatcar Black/white 95		
17514	**Western Maryland** Flatcar Black/white 95		
17515	**Norfolk Southern** Flatcar Gray/white 95 w/2 white tractors	(3)	50
17516	**Texas & Pacific 9823** Blue/white 97 w/2 Beechcraft planes red/white	(3)	50
17517	**Western Pacific 9823** Silver/black 97 w/Ertl Cat Frontloader	(3)	55▼
17518	**Pennsylvania 9823** Flatcar Tuscan/white 97 w/2 Corgi AEC Mack trucks, SRP: $70	(3)	60▲
17522	**Flatcar** w/Prowler Car SRP: $70, 98		C
17527	**Flatcar** w/2 Dodge Vipers SRP: $80, 98		C
17870	**East Camden & Highland** Boxcar U87 Orange-beige/black LCCA	(3)	80▼
17876	**Columbia, Newberry & Laurens** Boxcar U89 Tuscan/white LCCA	(3)	65▼
17884	**Columbus & Dayton Terminal** Boxcar U90 Gray/maroon, TTOS	(4)	70
17887	**Conrail** Flatcar Tuscan/white U91 1 Ford van White/graphics LCCA	(3)	90
17888	**Conrail** Flatcar Tuscan/white U91 1 Armstrong van White/graphics LCCA	(3)	85
17889	**SP** Flatcar Brown/white w/SP van U91	(4)	100
17892	**Conrail 17888, 17889** Flatcars LCCA U91 (Set of 2)	(3)	175
17899	**NASA** White/red Uni-body Tank LCCA U92	(4)	90▲
17900	**Santa Fe** Uni-body Tank Black/white 90	(3)	60▼
17901	**Chevron** Uni-body Tank Cream/black 90	(3)	50
17902	**New Jersey Zinc** Uni-body Tank 91 Blue-white/white-blue	(3)	55
17903	**Conoco** Uni-body Tank White/red 91	(3)	50
17904	**Texaco** Uni-body Tank Silver/black 92	(3)	60
17905	**Archer Daniels Midland** Uni-body Tank 92 Black/white	(3)	65
17906	**SCM** Uni-body Tank Black-white/black 93	(3)	60
17908	**Marathon Oil** Uni-body Tank Silver/blue-red 95	(3)	70▲
17909	**Hooker** Uni-body Tank 96 Orange-black/black-white	(3)	75▲
17910	**Sunoco 7900** Uni-body Tank 97 Silver/black/diamond logo	(3)	55▲
17913	**JM Huber** Uni-body Tank SRP: $65, 98		C
17914	**Englehard** Uni-body Tank SRP: $65, 98		C

19438	**Christmas Gondola** w/packages Std.O SRP: $50, 98		C
19439	**Flatcar** w/2 Safes SRP: $50, 98		C
19444	**Flatcar** w/VW Bug SRP: $80, 98		C
19960	**Western Pacific 1952** Boxcar LOTS U92 Orange-silver/black	(3)	125
19962	**SP** 3-bay ACF Hopper TTOS Gray/black U92	(4)	80
19963	**Union Equity** 3-bay ACF Hopper TTOS U92 Yellow/green	(4)	80
19966	**LRRC** Gondola with coil covers U98 Green/silver w/silver coil covers		C
21754	**BNSF 3-Bay ACF Covered Hopper 2-pack** 98 C 17133 & 17134, SRP: $110		C
26906	**Southern Pacific 9823** Flat car Tuscan/white 98 w/Corgi 57 Chevy Police Car load, SRP: $60		C
26913	**East St. Louis 9820** Gondola Gray/white 98 w/silver coil covers, SRP: $50		C
36000	**Lionel Route 66** Flatcar 98 w/2 Tuckers SRP: $60.		C
36001	**Lionel Route 66** Flatcar 98 w/2 Willys Sedans SRP: $60.		C
52006	**Canadian Pacific 930016** U93 Brown/white, LCAC, 400 made	(4)	175
52010	**Weyerhaeuser 838589** DD Boxcar U93 Green/white	(4)	85
52013	**NS** Flatcar Gray/white w/van Artrain U92	(4)	325
52023	**D&TS** 2-bay ACF Hopper LCCA U93 Gray/black	(3)	75▼
52038	**Southern** Hopper Tuscan/white LCCA U94 w/coal load	(3)	75▼
52073	**PFE 495402** Reefer TTOS Cal-Stewart U95 Orange/white-black	(4)	75
52074	**Iowa Beef Packers 197095** Reefer U95 Blue/black-yellow, LCCA	(3)	45
52090	**Pere Marquette** DD Boxcar LCCA U96 Brown/white-yellow	(3)	50
52098	**U.S. Dept. of Commerce** Boxcar U96 TTOS Cal-Stewart, Red-white-blue/black-white	(4)	75
52110	**CSt.PM&O** Boxcar LCCA U97 Green-yellow/yellow-green	(3)	50
52113	**Gennessee & Wyoming** TTOS U97 3-bay ACF Hopper, Gray/orange-yellow-black	(3)	65

52121	**Mobilgas 238** Cal-Stewart TTOS U97 Uni-body tank, Red/white-blue-red	(4)	75▲
52127	**Southern 360997** Dixie Division TCA U97 Hopper w/coal Brown/white	(4)	75
52151	**Amtrak 71998** Reefer LCCA U98 Silver-black/red, white, blue, black		C
52154	**Pacific Fruit Express 495403** Reefer U98 Cal-Stewart TTOS Orange/white-black		C

Stock Cars

7301	**N&W** Brown/white SMT 82 *1260 Continental Limited*	(3)	**50**
7302	**Texas & Pacific** Brown/white 83, 84	(4)	**15**
7303	**Erie** Blue/white SMT 84 *1451 Erie Lackawanna*	(3)	**50**
7304	**Southern** Green-red/wht, *FARR 4,* SMT, U83YED	(3)	**65▼**
7309	**Southern** Tuscan/white 85, 86	(4)	**20**
7312	**Western & Atlantic** Tuscan/yellow U86 *1608 American Express General Set* & sold sep.	(4)	**30▲**
7401	**Chessie System** Red/white NIB 84, 85 *1402 Chessie Set*	(3)	**20**
7808	**Northern Pacific** *Pig Palace* 77 Brown-silver/white, *1764 The Heartland Express*	(3)	**60▼**
7812	**TCA Houston** Brown/yellow U77	(3)	**30▼**
9407	**Union Pacific** Yellow-gray/red 78	(2)	**35▼**
9408	**Lionel Lines** White-red/red SMT U78 *1868 Minneapolis & St. Louis SSS*	(3)	**50▼**
9437	**Northern Pacific** Green/white SMT 81 *1160 Great Lakes Limited*	(3)	**50▲**
9448	**AT&SF** Brown-silver/white, NIB 81, 82 *1154 Yard King*	(3)	**60▼**
9450	**Great Northern** Red-blk/white, *FARR 3* U81 YED	(4)	**100▼**
9707	**MKT** Red/white 72-75 *1. 1-72 Blt. Date* right *2. 1-72 Blt. Date* left	(2) (2)	**25** **25**
9725	**MKT** Yellow/black U73, 74, 75 1. Sold sep. & *1350 Canadian Pacific SSS* 2. MDTCA 00002 U75	(3) (4)	**25** **45**

9728	**Union Pacific** Yellow-silver/red, LCCA U78	(2)	**40**
9763	**D&RGW** Orange/black 76, 77	(3)	**30**
9773	**New York Central** Yellow/black 76 *1665 Empire State Set*	(3)	**35▼**
16121	**C&NW** Green-yellow/yellow SMT 92 *11733 Feather River SSS*	(4)	**90**
16125	**Virginian** Cream/black 93	(3)	**30**
16130	**Southern Pacific** Brown/yellow 93, 94	(1)	**15**
16135	**C&O** Black/yellow *11743 C&O Freight* 94	(3)	**35**
16141	**Erie** Brown/white *11747 Lionel Steam Set* 94	(3)	**30**
19510	**Pennsylvania** Tuscan/white SMT *FARR 5* U89YED	(3)	**40**
19515	**Milwaukee Road** Rd oxide/wht, SMT, *FF2* U90YED	(3)	**35**

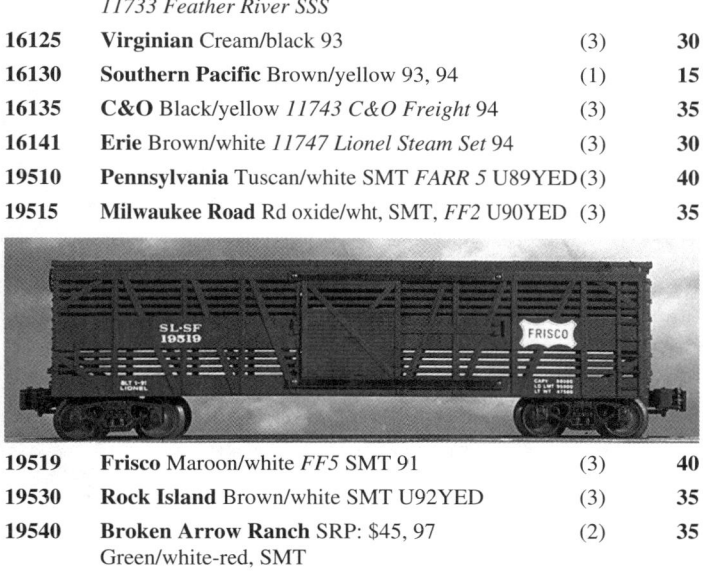

19519	**Frisco** Maroon/white *FF5* SMT 91	(3)	**40**
19530	**Rock Island** Brown/white SMT U92YED	(3)	**35**
19540	**Broken Arrow Ranch** SRP: $45, 97 Green/white-red, SMT	(2)	**35**

113

Tank Cars
1d-1 dome, 2d-2 dome, 3d-3 dome

303	**Stauffer Chemical** Gray/black U85 1d LOTS exclusive decorated outside factory	(4)	150▲
0782	**LRRC** Maroon/white U85 1d	(3)	70▼
1982	**IETCA** Silver/black-orange U82 3d	(5)	75
1983	**TTOS** Phoenix U83 1d	(4)	75
6300	**Corn Products** Yellow/black, NIB 81,82 3d *1154 Reading Yard King*	(3)	40▼
6301	**Gulf** White/orange 81 1d	(3)	35
6302	**Quaker State** Green/white 81 3d	(4)	50▲
6304	**GN** Green-black/white, *FARR 3* 81 1d	(3)	65
6305	**British Columbia** SMT 81 1d Green-black/white *1158 Maple Leaf Limited*	(3)	75
6306	**Southern** Silver/black, SMT, *FARR 4* 83 1d	(3)	75▼
6307	**Pennsylvania** SMT 84,85 1d Maroon-black/white, *FARR 5*	(4)	80▼
6308	**Alaska** Blue/yellow 82,83 1d	(3)	35
6310	**Shell** Yellow/red 83,84 2d	(3)	35▲
6312	**C&O** Blue/yell NIB *1402 Chessie System* 84,85 2d	(4)	25
6313	**Lionel Lines** Orange/blue U84 1d	(3)	60▼
6314	**B&O** Black/yellow *1652 B&O Freight* 86 3d	(3)	65▼
6315	**TCA** Pittsburgh Orange/black U72 1d	(3)	60
6317	**Gulf** White/orange-blue 84,85 2d	(3)	25
6323	**Virginia Chemical** SMT U86 1d Black/red-white, LCCA exclusive	(3)	65
6357	**Frisco** Blk/wht-yellow, *1361 Gold Coast Ltd.* 83 1d	(4)	85▼
7684	**Vitraco Oil** VTC U84 3d	(5)	30
9036	**Mobilgas** 78-82 1d 1. White/red 2. LCCA meet special U78, U79	(2) (3)	20 30
9039	**Mobilgas** Red/white U78,80 1d	(2)	20
9050	**Sunoco** 70,71 1d 1. Yellow/blue 2. Yellow/green Sold sep & *1085 Santa Fe Twin Diesel*	(2) (5)	25 100
9051	**Firestone** White/blue 74,75,78	(2)	20
9138	**Sunoco** Black/white SMT U78 3d *1868 Minneapolis & St. Louis SSS*	(3)	50
9147	**Texaco** Chrome/black-red 77,78 1d	(3)	60
9148	**DuPont** Cream/green 77-81 3d	(3)	35
9150	**Gulf** White/orange U70,71 1d	(3)	30
9151	**Shell** Yellow/red 72 1d	(3)	35
9152	**Shell** Yellow/red 73-76 1d 1. *L* in circle on tank end 2. No *L* in circle	(4) (2)	30 30
9153	**Chevron** Silver/blue 74-76 1d	(3)	35
9154	**Borden** Chrome/black 75,76 1d	(3)	50
9155	**Monsanto** White/black-red U75 1d LCCA convention car	(3)	65▼

9156	**Mobilgas** Chrome/red-blue 76,77 1d	(3)	50
9159	**Sunoco** Chrome/blue 76 1d *1665 Empire State*	(4)	60
9189	**Gulf** Chrome/black-blue 77 1d *1765 Rocky Mountain Special*	(4)	75▼
9250	**GMCX Waterpoxy** White/blue-green 70,71 3d		
	1. Postwar trucks, two raised brake wheels	(4)	50
	2. Plastic trucks, one brake wheel	(3)	35
9277	**Cities Service** Green/white SMT 78 1d *1867 Milwaukee Limited*	(4)	70▼

9278	**Lifesavers** 78,79 1d Chrome with candy wrapper decal	(4)	185▼
9279	**Magnolia** White/black 78,79 3d	(3)	25
9313	**Gulf** Black/white SMT U79 3d *1970 Southern Pacific Limited*	(3)	65
9321	**AT&SF** Silver/black-white *FARR 1* 79 1d	(3)	55
9324	**Tootsie Roll** Brown/white 79-81 1d	(3)	80
9327	**Bakelite** White/red 80 3d	(3)	30
9331	**Union 76** Blue/orange SMT 79 1d *1971 Quaker City Limited*	(4)	65
9334	**Humble** Silver/red-blue 79 1d	(3)	25
9344	**Citgo** White/blue-red, SMT *1070 Royal Ltd.* 80 3d	(3)	55
9347	**Niagara Falls** TTOS Blue/black, SMT U79 3d	(3)	40
9353	**Crystal** Red/silver 80 3d	(2)	25
9354	**Pennzoil** Chrome/black-yellow 80,U81 1d	(4)	60
9367	**UP** Silver/black *FARR 2* 80 1d	(3)	50
9369	**Sinclair** Green/white SMT 80 1d *1071 Mid Atlantic*	(4)	80▲
9373	**Getty** White/orange, NIB 80,81,U83 1d *1072 Cross Country Express*	(4)	65
9386	**Pure Oil** Cream/blue SMT 81 1d *1160 Great Lakes Limited*	(4)	60
16102	**Southern** Black/yellow SMT U87 3d *11704 Southern Freight Runner SSS*	(3)	50
16103	**Lehigh Valley** Gray/black 88 2d	(3)	25
16104	**Santa Fe** Black/white 89 2d	(2)	25
16105	**Denver & Rio Grande** Silver/black 89 3d *11758 Desert King SSS*	(3)	65▼
16106	**Mopar Express** White/red-blue U88 3d *11757 Mopar Express*	(4)	100▼
16107	**Sunoco** Black/white 90 2d	(2)	25
16108	**Racing Fuel 6108** K-Mart Yellow/black U89 1d *11771 Microracers Set* & sold sep.	(3)	20
16109	**B&O** Black/white SMT 91 1d *11719 Coastal Freight*	(3)	50
16111	**Alaska** White/blue 90,91 1d	(2)	20
16112	**Dow** Yellow/blue 90 3d *11717 CSX Freight Set SSS*	(3)	40▼
16113	**Diamond Shamrock** White/blue 2d 91	(2)	25

16114	**Hooker** Black/yellow 91 1d NIB, *11720 Santa Fe Special*	(3)	**25**
16115	**Missouri, Kansas & Texas** 92 3d Green/yellow	(3)	**30**
16116	**U.S. Army Transport Corp.** U91YED 1d Black/white *11726 Erie Lackawanna Freight*	(3)	**65▼**
16119	**Sunoil** Black/yellow NIB 92,U93 2d *11728 High Plains Runner, 11800 Toys R Us*	(3)	**20**
16123	**Union Pacific** Yellow/black 93-95 3d	(1)	**15**
16124	**Penn Salt** Blue/yellow 93 3d	(2)	**25**
16126	**Jefferson Lake Sulfur** Yellow/black 93 3d *11740 Conrail Consolidated*	(2)	**25**
16127	**Mobil** Silver/blue-red 93 1d	(3)	**30▲**
16128	**Alaska** Silver/black 94 1d	(2)	**25**
16129	**Alaska** Black/white 93, 94 1d	(2)	**20**
16132	**Deep Rock** Black/yellow 94 3d	(2)	**25**
16136	**B&O** Black/white *11743 C&O Freight* 94 1d	(3)	**35**
16137	**Ford** Black/white U94 1d Sold sep. & *11814 Ford Set*	(3)	**30▲**
16138	**Goodyear** Black/white 95 1d	(2)	**30**
16140	**Domino Sugar** Blue/graphics 95 1d	(3)	**30▲**
16142	**Santa Fe** Gray-red/white 94 1d *11747 Lionel Steam Set*	(3)	**30**
16144	**San Angelo** Orange/black 95 3d	(3)	**25**

16147	**Clearly Canadian** White/red-blue U94 1d	(4)	**75**

16149	**ZEP Chemical** Yellow/blue U95 1d	(4)	**75▲**
16150	**Sunoco 6315** 96, 97 1d Silver/black/diamond logo, SRP: $45	(2)	**35**
16152	**Sunoco 6415** Silver/black, SRP: $40 97 3d	(2)	**35**
16153	**AEC 6515-1** Reactor 97 1d Clear/red-black w/blue fluid, SMT	(3)	**60**
16154	**AEC 6515-2** Reactor 97 1d Clear/red-black w/purple fluid, SMT	(3)	**50**
16155	**AEC 6515-3** Reactor 97 1d Clear/red-black w/green fluid, SMT	(3)	**50**
16157	**Gatorade LLB 6315** Green/multi U97 1d NIB, *11935 Little League Baseball Set*	(3)	**45**
16160	**AEC 6515-4** Reactor 98 1d Clear/red-black w/black fluid, SMT, SRP: $70		**C**
16162	**Hooker Chemical 6315-1** Orange-white/blk 97 1d NIB, *11839 Spokane, Portland & Seattle Steam Freight*	(3)	**45**
16163	**Hooker Chemical 6315-2** Orange-white/blk 97 1d NIB, *11839 Spokane, Portland & Seattle Steam Freight*	(3)	**45**

16164	**Hooker Chemical 6315-3** Orange-white/blk 97 1d (3)	45
	NIB, *11839 Spokane, Portland & Seattle Steam Freight*	
16165	**Mobilfuel 6415** Red/blue-white U97 3d (3)	50▲
	NIB, *11957 Mobil Oil Set*	
16171	**Alaska 6171** 98 1d	C
	NIB, *11972 Alaska Railroad Set*	
16180	**Tabasco** SRP: $45, 98 1d	C
16182	**Gatorade** NIB, *11985 Quaker Oats Set* U98 1d	C
17873	**Ashland** LCCA Black/white, SMT U88 3d	
	1. Regular production (3)	75
	2. With Ashland sign for oil derrick (4)	85
17877	**MKT Katy 3739469** TTOS U89 1d (4)	75▼
	Red/yellow, SMT	
17885	**Artrain** Blue/white SMT U90 1d	
	1. Unsigned (3)	90▼
	2. With Richard Kughn's signature (4)	150▲
17893	**British American Oil Co. 914** U91 1d (4)	150
	Black/white, LCAC, SMT	
17893	**Long Island 8392** NLOE U92 1d (5)	150
	Gray/orange, SMT	
19600	**Milwaukee Road** Orange/black, SMT, *FF2* 87 1d (3)	65▼
19601	**North American** Silver/blk-blue, SMT, *FF4* 89 1d (3)	55
19602	**Johnson** Silver/black-red *FF5* SMT 91 1d (3)	45▲
19603	**GATX** Black/yellow *FF6* SMT 92 1d (3)	50
19604	**Goodyear** Black/white SMT 93 1d (3)	45▲
	11738 Soo Line SSS	
19605	**Hudson Bay** Yellow/black-red SMT 94 1d (3)	40
	11744 New Yorker SSS	
19607	**Sunoco 6315** Silver/black/diamond logo 96 1d (2)	35
19608	**Sunoco Aviation Services 6315** 97 1d (3)	40
	Silver/black, SMT, *11918 Lionel Service Exclusive*	
19611	**Gulf Oil 6315** Orange-black/black SRP: $45, 98 1d	C
19612	**Gulf Oil 6425** Silver/blue-graphics 98 3d	C
	SRP: $40	
19935	**LRRC** Black/gold U95 1d (3)	40
19944	**Lionel Visitor's Center** White/red-blue U96 1d (3)	35
26934	**Phillips Petroleum 835** Die-cast 98 1d	C
	26936 Tank Car 4-pack	
26936	**Tank Car** 4-pack die-cast 98	C
	Contains 26934, 26941, 26942 & 26943 SRP: $500.	
26941	**Getty 4002** die-cast, *26936 Tank Car 4-pack* 98 1d	C
26942	**Sinclair 64025** die-cast, *26936 Tank Car 4-pack* 98 1d	C
26943	**Union Pacific 69012** die-cast 98 1d	C
	26936 Tank Car 4-pack	
26947	**Gulf** die-cast, SRP: $125, 98 1d	C
26973	**Getty Tank Car** 3-pack die-cast 98	C
	Contains 26974, 26975 & 26976 SRP: $375.	
26974	**Getty 4003** Die-cast 98 1d	C
	26973 Getty Tank car 3-pack	
26975	**Getty 4004** Die-cast 98 1d	C
	26973 Getty Tank car 3-pack	
26976	**Getty 4005** Die-cast 98 1d	C
	26973 Getty Tank car 3-pack	
26977	**Sinclair Tank Car** 3-pack die-cast 98	C
	Contains 26978, 26979 & 26980 SRP: $375.	
26978	**Sinclair 64026** Die-cast 98 1d	C
	26977 Sinclair Tank car 3-pack	
26979	**Sinclair 64027** Die-cast 98 1d	C

26980	**Sinclair 64028** Die-cast 98 1d		**C**
	26977 Sinclair Tank car 3-pack		
38356	**Dow Chemical** Light blue/yellow U87 3d	(4)	**150**
	LOTS decorated outside factory		
52029	**Ford 12** Black/white TTOS U94 1d	(3)	**35**
	52028 Ford TTOS 3-pack		
52032	**Ford 14** Black/white TTOS U94 1d	(4)	**100**
	With Richard Kughn signature		
52122	**Meenan Oil 8397** NLOE White/grn, SMT U97 1d		
	1. Regular Production	(4)	**75**
	2. Misspelling as Meehan Oil	(5+)	
52137	**Redwing Boot Oil** Black/red-white U97 1d	(3)	**50**
52157	**Department 56 Holly Brothers 6156** AMT U98 3d		**C**
	Silver-green/multi		
52160	**Monopoly Water Works** Yellow/multi U98 1d		**C**
	Sold exclusively by Eastwood		

Tool Cars

5739	**B&O** Gray/black *1652 B&O Freight* 86	(3)	**45**
5760	**AT&SF** Tuscan-silver/yellow, SMT U86	(4)	**60**
	1632 Santa Fe Work Train SSS		
8391B	**Long Island** Orange-gray/gray NLOE U91	(5)	**75**
16701	**Southern** Green-black/gold SMT U87	(3)	**50**
	11704 Southern Freight Runner SSS		
16703	**New York Central** Gray/black 92	(3)	**35**
16802	**Lionel Railroader Club** Blue/yellow U89	(3)	**45▼**
19651	**AT&SF** Gray/black 87	(3)	**25**

19653	**Jersey Central** Tuscan/white 88	(2)	**25**
19655	**Amtrak** Orange-gray/black 90,91	(2)	**25**
19658	**Norfolk & Western** Green-silver/white 91	(3)	**35**

Toy Fair & Season's Greetings Cars
Cataloged and Uncataloged

0512	**Toy Fair Reefer** White-blue/blue-red U81	(3)	**100▼**
7519	**Toy Fair Reefer** White-red/gold-red-blue U82	(3)	**90▼**
7521	**Toy Fair Reefer** White-blue/gold-red-blue U83	(3)	**90▼**
7523	**Toy Fair Reefer** White-red/yellow-red-blue U84	(3)	**95▼**
7524	**Toy Fair Reefer** U85	(3)	**100▼**
	Cream-brown/light brown-red-blue		
7525	**Toy Fair Boxcar** White-blue/red U86	(4)	**100▼**
7704	**Welcome Toy Fair Boxcar** Wht-red/red-blue	(5)	**125**
7705	**Canadian Toy Fair Boxcar** White/red U76	(5)	**150▼**
7806	**Season's Greetings Boxcar** Silver/red-green U76	(4)	**100▼**
7807	**Toy Fair Boxcar** Green-gold/red-green U77	(4)	**100▼**
7813	**Season's Greetings Boxcar** U77	(4)	**100**
	White-gold/red-dark green		
7814	**Season's Greetings Boxcar** Wht-blue/red-blk U78	(4)	**125**
7815	**Toy Fair Boxcar** Silver-red/blue U78	(4)	**100▼**
7816	**Toy Fair Boxcar** White-gold/red-blue U79	(4)	**90▼**
7817	**Toy Fair Boxcar** White-red/blue U80	(4)	**150**
	Came with letter stating this was last boxcar in series.		

9490	**Season's Greetings Boxcar** Silver-green/red U85 Given, along with letter, to selected Lionel employees. Less than 300 made.	(5)	**1500▲**
9491	**Season's Greetings Boxcar** Sil-red/grn U86YED	(3)	**75**
9708	**U S Mail-Toy Fair Boxcar**t U73 Red-white-blue/blk-wht, Gold Toy Fair overstamp	(5)	**100▲**
9713	**CP Rail Season's Greetings Boxcar** U74 Green/black, Gold overstamp	(5)	**150▲**
9723	**Western Pacific Toy Fair Boxcar** Orange/blk U74 1. Gold overstamp 2. Silver overstamp	(4)	**100▼** **5P**
9742	**Minneapolis & St. Louis Season's Greetings** U73 Green/gold, Red overstamp	(5)	**125▲**

9762	**Toy Fair Boxcar** U75 Red-silver/metallic silver, 75th Anniversary	(5)	**250▲**
9778	**Season's Greetings Boxcar** U75 Blue/silver, 75th Anniversary	(5)	**250▲**
16272	**Happy Holidays 9700 Boxcar** SRP: $40 97 White-silver/multi	(3)	**35**

16273	**Happy Holidays 9700 Boxcar** U97 White-silver/multi, For Lionel Employees	(4)	**275**
16291	**Christmas Boxcar 9700 Boxcar** U98		**C**
16292	**Christmas Boxcar for Lionel Employees** U98		**C**
16776	**Happy Holidays 9700** Silver/graphics 97 w/ sound, SRP: $200	(3)	**150**
19900	**Toy Fair Boxcar** Red-Silver/silver U87	(3)	**85▼**
19902	**Toy Fair Boxcar** Silver-black/black U88	(3)	**85▼**
19903	**Season's Greetings Boxcar** U87YED 1. White/green 2. *Joyeux* spelled *Joyeau*	(3)	**50** **5P**
19904	**Season's Greetings Boxcar** U88YED Silver-red/multi	(3)	**65**
19907	**Toy Fair Boxcar** Yellow/graphics U89	(3)	**90▼**
19908	**Season's Greeting Boxcar** U89YED White-red/red-blue-gold	(3)	**60**
19910	**Season's Greetings Boxcar** U90YED White-green-gold/graphics	(2)	**40▼**
19911	**Toy Fair Boxcar** Wht-blue/graphics U90	(3)	**85▼**
19913	**Christmas Boxcar** U91YED White-red-gold/graphics 1. Regular production 2. For Lionel Employees w/overstamp	(3) (4)	**55** **200**
19914	**Toy Fair Boxcar** Gray-red/graphics U91	(3)	**85▼**
19916	**Christmas Boxcar** White-red/green U92 For Lionel Employees	(4)	**275**
19917	**Toy Fair Boxcar** White-black/graphicsU92	(3)	**85**
19918	**Christmas Boxcar** White-red/geen U92YED	(4)	**125**

119

19921	**Christmas Boxcar** Red-white/graphics U93 For Lionel Employees	(4)	**250**
19922	**Christmas Boxcar** White-green/graphics 93YED	(3)	**45**
19923	**Dealer Preview Toy Fair Boxcar** U93 White-blue/graphics	(3)	**75▼**
19928	**Christmas Boxcar** White-red/graphics U94 For Lionel Employees	(4)	**250**
19929	**Christmas Boxcar** White-red/graphics 94YED	(3)	**50**
19931	**Dealer Preview Toy Fair Boxcar** U94 White-red/graphics	(3)	**75▼**
19937	**Dealer Preview Toy Fair Boxcar** U95 Cream-brown/brown	(3)	**75▼**
19938	**Christmas Boxcar** White-green/red-green 95YED	(3)	**40**
19939	**Christmas Boxcar** White-green/graphics U95 For Lionel Employees	(4)	**275**
19945	**Christmas Boxcar** Wht-red/grn, Santa/Circle-L U96	(3)	**35**
19946	**Christmas Boxcar** White/green U96 For Lionel Employees	(4)	**275**
19947	**Lionel Corp. Dealer Preview Toy Fair Boxcar** U96 **9700** Blue/orange-cream, reversed color blue/orange box	(4)	**250**
19956	**Dealer Preview Toy Fair Boxcar** U98		**C**
26208	**Vapor Records Christmas Boxcar 9700-496** 98 White-green/black-red, made for Neil Young		**C**
29217	**Airex Dealer Preview Toy Fair Boxcar** U97 Silver/black-red	(4)	**125**
29229	**Vapor Records Christmas Boxcar 9700-496** U97 White-green/black-red, made for Neil Young Similar to 26208, unmarked box	(5+)	*****

Vat Cars

9106	**Miller Beer** Blue/white w/white vats 84,85	(3)	**65**
9107	**Dr. Pepper** Red/white w/red vats 86,87	(3)	**55**
9128	**Heinz** Gray/red 74-76		
	1. Yellow vats/green lettering	(2)	**30**
	2. Yellow vats/no lettering	(3)	**40**
	3. Yellow vats/turquoise lettering	(2)	**25**
9132	**Libby's** Gray/green, w/yellow vats U75,76,77 Sold sep. & *1579 Milwaukee SSS*	(2)	**25**
9146	**Mogen David** Blue/silver w/tan vats 77-81	(2)	**25**
9193	**Budweiser** Red/silver w/white/red vats 83,84		
	1. Regular production	(4)	**175**
	2. ADTCA w/added graphics U84	(4)	**225▲**
16225	**A & Eagle** (Anheuser Busch) U90,U91 Blue/white with Silver vats	(4)	**125▲**
19420	**Lionel Lines** Orange/blue 94	(3)	**30▼**
19421	**Hirsch Brothers** Black/white w/4 vats Blk/wht 95	(2)	**30**
19441	**Lobster** SRP: $50, 98		**C**
19940	**LRRC** Green-black/white U96	(3)	**45**
52044	**Eastwood** Dk blue-gray/gold, SMT, 5000 made U94	(2)	**40▼**

52061	**NLOE Sterns Pickles** White-silver/red, SMT U95	(5)	**200***
	Easy Cheese w/blue,red & yellow vats, U92 No number on car, decorated outside factory by Pleasant Valley Process of Cogan Station, Pa.	(5)	**250*▼**

Passenger Cars & Sets

882	See Classics - Set 51000		
883	See Classics - Set 51000		
884	See Classics - Set 51000		
1612	See Classics - Set 51004		
1613	See Classics - Set 51004		
1614	See Classics - Set 51004		
1615	See Classics - Set 51004		

TCA Bicentennial Special U76
    Plastic, red/white/blue, 4WT, oc, NIB

1973	Observation	(3)	**60▼**
1974	Pullman	(3)	**60▼**
1975	Pullman	(3)	**60▼**
	Set w/1976 U36B		

TCA Convention Series
    Plastic, green/black/gold, 6WT, lights, oc

0511	TCA St. Louis Baggage U81	(3)	**70▼**
7205	TCA Denver Combine U82	(3)	**70▼**
7206	TCA Louisville Pullman U83	(3)	**70▼**
7212	TCA Pittsburgh Pullman U84	(3)	**70▼**
9544	TCA Chicago Observation U80	(3)	**70▼**
17879	TCA Valley Forge Diner U89	(3)	**70▼**
	Set w/5734 TCA Seattle reefer	(3)	**550▼**

Lake Shore Limited 76,77
    Plastic, painted aluminum with
    red/blue window stripes, lights, 4WPT, fc, sold

6403	Vista dome	(3)	**40**
6404	Pullman	(3)	**40**
6405	Pullman	(3)	**40**
6406	Observation	(3)	**40**
	1663 Lake Shore Limited w/8664 Alco A	(3)	**300**
	Cars sold separaetly 77 only		
6410	Pullman	(3)	**45**
6411	Pullman	(3)	**45**
6412	Vista Dome	(3)	**45**

Quicksilver Express 82,83 ▼
    Plastic, Blue/silver, lights, 4WPT, oc, NIB

7200	**Quicksilver** Pullman	(3)	**45**
7201	**Quicksilver** Vista Dome	(3)	**45**
7202	**Quicksilver** Observation	(3)	**45**
	1253 Quicksilver Express w/8268,69	(3)	**300**

7203	See **9562**
7204	See **9589**
7207	See **9594**
7208	See **9569**
7210	See **9545**
7211	See **9589**

Baltimore & Ohio 83,84
Plastic, General-style coach, blue sides/gray roof/white window striping & lettering, 4WPT

7215	Coach	(3)	**45**
7216	Coach	(3)	**45**
7217	Baggage	(3)	**45**
	1351 B&O w/8315 4-4-0 General-type loco	(3)	**250**

Illinois Central City of New Orleans 85,87
Aluminum, smooth-sided, painted brown, orange and yellow striping, yellow and brown lettering, lights, 4WT, oc

7220	**Railway Express Agency** Baggage	(3)	**100▼**
7221	**Lake Pontchartrain** Combine	(3)	**100▼**
7222	**King Coal** Coach	(3)	**100▼**
7223	**Banana Road** Coach	(3)	**100▼**
7224	**General Beauregard** Dining	(3)	**100▼**
7225	**Memphis** Observation	(3)	**100▼**
	w/8580,81,82 F-3 Illinois Central ABA	(4)	**1200▼**
19129	Full Dome Vista 93YED	(3)	**100▼**

Wabash 86,87
Plastic, blue-black/gold, lights, 6WT, oc

7227	Dining	(4)	**80▼**
7228	Baggage	(4)	**80▼**
7229	Combine	(4)	**80▼**
7230	**City of Peru** Coach	(4)	**80▼**
7231	**Danville** Coach	(4)	**80▼**
7232	Observation	(4)	**80▼**
	FF1 w/8610 4-6-2 Wabash	(4)	**1000▼**

American Express U86
Plastic, General-type coaches, 4WPT

7241	**Western & Atlantic**	(4)	**50**
7242	**Western & Atlantic**	(4)	**50**
	1608 American Express, w/8630 4-4-0 steamer, 7312 stock car, & 6587 flatcar	(4)	**300**

Virginia Train Collectors Set

7692-1	**VTC** Baggage U92	(4)	**50**
7692-2	**VTC** Combination U92	(4)	**50**
7692-3	**VTC** Dining Car U92	(4)	**50**
7692-4	**VTC** Passenger U92	(4)	**50**
7692-5	**VTC** Vista Dome U92	(4)	**50**
7692-6	**VTC** Passenger U92	(4)	**50**
7692-7	**VTC** Observation U92	(4)	**50**

Milwaukee Special 73
Plastic, maroon roof, orange sides, gold/maroon lettering, lights, 4WPT, fc

9500	**City of Milwaukee** Pullman	(3)	**50▼**
9502	**President Washington** Observation	(3)	**50▼**
9503	**City of Chicago** Pullman	(3)	**50▼**
	1387 Milwaukee Special w/ 8305 4-4-2 Milwaukee Road sold separately	(3)	**250**
9501	**City of Aberdeen** Pullman U74,75,76	(3)	**40**
9504	**City of Tacoma** Pullman U74,75,76	(3)	**40**
9505	**City of Seattle** Pullman U74,75,76	(3)	**40**
9506	**US Mail** Combo U74,75,76	(3)	**40**
9522	Baggage U75,76	(4)	**90▼**

9511	**City of Minneapolis** Pullman U74	(3)	50
	Purchased with coupon from Lionel		
9527	**Roosevelt** Observation U76	(3)	**80▼**
19003	Dining, oc U88 YED	(3)	**50▼**

Pennsylvania Broadway Limited 74,75
Plastic, Tuscan sides, maroon roof,
gold lettering, lights, 4WPT, fc

9507	**City of Manhattan** Pullman	(3)	**60▼**
9508	**City of Philadelphia** Pullman	(3)	**60▼**
9509	**President Adams** Observation	(3)	**60▼**
	1487 Broadway Limited	(3)	325
	w/8304 4-4-2 Pennsylvania		
	sold separately		
9510	**US Mail** Combine U74,75,76	(3)	**40▼**
9513	**Penn Square** Pullman U74,75,76	(3)	**50▼**
9514	**Times Square** Pullman U74,75,76	(3)	**50▼**
9515	**Washington Circle** Pullman U74,75,76	(3)	**50▼**
9521	Baggage U75,76	(4)	**90▼**
9528	**Truman** Observation U76	(3)	**80▼**
19002	Dining, oc U88YED	(3)	**50▼**

TTOS Convention Series
Plastic, Yellow/maroon, 4WPT, fc

9512	**Summerdale Junction** Pullman U74	(3)	**50▼**
9520	**Phoenix Arizona** Combine U75		
	1. No decal	(3)	**50▼**
	2. Phoenix decal	(3)	**60▼**
9526	**Snowbird** Observation U76		
	1. No decal	(3)	**50▼**
	2. Utah decal	(3)	**60▼**
9535	**Columbus** Baggage U77		
	1. No decal	(3)	**50▼**
	2. Ohio decal	(3)	**60▼**

Baltimore & Ohio Capital Limited 75
Plastic, gray roof, blue sides, gray windows,
yellow striping and lettering, lights, 4WPT, fc

9517	**Capital City** Pullman	(3)	**50▼**
9518	**National View** Observation	(3)	**50▼**
9519	**United States Mail** Combine	(3)	**50▼**
	1587 Capital Limited w/8304 4-4-2 B&O	(3)	**250▼**
	sold separately		
9516	**Mountain Top** Pullman 76	(3)	**50▼**
9523	**American Railway Exp** Baggage U75,76	(3)	**85▼**
9524	**Margret Corbin** Pullman 76	(3)	**50▼**
9525	**Emerald Brook** Pullman 76	(3)	**50▼**
9529	**Eisenhower** Observation U76	(3)	**65▼**
19010	**B&O** Dining U89	(3)	**50▼**

Southern Crescent Limited 77,78
Plastic, dark green roof and body, light green
windows, gold stripes and lettering, lights, 4WPT, oc

9530	**Joel Chandler Harris** Baggage	(3)	**60▼**
9531	**Andrew Pickens** Combine	(3)	**60▼**
9532	**P.G.T. Beauregard** Pullman	(3)	**60▼**
9533	**Stonewall Jackson** Pullman	(3)	**60▼**
9534	**Robert E. Lee** Observation	(3)	**60▼**
	w/8702 Southern Crescent		
	4-6-4 steamer sold separately	(3)	**700▼**
19001	**Southern Crescent** Diner U87 YED	(4)	**100▼**

Blue Comet 78-80
Plastic, dark blue roof, blue body, cream windows, gold stripes and lettering, lights, 6WT, oc

9536	**Barnard** Baggage	(3)	60▼
9537	**Halley** Combine	(3)	60▼
9538	**Faye** Pullman	(3)	60▼
9539	**Westphal** Pullman	(3)	60▼
9540	**Tempel** Observation	(3)	60▼
	w/8801 Blue Comet 4-6-4 steamer sold separately	(3)	750▼
19000	**Giacobini** Diner U87 YED	(4)	100▼
9541	**Santa Fe** Tan/red/black, NIB 80-82 Plastic, Baggage, 4WPT, fc, *1053 James Gang*	(4)	50▼

Union Pacific Overland Ltd. 84
Aluminum cars, smooth-sided, painted, yellow sides, gray roof and ends, red striping and lettering, 4WT, lights, oc

9545	Baggage	(3)	125▼
9546	Combine	(3)	125▼
9547	Observation	(3)	125▼
9548	**Placid Bay** Coach	(3)	125▼
9549	**Ocean Sunset** Coach	(3)	125▼
7210	Diner	(3)	125▼
	w/8480,81,82 F-3 Union Pacific ABA sold separately	(4)	1200▼
19121	**UP** Vista Dome U92YED	(3)	125
19152	**Pacific Waves** Duplex Roomette 96	(3)	120▼

Western & Atlantic U77,78-80
Plastic, General-type cars, yellow body, Tuscan roof and platforms, maroon lettering, lights, 4-wheel, arch-bar trucks, oc

9551	Baggage	(3)	50
9552	Coach	(3)	50
	w/8701 4-4-0 General & 9553 Flatcar	(3)	300

Chicago & Alton Limited 81
Plastic, maroon body, silver roof, dark red windows, gold stripes and lettering, lights, die-cast tender, 6WT, oc

9554	**Armstrong** Baggage	(4)	70
9555	**Missouri** Combine	(4)	70
9556	**Wilson** Coach	(4)	70
9557	**Webster Groves** Coach	(4)	70
9558	**Chicago** Observation	(4)	70
	w/8101 4-6-4 Steamer sold separately	(4)	750

9599	**Bloomington** Dining U86YED	(4)	100

Rock Island & Peoria 81,82
Plastic, General-type cars, maroon roof, gold sides, maroon lettering, lights, 4-wheel, arch-bar trucks, oc

9559	Baggage	(3)	50
9560	Coach	(3)	50
9561	Coach	(3)	50
	w/8004 General-type 4-4-0	(3)	325

Norfolk & Western Powhatan Arrow 81
   Aluminum, painted, black roof, maroon body,
   gold striping and lettering, lights, 4WT, oc

9562	Baggage **577**	(3)	**125▼**
9563	Combine **578**	(3)	**125▼**
9564	Coach **579**	(3)	**125▼**
9565	Coach **580**	(3)	**125▼**
9566	Observation **581**	(3)	**125▼**
	w/8100 4-8-4 Norfolk & Western	(3)	**1200▼**
	sold separately		
7203	Dining **491** U82YED	(4)	**325**
9567	Vista Dome **582** U81YED	(4)	**350**
19108	Full Dome Vista **576** U91YED	(3)	**100**

Pennsylvania Congressional Limited 79
   Rerun of postwar Congressional cars, aluminum,
   plastic ends, maroon stripes, lights, 4WT, oc

9570	**Railway Express Agency** Baggage	(4)	**125▼**
9571	**William Penn** Coach	(4)	**125▼**
9572	**Molly Pitcher** Coach	(4)	**100▼**
9573	**Betsy Ross** Vista Dome	(4)	**100▼**
9574	**Alexander Hamilton** Observation	(4)	**100▼**
	sold separately		
7208	**John Hancock** Diner U83 YED	(4)	**150▼**
9569	**Paul Revere** Combine U81 YED	(4)	**150▼**
9575	**Thomas A. Edison** Coach U79,U80YED	(4)	**175▼**

Burlington Texas Zephyr 80
   Aluminum, plastic ends, lights, 4WT, oc

9576	**Silver Pouch** Baggage	(3)	**100**
9577	**Silver Halter** Coach	(3)	**100**
9578	**Silver Gladiola** Coach	(3)	**100**
9579	**Silver Kettle** Vista Dome	(3)	**100**
9580	**Silver Veranda** Observation	(3)	**100**
	w/8054,55,62 Burlington F-3 ABA	(3)	**1000▲**
	sold separately		
9588	**Silver Dome** Vista Dome U80YED	(4)	**150**

Chessie Steam Special 80
   Plastic, gray roof, yellow body, vermilion
   stripes, blue ends and lettering, lights, 6WT, oc

9581	Baggage 80	(3)	**80▼**
9582	Combine 80	(3)	**80▼**
9583	Coach 80	(3)	**80▼**
9584	Coach 80	(3)	**80▼**
9585	Observation 80	(3)	**80▼**
	w/8003 2-8-4 Chessie Steam Special	(3)	**800▼**
	sold separately		
9586	Dining U86 YED	(4)	**100▼**

Southern Pacific Daylight 82,83
   Aluminum, painted, black roof, orange sides &
   windows, silver stripes and ends, lights, 4WT, oc

9589	Baggage	(3)	**125▼**
9590	Combine	(3)	**125▼**
9591	Pullman	(3)	**125▼**
9592	Pullman	(3)	**125▼**
9593	Observation	(3)	**125▼**
	w/ 8307 4-8-4 Southern Pacific	(3)	**1600▼**
	w/8260-61-62 Southern Pacific F-3 ABA	(4)	**1700▼**
	sold separately		
7204	Dining U82YED	(4)	**375**
7211	Vista Dome U83YED	(4)	**300**
19107	Full Vista Dome U90	(2)	**75▼**
	8 cars with 8307 4-8-4 Southern Pacific	(3)	**2350**
	8 cars with 8260-62 Southern Pacific F-3 ABA	(4)	**2450**

New York Central Twentieth Century Limited 83-84
Aluminum, smooth sides, painted, gray body, black roof, white lettering, lights, 4WT, oc

9594	Baggage	(3)	**125▼**
9595	Combine	(3)	**125▼**
9596	**Wayne County** Pullman	(3)	**125▼**
9597	**Hudson River** Coach	(3)	**125▼**
9598	**Manhattan Island** Observation	(3)	**125▼**
	w/8370-72 New York Central F-3 ABA sold separately	(3)	**1200▼**
7207	Diner U83 YED	(4)	**175▼**
19137	**Dunkirk Harbor** Duplex Roomette 95	(3)	**125▼**
11930	**Santa Fe** Warbonnet 2-pack 97 SRP: $100	(2)	75
15112	**Albuquerque 2405** Coach		
15113	**Culebra 2404** Vista Dome		
15100	See Amtrak Passenger Set 16095		

Reading Company 96
Two-tone green/yellow 4WPT sold separately

15101	Baggage	(3)	35
15102	Combination	(3)	35
15103	Passenger	(3)	40
15104	Vista Dome	(3)	40
15105	Full Vista Dome	(3)	40
15106	Observation	(3)	35
15107	See Amtrak Passenger Set 16095		
15108	See Amtrak Passenger Set 16034		

Santa Fe Warbonnet Set 97, 98
Silver/red stripe, 4wt, lt, NIB

15109	**Thoreau 2407** Combination		C
15110	**Tucumcari 2404** Vista-Dome		C
15111	**Tehachapi 2406** Observation		C
	w/18954 SF Alco *11929 Warbonnet Set*		

NJ Transit Passenger Set U96
Silver-black/multi, NIB

15114	Coach **5610**	(3)	40
15115	Coach **5611**	(3)	40
15116	Coach **5612**	(3)	40
	w/18955 NJ Transit NW-2 Switcher *11828 NJ Transit Passenger Set*		
15117	**Annie** Coach,SRP: $35, 97,98		C
	Matches "Thomas the Tank Engine"		
15118	**Clarabel** Coach, SRP: $35, 97,98		C
	Matches "Thomas the Tank Engine"		

NJ Transit Passenger Set U97
Silver-black/multi

15122	Coach **5613** SRP: $50	(3)	40
15123	Coach **5614** SRP: $50	(3)	40
15124	Coach **5615** SRP: $50	(3)	40
	w/18856 NJ Transit GP-38-2 *11833 NJ Transit* & sold sep.		
15125	**Amtrak 5th and Lexington Observation** U97	(4)	40
	Silver, red, white, blue/black, NIB *11841 Bloomingdale's Set*		

Pennsylvania 87,88
    Plastic, lights, 4WPT, oc

16000	Vista Dome	(3)	**35**
16001	Coach	(3)	**35**
16002	Coach	(3)	**35**
16003	Observation	(3)	**35**
16009	Combine (new in 88)	(3)	**35**
	w/18901 Pennsylvania AA Alcos	(3)	**295**
	sold separately		
16022	Baggage 89	(3)	**25**
16031	Dining 90	(3)	**25**
16094	Full Vista Dome 95 YED	(3)	**45**

Virginia & Truckee Dry Gulch U88
    Plastic, yellow sides, green stripe, gray roof, lights, 4WPT

16010	Coach w/large and small white lettering NDV	(3)	**50**
16011	Coach	(3)	**50**
16012	Baggage	(3)	**50**
	Price for set, *11706 Dry Gulch Set SSS*	(3)	**275**
	w/18702 4-4-0 Virginia & Truckee		

Amtrak Silver Spike 88,89
    Plastic, silver with Amtrak markings, 4WPT, lights

16013	Combine	(3)	**35**
16014	Vista Dome	(3)	**35**
16015	Observation	(3)	**35**
	11707 Silver Spike	(3)	**300**
	w/18903,04 Amtrak AA Alcos		
16023	Coach 89	(3)	**50**
16033	Baggage 90	(3)	**50**
16048	Dining 91,92	(3)	**75**

New York Central 89
    2 tone gray/white, 4WPT, lights

16016	Baggage	(3)	**40**
16017	**Lake Michigan** Combo	(3)	**40**
16018	**Chicagoland** Coach	(3)	**40**
16019	**La Salle** Vista Dome	(3)	**40**
16020	**Kankakee** Coach	(3)	**40**
16021	**Fort Dearborn** Observation	(3)	**40**
	w/18606 2-6-4 New York Central		**375**
	sold separately		
16041	Dining 91	(4)	**85**▲

11712	**Great Lakes Express** SSS U90		
	Green/white-yellow w/gray roof, 4WT, lights		
16027	**Mt. Clemens** Combination	(3)	**50**
16028	**Detroit** Coach	(3)	**50**
16029	**Lansing** Coach	(3)	**50**
16030	**Chesterfield** Observation	(3)	**50**
	w/18611 2-6-4 Lionel	(3)	**325**

Northern Pacific 90,91
    2-tone green/white, 4WPT, lights

16034	Baggage	(3)	**35**
16035	Combo	(3)	**35**
16036	Passenger	(3)	**35**
16037	Vista Dome	(3)	**35**
16038	Passenger	(3)	**35**
16039	Observation	(3)	**35**
	w/18609 2-6-4 Northern Pacific	(2)	**350**
	sold separately		
15108	Full Vista Dome 96	(3)	**45**
16024	Diner 92	(3)	**55**
16040	**SP Payroll Car** Orange-gray/white 90, 91	(3)	**35**
	4WPT, NIB, *11714 Badlands Express*		

Illinois Central Passenger Set 91
    Brown/yellow-orange, 4WPT, lights

16042	Baggage	(3)	**40**
16043	Combo	(3)	**40**
16044	Passenger	(3)	**40**
16045	Vista Dome	(3)	**40**
16046	Passenger	(3)	**40**
16047	Observation	(3)	**40**
	w/18620 Illinois Central 2-6-2 steamer	(3)	**375**
16049	Diner 92	(3)	**60**
16093	Vista Dome 95YED	(3)	**45**

Chicago & North Western 93
    Green-black/gold, lights, 6wt

16050	Baggage **6620**	(3)	**50**
16051	Combo **6630**	(3)	**50**
16052	**Lake Geneva** Pullman **6616**	(3)	**50**
16053	**Evanston** Pullman **6602**	(3)	**50**
16054	**Mt. Faraker** Observation **6603**	(3)	**50**
	w/18630 4-6-2 C&NW	(3)	**650**
11739	**The Super Chief** 93, 94		
16058	Combine	(2)	**35**
16059	Vista Dome	(2)	**35**
16060	Observation	(2)	**35**
	(also Sep. Sale) SRP: $50		
	w/18913 Santa Fe Alco A	(2)	**195**
	Additional Cars for Set		
18919	Alco A Dummy 93,94	(3)	**75**
16055	Passenger SRP: $50 93,94	(2)	**35**

16056	Vista Dome SRP: $50 93,94	(2)	35
16057	Passenger SRP: $50 93,94	(2)	35
16092	Full Dome Vista 95	(3)	40

Norfolk & Western Passenger Set SRP: $70 each 94
Maroon/black roof/gold, 6wt, all sep. sale

16061	**Plum Run 6061** Baggage 94	(3)	55
16062	**High Bridge 6062** Combo 94	(3)	55
16063	**Max Meadows 6063** Pullman 94	(3)	55
16064	**High Hill 6064** Pullman 94	(3)	55
16065	**Hanging Rock 6065** Observation 94	(3)	55
	5-car set	(3)	300

New York Central Passenger Cars from
11744 NYC Mixed Freight SSS 94
Two-tone gray/white

16066	**Elkhart County 6066** Combo 94	(3)	65
16067	**Silver Lake 6067** Passenger 94	(3)	65
	additional matching cars introduced in 95:		
16087	Baggage 95	(2)	50
16088	**Licking River** Passenger 95	(2)	50
16089	**Rippling Stream** Diner 95	(2)	50
16090	**Babbling Brook** Observation 95	(2)	50
16091	**NYC 4-Car Pass. Set 16087-90** 95 *SSS*	(2)	195
	All six cars, 16066, 67, 87, 88, 89, 90 and 91	(3)	325
	SSS set w/ 18835 RS-3 and the four add-on cars	(3)	550

Union Pacific Passenger Set 94
Yellow/gray roof/red, 4wt,
all sep. sale SRP: $60 each

16068	**Romeo 6068** Baggage 94	(2)	45▼
16069	**New Haven 6069** Combo 94	(2)	45▼
16070	**Plainfield 6070** Pullman 94	(2)	45▼
16072	**St. Clair Shores 6072** Vista Dome 94	(2)	45▼
16074	**Livingston 6074** Observation 94	(2)	45▼
	5 car set 16068-70, 16072, 16074	(2)	225▼
	5 cars w/AA Alcos	(3)	550▼
16071	**New Baltimore 6071** Diner SRP: $60, 94YED	(2)	50▼
16073	**Westfield 6073** Passenger SRP: $60, 94YED	(2)	50▼

Missouri Pacific Passenger Set 95
Blue-gray/white, 6wt, lights,
all sep. sale SRP: $70 each

16075	Baggage 95	(3)	50
16076	Combo 95	(3)	50
16077	Passenger 95	(3)	50
16078	Passenger 95	(3)	50
16079	Observation 95	(3)	50

New Haven Passenger Set 95
Silver-orange/black roof/black, 4wpt
all sep. sale SRP: $50 each

16080	Baggage 95	(2)	35
16081	Combo 95	(2)	35
16082	Passenger 95	(2)	35
16083	Vista Dome 95	(2)	35
16084	Full Vista Dome 95	(2)	35
16086	Observation 95	(2)	35
	Set of 6 cars	(2)	200

16092	See Santa Fe Super Chief 16058
16093	See Illinois Central Passenger Set 16042
16094	See Pennsylvania Set 16000

Amtrak Passenger Set 95
　　Silver/black w/red white & blue stripe, plastic, lt
16095	**New Smyrna** Combo 95,96	(2)	**40**
16096	**Silver Dome** Vista Dome 95,96	(2)	**40**
16097	**Lake Worth** Observation 95,96	(2)	**40**

　　w/18936 Amtrak Alco A
　　11748 Amtrak Passenger Car Set
　　Additional cars for set

15100	**Danbury** Passenger 95,96	(2)	**35**
15107	**Prarie View** Vista Dome 96	(2)	**35**
16098	**Temple** Passenger 95,96	(2)	**35**
16099	**High Dome** Vista Dome 95,96	(3)	**35**
17883	**TCA Atlanta** U90	(3)	**70**

　　General-type Passenger car

Irvington Cars 91
　　(referred to by the uninitiated as Madison cars)
　　Phenolic, Tuscan/white, 6WT, lights

19015	**Irvington** Coach 9015	(3)	**135**
19016	**Madison** Coach 9016	(3)	**135**
19017	**Manhattan** Coach 9017	(3)	**135**
19018	**Sager Place** Observation 9018	(3)	**135**
	Set of four cars	(3)	**525**
	Additional Irvington cars		
19011	**Lionel Lines** Baggage Car 93	(4)	**375**

Southern Pacific Irvington (Madison) Cars 92
　　2-tone orange/silver, black roof, phenolic body
　　die-cast ends, 6WT, lights

19023	**Arcata Bay** Passenger 9023	(3)	**140**
19024	**Half Moon Bay** Passenger 9024	(3)	**140**
19025	**Drakes Bay** Passenger 9025	(3)	**140**
19026	**Sunset Bay** Observation 9026	(3)	**140**
	Set of all four cars	(3)	**525**
	Additional car for set		
19019	Baggage 93	(3)	**200**
19038	**Adolphus Busch Passenger Car** U92, U93	(3)	**100▼**

George Bush Whistle Stop Campaign Observation Car U92(5+)　**3500***
　　Presented to those who contributed $5,000 to the
　　Bush campaign. 68 made. No part number.

Pere Marquette Green-black/gold, 6wt, lights 93

19039	Baggage	(4)	**85**
19040	Passenger **1115**	(4)	**85**
19041	Passenger **1116**	(4)	**85**
19042	Observation **93**	(4)	**85**
	4-car set w/18022 Pere Marquette	(3)	**950**

B&O Passenger Set 96
　　Green-black/gold, plastic, 6wt, lt, all sold sep.

19047	Combo 96	(3)	**50**
19048	Passenger 96	(3)	**50**
19049	Diner 96	(3)	**50**
19050	Observation 96	(3)	**50**
	4 cars w/18636 Pacific	(3)	**575▲**

19060	**NYC Scale-Length Pullman Heavyweight** 96 **4-Car Set**, Green/black, 6wt, lt, SRP: $400	(3)	275▲
19056	Baggage		
19057	Coach		
19058	Coach		
19059	Observation		
	Additional cars		
19066	**NYC Scale-Length Pullman** 97 **Heavyweight 2-Pack** Black/green/gold 6wt, lt, matches 19060 set SRP: $200	(3)	200
19067	**Willow River 2543** Coach		
19068	**Willow Valley 2544** Coach		
19093	**NYC Commodore Vanderbilt** 98 Heavyweight Sleeper cars 2-pack Green-black/gold, 6 WT, lit, plastic body working doors, SRP: $200		C
19094	**Niagara Falls**		
19095	**Highland Falls**		

See page 134 for 29007, 29008 & 29009

19061	**Wabash Railway Set** 97 Blue/silver/gold, 6wt, lt, SRP: $380	(3)	375▼
19062	**City of Columbia 2631** Coach		
19063	**City of Danville 2632** Coach		
19064	**Railway Express Agency 2630** Baggage		
19065	**Windy City 2633** Observation		
19069	**Pullman "Baby Madison" Set** 97	(3)	200▲
19070	**Railway Express 9501** Combo		
19071	**Laurel Gap 9500** Coach		
19072	**Laurel Summit 9500** Coach		
19073	**Catskill Valley 9502** Observation		
19074	**Legends of Lionel Irvington Set** 97 Tuscan/white, 6wt, lt, SRP: $380	(3)	375▼
19075	**Mazzone 2621** Coach		
19076	**Pettit 2624** Coach		
19077	**Raphael 2652** Coach		
19078	**Cowen 2600** Observation		
19096	**Lionel Lines Irvington Cars** 98 2-pack, Tuscan/white, 6WT, lit, plastic body working doors, SRP: $190		C
19097	**Bonnano 2653**		
19098	**Pagano 2654**		
19079	**NYC Heavyweight Set** 97 Black/2-tone gray/white, 6wt, lt, SRP: $400	(3)	400▼
19080	**Railway Express Agency 2564** Baggage		
19081	**Park Place 2565** Coach		
19082	**Star Beam 2566** Coach		
19083	**Hudson Valley 2567** Observation		
19087	**Chesapeake & Ohio Heavyweight 4-car Set** 97 Yellow-blue-gray/black roof/blue, 6wt, MC, diaphragms SRP: $400	(3)	400▼
19088	Baggage		
19089	Sleeper		
19090	Diner		
19091	Observation		

Amtrak Passenger Set 89
Aluminum, Silver/red-blue-white, 4WT, lights

19100	Baggage **9100**	(3)	90
19101	Combo **9101**	(3)	90
19102	Passenger **9102**	(3)	90
19103	Vista Dome **9103**	(3)	90
19104	Dining **9104**	(3)	90
19106	Observation **9106**	(3)	90
	w/8303 GG1	(3)	950

	additional car sold separately		
19105	Vista Dome **9105** U89	(3)	**110**

Santa Fe Passenger Series 91
    Silver/blk, fluted sides, smooth roof, 4WT, lights

19109	Baggage	(4)	**175**
19110	Combo	(4)	**175**
19111	Diner	(4)	**200**
19112	**Squaw Valley** Passenger	(4)	**225**
19113	**Vista Valley** Vista Dome Observation	(4)	**225**
	w/8100,01,02 Santa Fe F-3 ABA	(4)	**1650**
	additional cars sold separately		
19128	Full Vista Dome U92YED	(4)	**250**▼
19138	**Indian Lake** Duplex Roomette 95	(3)	**150**

Great Northern Passenger Set 92
    Green w/orange stripes/yellow, 4WT, lights

19116	Baggage **1200**	(3)	**100**
19117	Combine **1240**	(3)	**100**
19118	Passenger **1212**	(3)	**125**
19119	Vista Dome **1322**	(3)	**125**
19120	Observation **1192**	(3)	**100**
	w/11724 Great Northern F-3 ABA	(3)	**1100**

California Zephyr 93
    Aluminum body, black lettering, lights

19122	Baggage	(3)	**125**▲
19123	**Silver Bronco** Vista Dome	(3)	**125**▲
19124	**Silver Colt** Vista Dome	(3)	**125**▲
19125	**Silver Mustang** Vista Dome	(3)	**125**▲
19126	**Silver Pony** Vista Dome	(3)	**125**▲
19127	**Silver Sky** Vista Observation	(3)	**125**▲
	Set of six cars	(3)	**975**▲
	Six cars w/D&RG PAs	(4)	**2000**▲
19129	See IC City of New Orleans 7220		
19130	**Lackawanna 4-Car Passenger Set** 94	(3)	**400**▼
	Aluminum body, Black-gray/maroon-yellow		
	stripes/maroon, SRP: $635		
19131	Baggage	(3)	**100**▼
19132	**Binghamton** Diner	(3)	**100**▼
19133	**Buffalo** Passenger	(3)	**100**▼
19134	**Baltsurol Club** Observation	(3)	**100**▼
	w/ Lackwanna Alco PAs AA	(3)	**1000**▼
	Additional cars:		
19135	**Ithaca 425** Combo SRP: $160, 94 YED	(3)	**110**▼
19136	**Utica 211** Passenger SRP: $160, 94	(3)	**110**▼
19137	See NYC Twentieth Century Ltd. Set 9594		
19138	See Santa Fe Passenger Series 19109		
19159	**Norfolk & Western 4-Car Passenger Set** U95		
	Maroon-black/gold, aluminum, & sold sep.		
19141	Diner **495** 95	(3)	**100**
19142	Passenger **537** 95	(3)	**100**
19143	Passenger **538** 95	(3)	**100**
19144	Observation **582** 95	(3)	**100**
	4 cars w/18040 N&W J	(3)	**1100**▼

	Additional cars		
19139	Baggage **577** 95	(3)	**100**
19140	Combo **494** 95	(3)	**100**
19151	**Sussex County** Duplex Roomette SRP: $130, 96	(3)	**120**
19153	**C&O 4-Car Passenger Set** 96		
	Alum-blue-yell/black, aluminum, 4wt, lt		
19145	Combo **1403** 96	(3)	**100▼**
19146	Passenger **1623** 96	(3)	**100▼**
19147	**Elk Lake 1803** Passenger 96	(3)	**100▼**
19150	**Allegheny Club 2504** Observation 96	(3)	**100▼**
	4 cars w/ 18043 C&O Hudson	(4)	**1300▲**
	Additional cars		
19148	**Chessie Club** Passenger 96		**85▼**
19149	**Gadsby Kitchen** Diner 96		**85▼**
19164	**2-car set** w/**19148** and **19149** SRP: $250		
19154	**ACL Streamlined 4-car Passenger Set** 96		
	Black/chrome/purple, 4wt, lt SRP: $500		
19155	**101** Combination	(3)	**100**
19156	**Talladega** Dining	(3)	**100**
19157	**Moultrie** Coach	(3)	**100**
19158	**256** Observation	(3)	**100**
	w/11903 ACL F-3 ABA	(3)	**1100▲**
19165	**Santa Fe Super Chief Streamlined Set** 96		
	Aluminum, 4wt, lt (19160-63) SRP: $500		
19160	**Railway Express Agency** Baggage	(3)	**75**
19161	**Silver Mesa** Coach	(3)	**75**
19162	**Silver Sky** Vista Dome	(3)	**75**
19163	**Silver Rail** Observation	(3)	**75**
	w/2343 Santa Fe AB	(3)	**850**
19166	**North Coast Limited Streamlined Set** 97		
	2-tone green/white, 4wt, lt SRP: $500		
19167	Full Vista Dome	(3)	**115**
19168	Full Vista Dome	(3)	**115**
19169	Full Vista Dome	(3)	**115**
19170	Full Vista Dome	(3)	**115**
	w/ 18131 Northern Pacific AB	(3)	**1050**
19171	**New York Central Streamlined Cars** 97	(3)	**360**
	SRP: $500		
19172	Baggage Car **2570**		
19173	**Manhattan Island 2572** Dining Car		
19174	**Queensboro Bridge 2573** Coach		
19175	**Windgate Brook 2575** Observation		
19180	**AT&SF Surfliner Passenger Set** 97	(3)	**360**
	Alum, 4wt, lt, SRP: $500		
19176	**Indian Arrow** Dining Car		
19177	**Grass Valley** Coach		
19178	**Citrus Valley** Coach		
19179	**Vista Heights** Observation Car		
19183	**Great Northern Empire Builder** 2-Pack 98		**C**
	Green-orange/yellow, lit, 6WT		
	Alum. body, ETD, SRP: $250		
19184	Full Vista Dome		
19185	Full Vista Dome		
29003	**Pennsylvania Madison Cars** SRP: $400, 99		**C**
19099	**Liberty Gap** Baggage 2623		
29000	**Caleb Strong** Coach 2622		
29001	**Villa Royal** Coach 2621		
29002	**Philadelphia** Observation 2624		

29007	**NYC Commodore Vanderbilt** U98		C
	Heavyweight 2-pack SRP $200		
	Green-black/gold, 6WT, lit plastic body		
29008	**Van Twiller** Combination		
29009	**383** Diner		
36002	**Pratt's Hollow Passenger Car** 4-Pack SRP: $400, 99		C
29014	Baggage Car		
29015	Vista Dome Coach Car		
29016	Coach Car		
29017	Vista Dome/Observation Car		

Smithsonian Twentieth Century Limited Cars U93
Two-rail scale cars made by Marketing Corp. of Birmingham, Mi. for Lionel and the Smithsonian.

51220	**Imperial Castle** Passenger	(5)	**500***
51221	**Niagara County** Passenger	(5)	**500***
51222	**Cascade County Glory** Passenger	(5)	**500***
51223	**City of Detroit** Passenger	(5)	**500***
51224	**Imperial Falls** Passenger	(5)	**500***
51225	**Westchester County** Passenger	(5)	**500***
51226	**Cascade Grotto** Passenger	(5)	**500***
51227	**City of Indianapolis** Passenger	(5)	**500***
51228	**Manhattan Island** Observation	(5)	**500***
51229	**Car #680** Diner	(5)	**500***
51230	**Car #5017** Baggage	(5)	**500***
51231	**Century Club** Passenger	(5)	**500***
51232	**Thousand Island** Observation	(5)	**500***
51233	**Car #684** Diner	(5)	**500***
51234	**Car #5020** Baggage	(5)	**500***
51235	**Century Tavern** Passenger	(5)	**500***
51236	**City of Toledo** Passenger	(5)	**500***
51237	**Imperial Mansion** Passenger	(5)	**500***
51238	**Imperial Palace** Passenger	(5)	**500***
51239	**Cascade Spirit** Passenger	(5)	**500***
51240	**Car #681** Diner	(5)	**500***
51241	**City of Chicago** Passenger	(5)	**500***
51242	**Imperial Garden** Passenger	(5)	**500***
51243	**Imperial Fountain** Passenger	(5)	**500***
51244	**Cascade Valley** Passenger	(5)	**500***
51245	**Car #685** Diner	(5)	**500***
	All 26 cars with scale two-rail Dreyfuss	(5)	**15,000***

TCA 40th Anniversary Set
Aluminum, Orange-black-silver/black-white

52062	**City of Seattle 1995** Skytop Observation TCA U95	(3)	**200**
52085	**City of Dallas 1996** Full Vista Dome TCA U96	(3)	**130▲**
52106	**City of Phoenix 1997** Diner TCA U97	(3)	**125**
52143	**City of Providence 1998** Coach TCA U98		C
52155	**City of San Francisco 1999** Baggage TCA U99		C

NLOE Long Island Railroad
Aluminum, Gray/black, 4WT

52076	**Long Island 9683** Skytop Observation NLOE U96	(5)	**300**
52112	**Long Island 9783** Full Vista Dome NLOE U97	(5)	**300**
52123	**Long Island 9883** Dining Car NLOE U98		C
52145	**Long Island** Passenger Car NLOE		
	1. **9983** U99		C
	2. **2083** U00		C

Sets
Cataloged and Uncataloged

Listings are based on how sets were actually sold, not how they were cataloged. An * denotes either item may be found in the set.

1050	**New Englander** 80,81	(3)		**185**
	8007 w/tender, 9036, 9035, 9140, 9380			
1052	**Chesapeake Flyer** 80	(3)		**150**
	8008 w/tender, 9037, 9038, 9036, 9017, 9381			
1053	**The James Gang** 80-82	(3)		**250▼**
	8005 w/tender, 9306, 9305, 9541			
1070	**The Royal Limited** 80	(3)		**475▼**
	8061, 9329, 9818, 9234, 9432, 9344, 9328			
1071	**Mid Atlantic Limited** 80	(3)		**375**
	8063, 9433, 9370, 9369, 9233, 9371, 9372			
1072	**Cross Country Express** 80,81	(3)		**375▼**
	8066, 9374, 9232, 9428, 9379, 9373, 9309			
1081	**Wabash Cannonball** 70-72	(2)		**125**
	8040 w/tender, 9140, 9021, 9060 (1970)			
	8040 w/tender, 9142, 9020, 9060 (1971,1972)			
1082	**Yard Boss** 70	(3)		**200**
	8010 or 634*, 9140 or 9141*, 9010 or 9011*, 9021			
1083	**The Pacemaker** 70	(3)		**135**
	8041 w/tender, 9140 or 9141*, 9010, 9020, 9062			
1084	**Grand Trunk Western** 70	(3)		**200**
	8042 w/tender, 9010, 9040, 9020, 9050, 9063			
1085	**Santa Fe Express Diesel Freight** 70	(4)		**250**
	8020 AA, 9041, 9050, 9010, 9120, 9140 or 9141*, 9061			
1085	**Santa Fe Twin Diesels** 71	(4)		**250**
	8020, 8021, 9040, 9050, 9012, 9120, 9141, 9061			
1091	**Sears Special Cannonball Exp.** U70	(5)		**100**
	8043 w/tender, 9140, 9011, 9060			
1092	**Sears 79N97081C** U70	(2)		**150**
	8042 w/tender, 9140, 9020, 9010, 9063			
	Sears 79N97082C U70	(2)		**125**
	8040 w/tender, 9140, 9010, 9060			
1092	**Sears 79C97105C** U71	(2)		**150**
	8042 w/tender, 9011, 9141, 9020, 9063			
1150	**L.A.S.E.R. Train** 81,82	(3)		**225**
	8161, 6507, 6505, 6504, 6506			
1151	**Union Pacific Thunder Freight** 81,82	(3)		**180**
	8102 w/tender, 9035, 9018, 9017, 6432			
1153	**JC Penney Thunderball Freight** U81	(5)		**200**
	Same as 1151 UP Thunder Freight			
1154	**Reading Yard King** 81,82	(3)		**300**
	8153, 9448, 6300, 9378, 6200, 6420			
1155	**Cannonball Freight** 82	(2)		**85**
	8902 w/tender, 9035, 9033, 9341			
1157	**Lionel Leisure Wabash Cannonball** U81	(5)		**250**
	8904 w/8007T, 9376, 9325, 9354, 9058			
1158	**Maple Leaf Limited** 81	(4)		**525▼**
	8152, 6103, 9440, 9441, 6508, 6305, 6433			
1159	**Toys R Us Midnight Flyer** U81	(4)		**150**
	Same as *1960* except 9388 replaces 9339			
1160	**Great Lakes Limited** 81	(3)		**450**
	8151, 9384, 9385, 9436, 9437, 9386, 9387			
T 1171	**Parker Brothers Canadian National** U71	(4)		**200**
	8040 w/tender, 9143, 9065			
T 1172	**Parker Brothers Yardmaster** U71	(4)		**175**
	w/9143 Canadian National Gondola	(4)		**200**
	8010, 9141 or 9143*, 9011, 9061			

135

T 1173	**Parker Brothers Grand Trunk Western** U71-U73 8041 or 8042* w/tender, 9020 or 9022*, 9143, 9012, 9062 or 9063*	(4)	**250**
T 1174	**Parker Brothers Canadian National** U71-U73 8031, 9040, 9120, 9012, 9143, 9065 (1971) 8031, 9703, 9120, 9013, 9143, 9065 (1972, 1973)	(4)	**400**
1182	**Yard Master** 71,72 8111, 9090, 9142, 9300, 9021 (1971) 8111, 9013, 9136, 9300, 9025 (1972)	(3)	**175**
1183	**Silver Star** 71,72 8141 (some mismarked 8041) or 8203 (72)* w/tender, 9010 or 9011 (71)*, 9013(72), 9020, 9142 or 9136 or 9141*, 9062	(2)	**95**
1184	**The Allegheny** 71 8142 w/tender, 9141, 9012, 9040, 9022, 9064	(2)	**175**
1186	**Cross Country Express** 71,72 8030, 9135, 9200, 9250, 9121, 9300, 9160 (1971) 8030, 9111, 9701, 9151, 9121, 9700, 9160 (1972)	(3)	**275**
1187	**Illinois Central SSS** U71 8030, 9200, 9211, 9214, 9215, 9230, 9160	(4)	**450**
1190	**Sears Special** U71 8140 w/tender, 9140, 9020, 9060	(4)	**125**
1195	**JC Penney Special** U71 8022, 9140, 9011, 9021	(4)	**250**
1198	**No Name** U71 8010, 9142, 9011, 9021	(5)	**250**
1199	**Ford Autolite** U71 Same as *1184 Allegheny* except 9042 replaced 9040	(4)	**200**
	Sears 79C95204C U71 8020, 9040, 9141, 9012, 9050, 9061	(4)	**175**
	Sears 79C97101C U71 8040 or 8043* w/tender, 9020, 9141, 9060	(4)	**125**
1250	**New York Central SSS** U72 8206 w/tender, 9111, 9151, 9707, 9709, 9710, 9162	(4)	**500**
1252	**Heavy Iron** 82,83 8213 w/tender, 9031, 9339, 9020, 9077	(3)	**150**
1253	**Quicksilver Express** 82,83 8268-69 AA, 7200, 7201, 7202	(4)	**300**
1254	**Black Cave Flyer** 82 8212 w/tender, 6203, 7905, 6478	(4)	**250▲**
1260	**Continental Limited Set** 82 8266, 9461, 9738, 6106, 7301, 6202, 6900	(4)	**525**
1261	**Wards & Service Merchandise** U82 **Black Cave Flyer** Same as *1254 Black Cave Flyer* w/added Dynamite Shack	(5)	**300▲**
1262	**Toys R Us Heavy Iron** U82 Same as *1252* except 7912 replaces 9339	(4)	**300**
1263	**JC Penney Overland Freight XU671-0701A** U82 0-4-0 ACL number unknown, 9339, 9016, 9036, 9341	(5+)	*
1264	**Nibco Express** U82 8182, 9033, 9035, 6482	(3)	**200▼**
1265	**Tappan Special** U82 8902 w/tender, 7908, 9340, 9341	(4)	**200**
T 1272	**Parker Brothers Yardmaster** U72,U73 8111, 9136, 9013, 9300, 9025	(4)	**200**
T 1273	**Parker Brothers Silver Star** U72,73 Same as *1183 Silver Star 72*	(4)	**150**
1280	**Kickapoo Valley & Northern** 72 8200, 9030, 9330, 9067	(2)	**100▼**
T 1280	**Kickapoo Valley** 72,U73 Same as 1280 Kickapoo Valley & Northern	(4)	**125**

1284	**Allegheny** 72	(3)	**195**
	8204 w/tender, 9141, 9012, 9040, 9022, 9064		
1285	**Santa Fe** 72	(3)	**250**
	8020, 8021, 9700, 9122, 9140 or 9141*, 9012, 9300, 9061		
1287	**Pioneer Dockside Switcher** 72	(4)	**150**
	8209 w/tender, 9013, 9136, 9061 or 9060*		
1290	**Sears Special** U72	(4)	**110**
	8140 w/tender, 9136, 9020, 9060		
1291	**Sears** U72	(4)	**100**
	8042 w/tender, 9022, 9141, 9012, 9062		
	Sears 79N97101C U72	(4)	**100**
	8040 or 8043* w/tender, 9020, 9136, 9060		
	Sears 79N9552C U72	(4)	**125**
	8141 w/tender, 9012, 9020, 9041, 9062		
	Sears 79N9553C U72	(4)	**175**
	8020, 9040, 9011, 9140, 9300, 9061		
1346	**Wards Cross Country Express 48T21012** U83	(5)	**450**
	Same as *1072 Cross Country Express* except 48T21325 Landscape Kit is added		
1346	**Generic Box with Southern on the end** U83	(5)	**150**
	8314 w/tender, 9016, 7903, 9033, 6486		
1349	**Toys R Us Heavy Iron** U83,U84	(4)	**300**
	Same as *1262 Toys R Us Heavy Iron*		
1350	**Canadian Pacific SSS** U73	(3)	**1000▼**
	8365, 8366, 9113, 9723, 9724, 9725, 9165		
1351	**Baltimore & Ohio** 83,84	(3)	**250**
	8315 w/tender, 7215, 7216, 7217		
1352	**Rocky Mountain Freight** 83,84	(4)	**100▲**
	8313 w/tender, 6515, 7909, 6430		
1353	**Southern Streak** 83-85	(4)	**95**
	8314 w/tender, 6207, 7902, 6115, 6486		
1354	**Northern Freight Flyer** 83-85	(4)	**300**
	8375, 6206, 6113, 6522, 9236, 9399, 6428		
1355	**Commando Assault Train** 83,84	(3)	**300**
	8377, 6564, 6561, 6562, 6435		
1359	**Commando Assult Display Unit** U83	(5)	**350▲**
1361	**Gold Coast Limited** 83	(4)	**750▼**
	8376, 9290, 9468, 6357, 9888, 6114, 6904		
1362	**Lionel Lines Express (Kiddie City)** U83	(5)	**250**
	8374, 7902, 6427, 6207, 9020		
1380	**U.S. Steel Industrial Switcher** 73-75	(1)	**120▼**
	8350, 9031, 9024, 9068		
1381	**Cannonball** 73-75	(2)	**95**
	8300 (73,74), 8502 (75), tender, 9031, 9022 (73), 9024 (74,75), 9061 or 9060*		
1382	**Yard Master** 73,74	(3)	**175**
	8111, 9013, 9136, 9300, 9025		
1383	**Santa Fe Freight** 73-75	(2)	**200▼**
	8351, 9013, 9136, 9300, 9021		
1384	**Southern Express** 73-76	(2)	**125**
	8302 w/tender, 9013, 9136, 9020, 9066		
1385	**Blue Streak Freight** 73,74	(3)	**150**
	8303 w/tender, 9013, 9140, 9136, 9043, 9020, 9069		
1386	**Rock Island Express** 73,74	(3)	**175**
	8304 w/tender, 9125, 9023, 9131, 9015, 9070		
1387	**Milwaukee Special** 73	(3)	**250**
	8305 w/tender, 9500, 9502, 9503		
1388	**Golden State Arrow** 73-75	(3)	**325**
	8352, 9707, 9152, 9111, 9126, 9708, 9163 (1973) 8352, 9707, 9152, 9135, 9126, 9301, 9163 (1974, 1975)		

1390	**Sears 7-Unit** U73 8310 w/tender, 9013, 9020, 9136, 9040, 9060	(4)	**150**
1392	**Sears 8-Unit 79C5224C** U73,U74 8310 w/tender, 9124, 9136, 9013, 9020, 9043, 9069	(4)	**150**
1393	**Sears 79C95223C** U74 8351, 9043, 9020, 9136, 9013, 9061	(4)	**175**
1395	**JC Penney** U73 8311 w/tender, 9140, 9013, 9024, 9043, 9050, 9066	(5)	**200**
1402	**Chessie System** 84,85 8403 w/tender, 6312, 6211, 7401, 6485	(3)	**200**
1403	**Redwood Valley Express** 84,85 8410, 6575, 6574, 6573, 6912	(3)	**275**
1450	**Rio Grande SSS** U74 8464, 8465, 9117, 9144, 9739, 9863, 9166	(3)	**525**
1451	**Erie Lackawanna Limited** 84 8458, 6524, 9474, 7303, 6210, 6118, 6906	(3)	**775▼**
1460	**Grand National** 74 8470, 9860, 9303, 9121, 9114, 9126 or 9123*, 9740, 9167	(3)	**375**
1461	**Black Diamond** U74,75 8203 w/tender, 9136, 9020, 9043, 9140, 9013, 9062	(3)	**150**

1463	**Coke Set** U74,75 8473, 9743, 9744, 9745, 9073	(3)	**350▼**
1487	**Broadway Limited** 74,75 8304 w/tender, 9507, 9508, 9509	(3)	**325**
1489	**Santa Fe Double Diesel** 74-76 8020, 8021, 9013, 9140, 9042, 9136, 9020 or 9024*, 9061	(3)	**225**
1492	**Sears 7-Unit** U74 8310 w/tender, 9124, 9136, 9013, 9043, 9069	(4)	**150**
1493	**Sears 7-Unit** U74 Same as *1492 Sears* but with Mailer	(4)	**150**
1499	**JC Penney Great Express** U74 8311 w/tender, 9136, 9013, 9020, 9066	(5)	**200**
	Sears 79N95223C U74 8351, 9043, 9020, 9142, 9013, 9061	(4)	**175**
	Sears 79N96178C U74 8310, 9031, 9071	(4)	**100**
1501	**Midland Freight** 85,86 8512, 6258, 6576, 6150, 6494	(2)	**100**
1502	**Yard Chief** 85,86 8516 w/tender, 5735, 6260, 6529, 6579, 6916	(3)	**275▼**
1506	**Sears 49C9595339C** U85 Same as *1402 Chessie System* except 7920 w/Centennial misspelled replaces 7401	(4)	**250**
1512	**JC Penney** U85,U86 Same as *1501 Midland Freight*	(5)	**125**
1549	**Toys R Us Heavy Iron** U85-U89 Same as *1349* except 7914 replaces 7912	(3)	**250▼**
1552	**Burlington Northern Limited** 85 8585, 6234, 6235, 6236, 6237, 6238, 6913	(4)	**625▼**

1560	**North American Express** 75 8564, 9303, 9861, 9121, 9129, 9260, 9755, 9168	(3)	**300**
1577	**Liberty Special** U75 8570, 9759, 9760, 9761, 9076	(3)	**200**
1579	**Milwaukee Road SSS** U75 8555, 8557, 9754, 9132, 9119, 9758, 9169	(3)	**475▼**
1581	**Thunderball Freight** 75,76 8500 w/tender, 9011, 9032, 9020, 9062	(3)	**100**
1581	**Toys R Us** U75 Same as *1581 Thunderball Freight* except 9045 replaces 9011	(4)	**250**
1582	**Yard Chief** 75,76 8569, 9140, 9044, 9011, 9026, 9027	(3)	**150**
1584	**Spirit Of America** 75 8559, 9135, 9153, 9707, 9129, 9708, 9170	(3)	**300**
1585	**75th Anniversary Special** 75-77 7500, 7504, 7501, 7502, 7503, 7505, 7506, 7507, 7508	(3)	**275**
1586	**Chesapeake Flyer** 75-77 8304 w/tender, 9131, 9125, 9016, 9022, 9064	(3)	**225**
1587	**Capitol Limited** 75 8304 w/tender, 9517, 9518, 9519	(3)	**250▼**
1594	**Sears** U75 8563, 9020, 9026, 9140, 9016, 9075	(4)	**200**
1595	**Sears** U75 8563, 9020, 9136, 9013, 9043, 9075	(4)	**200**
	Sears 79C9715C U75 Same as *Sears 79N96178C* except 8502 0-4-0 SF sometimes substituted for 8310 2-4-0 SF	(4)	**75**
	Sears 79C9717C U75 Same as *Sears 1492* except 9020 replaces 9124	(4)	**100**

1602	**Nickel Plate Special** 86-91 8617 w/tender, 7926, 6137, 6254, 6919	(1)	**150**
1606	**Sears Centennial 49N95204C** U86 Same as *1602 Nickel Plate Special* except 7920 w/Centennial spelled correctly replaces 7926	(4)	**225**
1608	**American Express** U86 8630 w/tender, 7241, 7242, 7312, 6587	(4)	**325**

1615	**Cannonball Express** 86-90 8625 w/tender, 6177, 7925, 6585, 6921	(1)	**95**

1632	**Santa Fe Work Train SSS** U86	(3)	**265**
	8635, 6593, 6272, 5745, 5760, 6496		
1652	**B&O Freight** 86	(3)	**275**▼
	8662, 5739, 6138, 9335, 6314, 6918		
1658	**Townhouse** U86	(4)	**125**
	8902 w/tender, 7931, 9341		
1660	**Yard Boss** 76	(3)	**150**
	8670, 9032, 9026, 9179		
1661	**Rock Island Line** 76,77	(2)	**100**
	8601, 9033, 9020, 9078		
1662	**The Black River Freight** 76-78	(2)	**150**
	8602 w/tender, 9016, 9140, 9026, 9077		
1663	**Amtrak Lakeshore Ltd.** 76,77	(3)	**275**▼
	8664, 6403, 6404, 6405, 6406		
1664	**Illinois Central Freight** 76,77	(4)	**350**
	8669, 9767, 9139, 9606, 9121, 9852, 9178, 2317		
1665	**NYC Empire State Express** 76	(3)	**425**▼
	8600 w/tender, 9772, 9266, 9773, 9159, 9174		
1672	**Northern Pacific SSS** U76	(3)	**350**▼
	8666, 9869, 9267, 9775, 9776, 9177		
1685	**True Value** U86,U87	(4)	**150**
	Same as *1687 Freight Flyer* except 7930 replaces 9001		
1686	**Kay Bee** U86	(4)	**150**
	Same as *1687 Freight Flyer* except 7932 replaces 9001		
1687	**Freight Flyer** 87-90	(1)	**75**
	8902 w/tender, 9035 (87), 9001 (88-90), 9033, 9341		
1693	**Toys R Us Rock Island** U76	(4)	**150**
	Same as 1661 Rock Island except 9047 replaces 9033		
1694	**Toys R Us Black River Freight** U76	(4)	**175**
	Same as *1662 Black River Freight* except 9048 replaces 9016		
1696	**Sears** U76	(4)	**150**
	8604 w/tender, 9044, 9011, 9020, 9140, 9069		
1698	**True Value Rock Island** U76	(4)	**150**
	Same as *1661 Rock Island* except 9046 replaces 9033		
1760	**Trains n' Truckin Steel Hauler** 77,78	(2)	**175**
	8769, 9020, 9033, 9016 or 9011*, 9071		
1761	**Trains n' Truckin Cargo King** 77,78	(3)	**250**
	8770, 9032, 9026, 9016, 9021		
1762	**The Wabash Cannonball** 77	(3)	**250**
	8703 w/tender, 9771 or 9737*, 9284, 9079, 9851 or 9853*, 9080		
1764	**The Heartland Express** 77	(3)	**300**
	8772, 7808, 9855, 9302, 9283, 9187		
1765	**Rocky Mountain Special** 77	(3)	**400**
	8771, 9189, 9286, 9285, 9610, 9789, 9188		
1766	**Baltimore & Ohio Budd Cars SSS** U77	(3)	**400**▼
	8766, 8767, 8768		
1790	**Lionel Kiddie City Set** U77	(4)	**200**
	8769, 9034, 9020 w/*Lionel Leisure* truck, 9033, 9179		
1791	**Toys R Us Steel Hauler** U77	(4)	**200**
	Same as *1760 Steel Hauler* except 9052 replaces 9016		
1792	**True Value Rock Island** U77	(4)	**150**
	Same as *1698 True Value* except 9053 replaces 9046		
1793	**Toys R Us Black River Freight** U77	(4)	**175**
	Same as *1694 Toys R Us Black River Freight* except 9052 Geoffery replaces 9048 Geoffery		

1796	**JC Penney Cargo Master** U77 Same as *1761 Cargo King* except 9054 replaces 9016	(3)	**250**
1860	**Workin' on the Railroad Timberline** 78 8803 w/tender, no # Log Dump, no # IC Crane, no # caboose. All cars made from 9019 Flatcar	(3)	**100▲**
1862	**Workin' on the Railroad Logging Empire** 78 8803 w/tender, no # Log Dump, no # IC Crane, 9019, no# caboose. All cars made from 9019 Flatcar	(3)	**120▲**
1864	**Santa Fe Double Diesel** 78,79 8861, 8862, 9035, 9018, 9033 or 9032*, 9014, 9058 or 9059*	(3)	**225**
1865	**Chesapeake Flyer** 78,79 8800 w/tender, 9035, 9018, 9036, 9017, 9058	(3)	**225**
1866	**Great Plains Express** 78,79 8854, 9417 (79), 9036, 9121, 9729 (78), 9011, 9140, 9057	(3)	**400▼**
1867	**Milwaukee Limited** 78 8855, 9277, 9276, 9216, 9411, 9876, 9269	(3)	**350**
1868	**Minneapolis & St. Louis SSS** U78 8866, 9408, 9138, 9726, 9213, 9271	(3)	**325▼**
1892	**JC Penney** U78 Same as *1862 Logging Empire*	(4)	**125**
1893	**Toys R Us Logging Empire** U78 Same as *1862 Logging Empire,* except includes 9049	(5)	**200**
	Sears 79N98765C U78 Same as *1862 Logging Empire*	(4)	**125**
1960	**Midnight Flyer** 79-81 8902 w/tender, 9339, 9340, 9341	(3)	**125**
1962	**The Wabash Cannonball** 79 8904 w/tender, 9016, 9035, 9036, 9346	(4)	**125**
1963	**Black River Freight** 79-81 8903 w/tender, 9136, 9016, 9026, 9077 (1979) 8602 w/tender, 9141, 9011, 9026 or 9325 (81), 9077 (1980,1981)	(3)	**125**
1965	**Smokey Mountain Line** 79 8905, 9330, 9030, 9357	(5)	**100**
1970	**Southern Pacific Limited** U79 8960, 8961, 9313, 9320, 9881, 9732, 9315, 9316	(4)	**625▼**
1971	**Quaker City Limited** 79 8962, 9882, 9331, 9338, 9336, 9332, 9734, 9231	(3)	**450▼**
1990	**Midnight Glow Midnight Flyer** U79 Same as *1960 Midnight Flye*r with Glow Decals, Road Signs, and Barrel Loader.	(4)	**125**
1991	**JC Penney Wabash Deluxe Express** U79 8904 w/tender, 9035, 9325, 9346	(5)	**175**
1993	**Toys R Us Midnight Flyer** U79 Same as *1960 Midnight Flyer* except 9365 replaces 9339	(4)	**150**
11700	**Conrail Limited** 87 18200, 17201, 17301, 17401, 17002, 17501, 17602	(3)	**600▼**
11701	**Rail Blazer** 87,88 18700, 16200, 16300, 16304, 16500	(2)	**100**

11702	**Black Diamond** 87	(4)	**300**
	18800, 16608, 16305, 16609, 16501		

11703	**Iron Horse Freight** 88-91	(2)	**140**
	18604 w/tender, 16201, 16309, 16505		
11704	**Southern Freight Runner SSS** U87	(3)	**325**
	18802, 16102, 16402, 16607, 16701, 16504		

11705	**Chessie System Unit Train** 88	(3)	**600▼**
	18201, 17100, 17101, 17102, 17103, 17104, 19700		
11706	**Dry Gulch Line SSS** U88	(3)	**275**
	18702, 16010, 16011, 16012		
11707	**Silver Spike** 88,89	(3)	**300**
	18903, 18904, 16013, 16014, 16015		

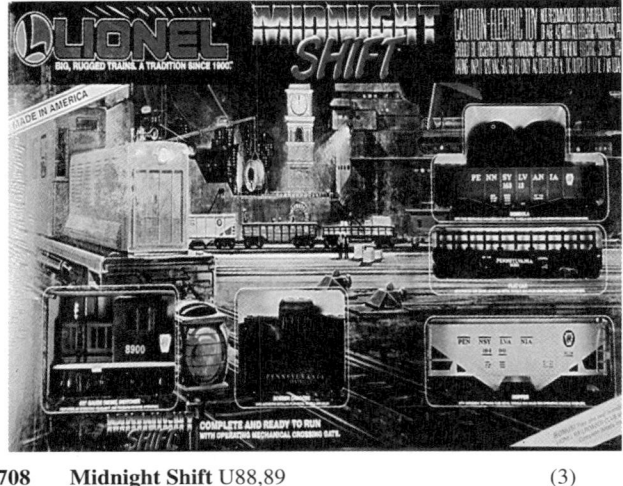

11708	**Midnight Shift** U88,89	(3)	**120**
	18900, 16400, 16313, 16315, 16511		
11710	**CP Rail Limited Freight Set** 89	(3)	**525**
	18203, 17200, 17107, 17300, 17400, 17500, 19705		
11712	**Great Lakes Express SSS** U90	(3)	**325**
	18611 w/tender, 16027, 16028, 16029, 16030		
11713	**Santa Fe Dash 8-40B Set** 90	(3)	**550**
	18206, 17003, 17402, 17108, 17302, 17502, 17202		
11714	**Badlands Express** 90,91	(2)	**100**
	18705, 16040, 16329, 16630		

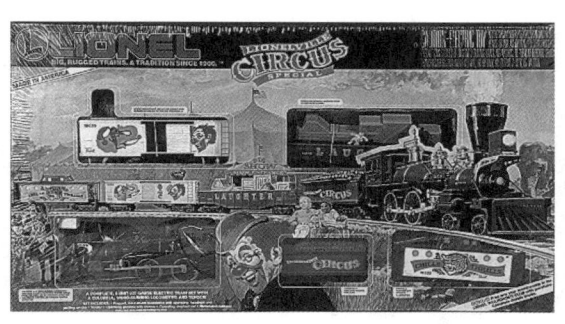

11715	**Lionel 90th Anniversary Set** 90	(3)	**350**
	18502, 19219, 19220, 19221, 19222, 19223, 19708		

11716	**Lionelville Circus Special** 90,91	(3)	**250▼**
	18716 w/tender, 16628, 16629, 16522		

11717	**CSX Freight** 90	(3)	**300▲**
	18810, 16112, 16626, 16627, 16406, 16518		
11718	**Norfolk & Southern Dash 8-40C Unit Train** 92	(4)	**725**
	18689, 17503, 17504, 17505, 17506, 17507, 19711		
11719	**Coastal Freight SSS** 91	(3)	**300▲**
	18814, 16109, 16335, 19524, 16407, 16525		
11720	**Santa Fe Special** 91	(3)	**125**
	18706 w/tender, 16227, 16114, 16529		
11721	**Mickey's World Tour Train** 91	(3)	**175▲**
	18707 w/tender, 16642, 16339, 16530		

11722	**Girls Train** 91	(4)	**850▲**
	18014 w/tender, 19235, 19234, 19317, 19410, 19712		
11723	**Amtrak Work Train** U91,92YED	(3)	**300**
	18815, 16702, 16644, 16370, 16369, 16645		

Set 1457 (see page 138)

11726	**Erie Lackawanna Freight Set** U91YED 18906, 16229, 16116, 16353, 16350, 19243, 16535	(3)	**325**
11727	**Coastal Limited** 92 18627 w/tender, 16232, 16355, 16536	(4)	**125**
11728	**High Plains Runner** 92 18628 w/tender, 16410, 16119, 16233, 16356, 16537	(4)	**175**
11729	**Louisville & Nashville Express** 92 All items sold separately instead of as set.		**NM**
11733	**Feather River SSS** 92 18820, 16234, 16121, 19414, 16359, 16653, 16539	(3)	**350**
11735	**New York Central Flyer** 93-98 18632 w/tender, 16238, 16375, 16543, no name Tractor/Trailer		**C**
11736	**UP Express** 93-95 SRP: $240 (93,94) $250 (95) 18633 w/tender, 16123, 16239, 16376, 16659, 16544	(2)	**175**
11738	**Soo Line SSS** 93 18825, 19416, 19536, 17006, 19604, 19720	(3)	**325**
11739	**The Super Chief** 93, 94 SRP: $170 18913, 16058, 16059, 16060	(2)	**150**
11740	**Conrail Consolidated** 93 18826, 16243, 16126, 16383, 16667, 16548	(3)	**275**
11741	**Northwest Express** 93 18917, 16384, 16668, 16385, 16669, 16549	(3)	**175**
11742	**Coastal Limited** Similar to *11727 Coastal Limited*	(2)	**125**
11743	**Chesapeake & Ohio Freight Set** 94 SRP: $400 18834, 16135, 16136, 16398, 16555, 16679	(3)	**300**
11744	**New Yorker Passenger/Freight Set SSS** 94 SRP: $430 18835, 16066, 16067, 16903, 19263, 19605, 19819	(3)	**300**

11745	**U.S. Navy Train** 94,95 SRP: $250 (94), $270 (95) 18927, 16252, 16550, 16556, 16684, 16908	(3)	**200**
11746	**Seaboard Freight** 94 SRP: $150 18633, 16232, 16355, 16536	(2)	**125**
11747	**Lionel Lines Steam Set** 95 SRP: $430 18642, 16141, 16142, 16143, 16261, 16563, 16925	(3)	**300**
11748	**Amtrak Passenger Set** 95,96 SRP: $200 (95) $220 (96) 18936, 16095, 16096, 16097	(2)	**170**
11749	**Western Maryland Set SSS** 95 18841, 16420, 16421, 16424, 16425, 16426, 16427, 16564	(3)	**325▼**
11750	**McDonalds Nickel Plate Special** U87 Same as *1602 Nickel Plate Special*, 1100 made	(5)	**150**
11751	**Sears Pennsylvania Passenger Set** U87 **49C95171C** 18602 w/tender, 16000, 16001, 16003	(4)	**250**
11752	**JC Penney Timber Master XO671-297** U87 18600 w/tender, 6585, 9341	(5)	**150**
11753	**Kay Bee Rail Blazer** U87 Same as *11701 Rail Blazer* except 7932 replaces 16200	(4)	**150**
11754	**Key America Set** U87 8902 w/tender, 16203, 9341	(4)	**175**
11755	**Timber Master** U87 Same as *11752 JC Penney*	(5)	**150**
11756	**Hawthorne,** 8902 w/tender, 9341 U87, U88 1. w/16204, U87 2. w/16211, U88	(5) (4)	**250** **150**

11757	**Mopar Set** U87, U88 18605, 16205, 16310, 16311, 16507 16106 tank car added in 1988 only.	(3) (4)	**225▼** **350▼**
11758	**Desert King SSS** U89 18609 w/tender, 16105, 16206, 16616, 16509	(3)	**250**
11759	**JC Penney Amtrak HD671-3762A** U88 Same as *11707 Silver Spike*	(4)	**300**
11761	**JC Penney Iron Horse** U88 Same as *11703 Iron Horse Freight*	(4)	**140**
11762	**True Value Cannonball Exp.** U88 Same as *1615 Cannonball Express* except 16207 replaces 7925	(4)	**150**
11762	**True Value Cannonball Express** U89 Same as *1615 Cannonball Express* except 16219 replaces 7925	(4)	**150**

11763	**United Model Freight Hauler** U88 Same as *11752 Penneys* w/freight load	(5)	**150**
11764	**Sears Wabash Iron Horse** U88 **49N95178** Same as *11703 Iron Horse Freight* except 16209 Sears Disney replaces 16201 Wabash	(4)	**250**
11765	**Speigel Silver Spike** U88 Same as *11707 Silver Spike* w/extra track	(5)	**325**
11767	**Shoprite Freight Flyer** U88 Same as *1687 Freight Flyer* except 16213 replaces 9001	(3)	**150**
11769	**JC Penney Midnight Shift** U89 Same as *11709 Midnight Shift*	(2)	**120**
11770	**Sears Circus Set 49GY95280** U89 18614 w/tender, 16110, 16327, 16520	(3)	**225▼**
11771	**K-Mart Microracers** U89 18704 w/tender, 16325, 16108, 16508	(3)	**100**
11772	**Macys Freight Flyer,** 500 made, U89 Same as *1687 Freight Flyer* except 16221 replaces 9001	(4)	**200**
11773	**Sears NYC Passenger Set 49GY95281** U89 18613 w/tender, 16018, 16019, 16021	(4)	**250**
11774	**Ace Hardware** U89 Same as *1615 Cannonball Express* except 16620 replaces 7925	(4)	**200**
11775	**Anheuser Busch** U89 18617 w/tender, 16223, 16524	(4)	**225▼**
11776	**Pace Iron Horse** U89 Same as *11703 Iron Horse Freight* with bonus pack of accessories	(4)	**225**
11777	**Sears Lionel Circus Special 49N15265** U90 Same as *11716 Lionelville Circus*	(3)	**250▼**
11778	**Sears Badlands 49N95764** U90 Same as *11714 Badlands Express*	(4)	**100**
17779	**Sears CSX Freight** U90 Same as *11717 CSX Freight*	(4)	**325**
11780	**Sears Northern Pacific Passenger Set** U90 **49N95266** 18616 w/tender, 16035, 16037, 16039	(4)	**275**
11781	**True Value Cannonball Express** U90 Same as *1615 Cannonball Express* except 16224 replaces 7925	(4)	**150**
11783	**Toys R Us Heavy Iron** U90,U91 Same as *1549* except 16641 replaces 9339	(4)	**200**
11784	**Pace Iron Horse Set** U90 Same as *11776 Pace* except w/different accessories	(4)	**225**
11785	**Costco Union Pacific Express** U90,U91 18622 w/tender, 16226, 16336, 16408, 16528	(4)	**225**
11789	**Sears Illinois Central Passenger** U90 18625, 16043, 16045, 16047	(4)	**250**
11793	**Army & Air Force Exchange** U91 **Services SF Special** Same as *11720 Santa Fe*	(4)	**125**
11794	**American Express Micky's World Tour** U91 Same as *11721 Mickey's World Tour*	(4)	**175▲**
11796	**Union Pacific Express** U91 18622 w/tender, 16226, 16336, 16408, 16528	(4)	**225**
11797	**Sears Coastal Limited** U92 Same as *11742 Coastal Limited*	(4)	**125**
11800	**Toys R Us Heavy Iron Set** U93 18628, 16241, 16378, 16356, 16119, 16537	(4)	**225**
11803	**Nickel Plate Special Mall Promotion** U92 Same as *1602 Nickel Plate*	(5)	**200**

11809	**Village Trolley Set** 95-97 109 Trolley, bumpers, track & power pack	(3)	80
11810	**Anheuser Busch Bud Modern Era Set** U93,U94 18830, 16248, 16551	(2)	150▼
11811	**United Auto Workers Set** U93 18637, 16249, 16391, 16553	(4)	200
11812	**Coastal Limited Mall Promotion** U92 Same as *11742 Coastal Limited*	(5)	175
11813	**Crayola Activity Train** U94,95 SRP: $100 18930, 16257, 16558, 16917	(2)	65
11814	**Ford Set** U94 18641, 16137, 16557, 16916, 16256	(3)	200
11818	**Chrysler Mopar Set** U94 18931, 16259, 16260, 16560, 16919, 12881	(3)	200
11819	**Georgia Power Set** U95 aka "Olympic Set" 18943, 16265, 16430, 16571, 16944, 16945	(4)	450
11820	**Red Wing Set** U95 18632, 16264, 16953, 16543	(3)	225
11821	**Sears/Zenith NYC** U95,U96 free w/ $1500 TV, 1500 made 18648, 16267, 16575, 16956, 12935	(4)	425
11822	**Chevrolet Bow Tie Express** U95 18649, 16268, 16961, 16579, 12933	(3)	225
11824	**New York Central Flyer** U96-U98 Made for General Mills. Same as *11735 NYC Flyer set*		C
11825	**Bloomingdales Steam Set** U96 18656, 16276, 16375, 16588	(3)	140
11826	**Zenith/Nationwide Express Set** U96 18657, 16277, 16986, 16589, 12935	(4)	150
11827	**Zenith Express Freight Set** U96 18657, 16278, 16986, 16589, 12935	(4)	175
11828	**New Jersey Transit Set** U96 18955, 15114, 15115, 15116	(3)	250
11832	**JC Penney NYC Flyer Set** U97 18632, 16293, 16375, 16543	(4)	150
11833	**New Jersey Transit Set #2** U97 18856, 15122, 15123, 15124 SRP: $300	(3)	235
11837	**Union Pacific GP-9 Unit Train** 97 18857, 26920-26925, 26502 SRP: $750	(3)	750▼
11838	**Warhorse AT&SF Hudson Freight Set** 97 18062, 17239-17242, 26503	(3)	1300▼
11839	**Spokane, Portland & Seattle** 97 **4-6-2 Steam Freight Set** SRP: $399.95 18666, 16162-16164, 19748	(3)	300▼
11841	**Bloomingdales** 500 made U97 18668, 15004, 15005, 15125	(4)	300
11846	**Kal Kan Set** U97 18632, 16294-16297, 16543	(4)	400
11900	**Santa Fe Special Set** SRP: $270, 96-98 18644, 16263, 16568, 16715, 16940, 16941		C
11905	**US Coast Guard Set** 96 18946, 16577, 16734, 16735, 16736, 16960	(2)	200▼
11906	**Factory Selection Special** U95 Loco w/no whistle, misc. assorted rolling stock, 16578	(4)	100▲
11909	**Warhorse Set 2166RS** 96 18049, 19325, 19326, 19327, 19328, 19728	(3)	850▼
11910	**Lionel Lines X1113WS** 96 18650, 16965, 16269, 16580	(2)	150
11912	**Service Exclusive X1142** 96 18515, 51503, 51504	(3)	375

11913	**Southern Pacific Freight** 96 18562, 19285, 19422, 19607, 19734	(3)	**460▼**
11914	**New York Central Freight Set** 97 18563, 19285, 19422, 19607, 19733	(3)	**460▼**
11915	**Seaboard Set** U96 18632, 16238, 16375, 16536	(2)	**125**
11918	**Conrail Set** *SSS* 97 18566, 19287, 19288, 19424, 19608, 19738	(3)	**275**
11919	**Lionel Docksider Set** 97 18718, 16238, 16583	(2)	**75**
11920	**Port of Lionel City Dive Team Set** 97 18947, 16744, 16745, 16746, 16971, 16584	(2)	**175▼**
11921	**Lionel Lines Freight Set** 97 18650, 16965, 16271, 16580, 12940	(2)	**150**
11929	**Warbonnet Passenger Set** 97, 98 SRP: $230, 18945, 15109, 15110, 15111		**C**
11931	**Chessie Flyer Freight Set** 97, 98 18632, 16375, 16238, 16538 SRP: $150		**C**
11933	**Dodge Motorsports** U96 18956, 16279, 16260, 16919, 16590	(4)	**250**
11934	**Virginian Rectifier Freight Set** 97 18315, 16435-16437, 19740	(3)	**400**
11935	**Little League Baseball Set** U97 18658, 16280-16282, 16157, 16987, 16591, 12972, 12973	(2)	**225▼**
11936	**Little League Baseball** U97 Same as *11935* except signs and tickets included for Little League teams to raffle	(4)	**250**
11940	**Warhorse Cotton Belt Coal Set** SRP $900 98 18229 SP SD-40 7333, 19330-19333 Cotton Belt Hoppers, 19749 Southern Pacific Bay Window Caboose		**C**
11944	**Lionel Lines Freight Set** 98 18650, 15008, 26930, 16580, 22959 SRP: $200.		**C**
11957	**Mobil Oil** U97 18650, 16298, 16165, 26504	(3)	**225**
11971	**Delaware & Hudson Train Set** 98 18671, 26203, 26957, 26507 SRP $170.		**C**
11972	**Alaska Railroad Train Set** 98 11865, 26204, 16171, 16440, 26508 SRP: $200.		**C**
11977	**Northern Pacific Standard O 4-pack** 98 17011, 17243, 17316, 17620 SRP: $270.		**C**
11978	**JC Penney NYC Flyer** U98 18632, 16238, 26959, 16543		**C**
11979	**Norfolk & Western Train Set** 98 18670, 26956, 26506 SRP: $100.		
11981	**Holiday Trolley** 98		
11982	**NJ Transit Ballast Train** U98 18868, 16175-16179		
11985	**Quaker Oats** U98 18678, 26218, 16182, 26511		**C**
11986	**Ace Hardware Docksider** U98 18718, 26219, 16375, 16583		**C**
17246	**NYC Pacemaker Standard O 4-pack** 98 17247, 17248, 17249, 19754 SRP: $250.		**C**
18556	**C&IM Rolling Stock Set** Sears U92 17210, 17211, 17212 & 19718	(3)	**150▼**
21750	**Nickel Plate Rolling Stock 4-pack** 98 26200, 16949, 16950, 19752 SRP: $230.		**C**
21751	**Pennsylvania Rolling Stock 4-pack** 98 17132, 17317, 26951, 19751 SRP: $230.		**C**

21752	**Conrail Unit Trailer Train Set** 98 18240, 26952, 26953, 26954, 26955 SRP: $700		C
21753	**Service Station Fire Rescue Train** 98 18444, 19442, 19853, 19854, 26961, 26505 SRP: $650.		C
21757	**Union Pacific Freight Car Set** Std. O 98 17250, 17318, 17410, 19753 SRP: $250.		C
51000	**Hiawatha** U88 350-E w/tender, 882, 883, 884	(3)	1000▲
51001	**Lionel Lines 44 Freight Special** 89 51100, 51400, 51500, 51800, 51700	(3)	500
51004	**Blue Comet** 91 1-263E w/oil tender, 1612, 1613, 1614, 1615	(4)	1200

Famous American Railroads Series

No. 1 79		(3)	650▼
	8900 w/tender, 7712, 9880, 9322, 9321, 9323		
No. 2 80		(3)	675▼
	8002 w/tender, 9811, 9367, 9419, 9366, 9368		
No. 3 81		(3)	675▼
	3100 w/tender, 9449, 6304, 6102, 9819, 6438		
No. 4 83		(3)	725▼
	8309 w/tender, 9451, 6104, 6306, 9887, 6431		
No. 5 84,85		(3)	750▼
	8404 w/tender, 9456, 6123, 9476, 6307, 6908		

Fallen Flags Series

No. 1 Wabash 86,87		(4)	1000▼
	8610 w/tender, 7227, 7228, 7229, 7230, 7231, 7232		
No. 2 Milwaukee Road 87		(3)	500▼
	18500, 19204, 19302, 19400, 19500, 19600, 19701		
No. 3 Great Northern 88		(3)	475▼
	18302, 19205, 19505, 19402, 19401, 19304, 19703		
No. 4 Western Maryland 89		(3)	450▼
	18501, 19511, 19214, 19403, 19404, 19601, 19704		
No. 5 Frisco 91		(4)	550▼
	18504, 19229, 19230, 19519, 19408, 19602, 19710		
No. 6 Nickel Plate Road 92		(3)	600▼
	18505 P&D, 19236, 19318, 19411, 19527, 19603, 17612		
No. 7 Erie 93		(3)	500▼
	11734 ABA, 19254, 19255, 19324, 19415, 19535, 19719		

Accessories

1100	**Happy Huff n' Puff** U74,U75	(3)	75
1300	**Gravel Gus Jr.** U75	(4)	100
1400	**Happy Huff n' Puff Jr.** U75	(5)	75
2110	**Graduated Trestle Set** (22) 70-88	(1)	10
2111	**Elevated Trestle Set** (10) 70-88	(1)	10
2113	**Lionel Tunnel Portals** (2) 84-87	(3)	25
2115	**Dwarf Signal** 84-87	(2)	25
2117	**Block Target Signal** 84-87	(3)	30
2122	**Extension Bridge** w/piers 76-87	(3)	45
2125	**Whistling Freight Shed** 71	(4)	100
2126	**Whistling Freight Shed** 76-87	(2)	30
2127	**Diesel Horn Shed** requires 9-volt battery 76-87	(2)	30
2128	**Operating Switchman** 83-86	(3)	40▼
2129	**Illuminated Freight Station** 83-86	(3)	30
2133	**Lighted Freight Station** 72-78,80-84 Variations exist having to do with the colors of the base, roof, door, and chimney. NDV	(1)	40

2127 Diesel Horn Shed *2154 Highway Flasher*

2140	**Banjo Signal** 70-84		
	1. *Lionel Corporation* stamped on base	(3)	**30**
	2. MPC logo stamped on base	(1)	**25**
2145	**Gateman** 72-84		
	1. Leftover Postwar Lionel in MPC box, maroon roofs, 1972 only	(4)	**60**
	2. MPC version w/brown roofs, 73-84	(1)	**40**
2151	**Semaphore** 78-82	(3)	**25**
2152	**Crossing Gate** 70-84	(1)	**25**
2154	**Highway Flasher** 70-87	(1)	**25**
2156	**Station Platform** 70,71	(4)	**55**
2162	**Crossing Gate & Signal** SRP: $50, 70-87,94,96-98		**C**
2163	**Block Target Signal** 70-78	(2)	**25**
2170	**Street Lamps** (package of 3) 70-87		
	1. Dark green pole & top	(2)	**20**
	2. Light green pole, dark green top	(3)	**25**
	3. Light green pole & top	(1)	**20**
2171	**Goose Neck Lamps** (pkg of 2) 80,81,83,84	(3)	**20**
2175	**Sandy Andy** 76-79	(4)	**50**
2180	**Road Sign Set** (16) SRP: $6 77-98		**C**
2181	**Telephone Poles** (10) SRP: $6 77-98		**C**
2195	**Floodlight Tower** 70,71	(4)	**50**
2199	**Microwave Tower** 72-75	(3)	**50▼**
2214	**Girder Bridge** 70-87		
	1. Sides snap together (early)	(5)	**25**
	2. Sides screw together (late)	(1)	**10**
2256	**Station Platform** 73-81		
	1. Normal production	(2)	**10**
	2. TCA 75 National Convention, U75	(3)	**30**
2260	**Bumper** illuminated, plastic, 70-73	(5)	**50▲**
2280	**Bumpers** 73-84 Non-illuminated, plastic, price for three	(1)	**4**
2282	**Bumpers** Black, price for pair, U83YED Die-cast, illuminated	(4)	**30**
2283	**Bumpers** Red SRP: $20, 84-98 Illuminated, die-cast, price for pair		**C**
2290	**Bumpers** U75,76-86 Illuminated, plastic, price for pair	(1)	**8**

| **2292** | **Station Platform** 85-87 | (3) | **10** |

150

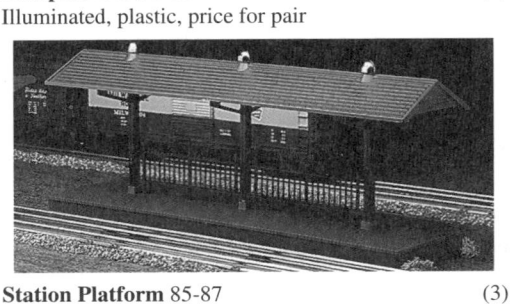

2300	**Oil Drum Loader** American Flyer 83-87	(3)	**150**
2301	**Operating Sawmill** 80-84	(3)	**120**
2302	**UP Gantry Crane** Manual, no magnet 80-82	(3)	**25**
2303	**Santa Fe Gantry Crane** Manual, 80,81,U83 NIB, *1072 Cross Country Express*	(3)	**35**
2305	**Getty Oil Derrick** 81-84	(3)	**175**
2306	**Ice Station** w/6700 PFE Ice car 82,83 1. Red roof, white chute 2. Blue roof, blue chute, "X" on base, engineering plans dated 3/10/55 and 1/4/80 enclosed in box.	(3)	**175** **5P**
2307	**Lighted Billboard** 82-86	(3)	**20**
2308	**Animated Newsstand** 82,83	(3)	**175**
2309	**Crossing Gate** Mechanical, w/crossbuck sign 82-92	(2)	**5**
2310	**Crossing Gate** Mechanical, w/crossbuck sign 73-77	(3)	**5**
2311	**Semaphore** Mechanical 82-92	(1)	**5**
2312	**Semaphore** Mechanical, illuminated, 73-77	(3)	**10**
2313	**Floodlight Tower** 75-86	(1)	**30**
2314	**Searchlight Tower** 75-84 1. Black tower, platform and base 2. Red tower, black platform, black base	(4) (1)	**50** **30**
2315	**Coaling Station** 83,84	(3)	**175**
2316	**N&W Gantry Crane** op 83,84	(3)	**165**
2317	**Drawbridge** For O-27 track, U75,76-81 Operating bell	(4)	**150▲**
2318	**Operating Control Tower** 83-86	(3)	**95▲**
2319	**Illuminated Watchtower** 75-78,80	(3)	**30**
2320	**Flag Pole Kit** 83-87	(3)	**15**
2321	**Operating Sawmill** American Flyer 84,86,87	(4)	**175▲**
2323	**Operating Freight Station** 84-87	(3)	**100▲**
2324	**Operating Switch Tower** 84-87	(3)	**100**
2390	**Lionel Mirror** U82	(4)	**100▲**
2494	**Rotary Beacon** 72-74 1. Aluminum beacon head 2. Black beacon head	(4) (3)	**65** **65**
2710	**Billboards** (set of 5) 70-84 1. Light green frames 2. Dark green frames 3. Set made for TCA, U76	(3) (1) (3)	**15** **10** **30**
2714	**Tunnel** U75,76,77	(4)	**200▲**

2716	**Short Extension Bridge** SRP: $10, 88-98			C
2717	**Short Extension Bridge** 77-87	(1)		5
2792	**Lionel Starter Pak** 80-84 10 telephone poles, 5 billboards, 14 road signs, lumber shed kit, barrel platform kit, short extension bridge and track layout book.	(4)		40
8190	**Diesel Horn Kit** Installation required U81YED	(4)		30
11730	**Evergreen Intermodal Container** *12805 Set* 92	(2)		5
11731	**Maersk Intermodal Container** *12805 Set* 92	(2)		5
11732	**American President Lines** 92 **Intermodal Container** *12805 Set*	(2)		5
12700	**Erie Magnetic Gantry Crane** 87	(4)		200
12701	**Operating Fueling Station** 87	(3)		100
12702	**Control Tower** 87	(3)		100
12703	**Icing Station** 88,89	(3)		100
12704	**Dwarf Signal** 88-93	(2)		20
12707	**Billboards** (set of 3) SRP: $8, 87-97	(2)		10
12708	**Street Lamps** (set of 3) 88-93	(2)		15
12709	**Banjo Signal** SRP: $45, 87-91, 95-98			C
12712	**Automatic Ore Loader** 87,88	(4)		40
12713	**Automatic Gateman** SRP: $60, 87,88,94-98			C
12714	**Automatic Crossing Gate** SRP: $35, 87-91,93-98			C
12715	**Illuminated Bumpers** (set of 2) SRP: $9, 87-98			C
12716	**Searchlight Tower** 87-89,91,92	(1)		25
12717	**Bumpers** SRP: $5, 87-98 Non-illuminated, plastic (3 per pkg)			C
12719	**Animated Refreshment Stand** 88,89	(2)		85
12720	**Rotary Beacon** 88,89	(3)		50
12721	**Illuminated Extension Bridge** w/rock piers 89	(4)		50
12722	**Roadside Diner** with smoke 88,89	(3)		50
12723	**Microwave Tower** 88-91,94,95	(1)		25
12724	**Signal Bridge** 88-90	(3)		60
12727	**Operating Semaphore** SRP: $45, 89-98			C
12728	**Illuminated Freight Station** 89	(4)		45
12729	**Mail Pick-up Set** 88-91,95	(2)		25
12730	**Girder Bridge** SRP: $10, 88-98			C
12731	**Station Platform** SRP: $13, 88-98			C
12732	**Coal Bag** SRP: $4, 88-98			C
12735	**Diesel Horn Shed** 88-91	(2)		35
12737	**Whistling Freight Shed** 88-97	(1)		35
12740	**Log Package** SRP: $4, 88-92, 94-98			C
12741	**Union Pacific Intermodal Crane** 89	(4)		250
12742	**Gooseneck Street Lamps** SRP: $20, 89-98			C
12744	**Rock Piers** (set of 2) SRP: $10, 89-92,94-97	(1)		10
12745	**Wooden Barrels** 6 per pack SRP: $5, 89-98			C

12748	**Illuminated Station Platform** 89-97	(1)	**20**
12749	**Rotary Radar Antenna** 89-92,95	(2)	**35**
12750	**Crane Kit** 89-91	(2)	**10**
12751	**Shovel Kit** 89-91	(2)	**10**
12753	**Ore Load** plastic (2 per pack) 89-91,95	(2)	**5**
12754	**Graduated Trestle** SRP: $20, 89-98		**C**
12755	**Elevated Trestle** SRP: $20, 89-98		**C**
12759	**Floodlight Tower** SRP: $35, 90-98		**C**
12760	**Automatic Highway Flasher** 90,91 Same as 154, w/electronic flashing device	(3)	**40**
12761	**Animated Billboard** 90,91,93,95	(2)	**30**
12763	**Single Signal Bridge** 90,91,93	(2)	**35**
12767	**Steam Clean & Wheel Grind Shop** 92,93,95	(3)	**300**
12768	**Burning Switch Tower** 90,93	(4)	**125▲**
12770	**Arch-under Bridge** SRP: $20, 90-98		**C**
12771	**Roadside Diner** w/smoke 90,91	(3)	**60**
12772	**Illuminated Extension Bridge** 90-98 w/rock piers, SRP: $45		**C**
12780	**RS-1 Transformer** 90-93	(2)	**150▼**
12781	**N&W Intermodal Crane** w/controller 90,91	(3)	**250**
12782	**Lift Bridge** w/electronic bell & horn, 91,92	(4)	**550▲**
12784	**Intermodal Container Set** 91 1 each UP, B&M, and Family Lines	(3)	**20**
12787	**Family Lines Intermodal Container** *12784 Set* 91	(3)	**7**
12788	**UP Intermodal Container** *12784 Set* 91	(3)	**7**
12789	**B&M Intermodal Container** *12784 Set* 91	(3)	**7**
12791	**Animated Passenger Station** 91	(3)	**95▼**
12795	**Cable Reels,** plastic, 2 per pack SRP: $6, 91-98		**C**
12798	**Fork Lift Loader Station** 92-95	(3)	**75▼**
12800	**Scale Hudson Replacement Pilot Truck** U92	(4)	**20**
12802	**Roadside Diner** Illuminated, w/smoke 92-95	(3)	**65**
12804	**Highway Lights** SRP: $15, 92-98		**C**
12805	**Intermodal Containers** (3 pieces) 92 1 each Evergreen, Maersk, and President Line	(2)	**15**
12809	**Animated Billboard** 92-93	(2)	**30**
12812	**Freight Station** Illuminated SRP: $50, 92-98		**C**
12818	**Animated Freight Station** 92, 94, 95	(3)	**95▼**
12826	**Intermodal Containers** (3 pcs) 93 1 each CSX, NYC, and Great Northern	(2)	**15**
12827	**CSX Intermodal Container** *12826 Set* 93	(2)	**5**
12828	**NYC Intermodal Container** *12826 Set* 93	(2)	**5**
12829	**GN Intermodal Container** *12826 Set* 93	(2)	**5**
12831	**Rotary Beacon** 93-95	(2)	**40**
12832	**Block Target Signal** 93-97	(2)	**30**
12834	**Pennsylvania Operating Gantry Crane** 93	(3)	**150**
12835	**Illuminated Fueling Station** 93	(3)	**100**
12838	**Crate load** (2) SRP: $5, 94-97	(1)	**4**
12839	**Grade Crossing** (2) SRP: $5, 93-97	(1)	**4**
12843	**Die-cast Sprung Trucks** 93-97 (pack of 2) SRP: $13	(1)	**10**
12844	**2 Coil covers** (O gauge only) 93-97	(1)	**8**
12847	**Icing Station** 94-97	(2)	**75**
12848	**Lionel Oil Derrick** 94	(3)	**130**
12849	**Lionel Transformer** 25 Watt 94-98		**C**
12853	**2 Coil covers** (Std. O only) SRP: $13, 94-97	(2)	**10**

12855	**Intermodal Containers** (3 pcs) 94,95 1 each CP Rail, Frisco & Vermont Railway	(2)	15
12856	**CP Rail Intermodal Container** *12855 Set* 94	(2)	5
12857	**Frisco Intermodal Container** *12855 Set* 94	(2)	5
12858	**Vermont Railways Intermodal Container** 94 *12855 Set*	(2)	5
12862	**Oil Drum Loader** 94,95	(3)	130
12866	**PH-1 Powerhouse** U94,95-98 power supply		C
12867	**PM-1 Powermaster Base** U94,95-98		C
12868	**CAB-1 Remote Control** U94,95-98		C
12873	**Operating Sawmill** 95-97	(2)	90
12874	**Street Lamps** (set of 3) 94-98		C
12877	**Fuel Station** 95	(3)	95
12878	**Operating Control Tower** 95	(3)	90
12882	**Lighted Billboard** 95	(3)	15
12883	**Dwarf Signal** SRP: $20, 95-98 Came in blue or picture box NDV		C
12885	**Lionel Control System** U94,95-98 40 watt, SRP: $50		C
12886	**395 Floodlight Tower** 95-97	(2)	40
12888	**Railroad Crossing Flasher** 95-98 w/electronic flashing device, SRP: $60		C
12889	**Windmill** 95-97	(2)	50
12890	**Big Red Switch** SRP: $42, U94,95-97	(3)	30
12892	**Automatic Flagman** 95-97	(2)	35
12893	**Power Master Adapter Cable** SRP: $8, U94,95-98		C
12894	**Single Signal Bridge** 95-97	(2)	35
12895	**Signal Bridge** SRP: $60, 95-98		C
12896	**Tunnel Portals** SRP: $10, 95-98		C
12898	**Flag Pole** 95-97	(2)	10
12899	**Searchlight Tower** 95-97	(1)	25
12900	**Crane Kit** SRP: $13, 95-98		C
12901	**Shovel Kit** SRP: $13, 95-98		C
12902	**Marathon Oil Derrick** U94,95	(4)	200▼
12903	**Diesel Horn Sound Shed** 95-97	(2)	35
12907	**Intermodal Container Set** (3 pcs) 95 1 each Northern Pacific Railway, CP Rail, & WP	(2)	15
12908	**WP Intermodal Container** *12907 Set* 95	(2)	5
12909	**NP Intermodal Container** *12907 Set* 95	(2)	5
12910	**CP Rail Intermodal Container** *12907 Set* 95	(2)	5
12911	**Train Master Command Base** 95-98		C
12912	**Oil Pumping Station** 95-97	(2)	65▼
12914	**SC-1 Switch & Accessories Controller** 95-98 SRP: $80		C
12915	**164 Log Loader** SRP: $200, 96	(2)	150▼
12916	**138 Water Tower** SRP: $100, 96	(2)	75▼
12917	**445 Switch Tower** SRP: $100, 96,97	(2)	75
12921	**LRRC Station Platform** U95	(3)	30
12922	**NYC Gantry Crane** 96	(2)	120▼
12926	**Globe Street Lights** (set of 3) SRP: $15, 96-98		C
12927	**Yard Light** (set of 3) 96, 97	(1)	12
12929	**Rail-Truck Loading Dock** 96,97	(1)	65▼
12930	**Lionel Oil Co. Oil Derrick** U95	(3)	100
12936	**SP Intermodal Crane** SRP: $325, 97	(2)	235

12937	**NS Intermodal Crane** SRP: $325, 97	(2)	**235**
12938	**PS-1 Powerstation-Powerhouse Set** U96,97,98 SRP: $200		**C**
12939	**PG-1 Powergrid-Powerhouse Set** U96,97 SRP: $150		**NM**
12943	**Illuminated Station Platform** SRP: $30, 98		**C**
12944	**Sunoco Oil Derrick** SRP: $130, 97	(2)	**100**
12945	**Sunoco Oil Pumping Station** SRP: $100, 97	(3)	**75▲**
12948	**313 Bascule Bridge** SRP: $300, 97	(3)	**300▲**
12949	**310 Classic Billboard Set** SRP: $8, 97, 98		**C**
12955	**Wile E. Coyote Ambush Shack** SRP: $80, 97	(3)	**60▲**
12958	**193 Industrial Water Tower** 97, 98 w/blinking light, SRP: $70		**C**
12960	**197 Rotary Radar Antenna** SRP: $50, 97	(2)	**35**
12961	**Lionel Newsstand with Horn** SRP: $50, 97	(2)	**35**
12962	**Lionel Lines Passenger Service Center** 97, 98 w/steam whistle, illuminated SRP: $50		**C**
12964	**Donald Duck Radar Antenna** SRP: $80, 97	(3)	**60▲**
12965	**Goofy Rotary Beacon** SRP: $70, 97	(3)	**50▲**
12966	**Rotary Beacon** SRP: $50, 97, 98		**C**
12969	**CAB-1/Command Base TrainMaster** U96-U98 **Command Control Promotional Package** 12868, 12911		**C**
12972	**Little League Baseball Billboard** U97 *11935 Little League set*	(3)	**10**
12973	**Little League Baseball Flag Pole** U97 *11935 Little League set*	(3)	**10**
12974	**Blinking Billboard** SRP: $20, 97,98		**C**
12982	**Culvert Loader** SRP: $200, 98 Remake of 342 Culvert Loader		**C**
12987	**Intermodal Containers** 3-pack SRP: $25, U98 1 Matson, 1 Japan Line, 1 NYK		**C**
13800	**1115 Passenger Station** Lionel Classic Line 88	(3)	**375**
13801	**126 Lionelville Station** Lionel Classic Line 89	(3)	**200**
13802	**Runabout Boat** Lionel Classic Line 90	(3)	**550**
13803	**Racing Autos** Lionel Classic Line 91	(4)	**1100▲**
13804	**437 Tower** Lionel Classic Line 91	(4)	**425**
13805	**1-44 Boat** Lionel Classic Line 91	(3)	**550**
21029	**The Little Choo Choo Pre-School Set** U94,95 3 pc. wood & plastic, infra red control, battery op.	(3)	**50**
22907	**Girder Bridge** die-cast, SRP: $35, 98		**C**
22914	**Powerhouse Lockon** SRP: $30, U98		**C**
22916	**19 Watt Accessory Transformer** U96-U98		**C**
22918	**Locomotive Backshop** lithographed tinplate, figures, 98 Operating, die-cast equipment, AS, SRP: $ 600		**C**
22919	**ElectroCoupler Kit** for GP-9 SRP: $30, 98		**C**
22920	**Steam Service Siding** 98,99 Op, CC, lit, sound, postponed until 1999, SRP: $350		**C**
22922	**SP Intermodal Crane** SRP: $300, 98		**C**
22931	**Cantilever Signal Bridge** die-cast SRP: $60, 99		**C**
22932	**High Tension Wire Tower** 98 Stamped metal, SRP: $70		**NM**
22934	**Mainline Walkout Cantilever Signal** 98 Die-cast, SRP $60		**C**
22935	**Hot Box Detector** SRP: $60, 98, 99 Postponed until 1999		**C**
22938	**High Tension Wire Tower** Plastic 98		**NM**

22940	**Mainline Mast Signal** die-cast, SRP $50, 98	C
22942	**Accessories Bag** SRP: $30, 98 Oil drums, logs, coil covers, bag of coal and plastic bumpers.	C
22944	**Mainline Automatic Operating** 98 **Semaphore**, die-cast, SRP $50	C
22945	**Mainline Block Target Signal** 98 Die-cast, SRP $50	C
22946	**Mainline Automatic Crossing Gate and** 98 **Railroad Crossing Signal** die-cast, SRP $65	C
22947	**Mainline Auto Crossing Gate** 98 Die-cast, SRP $50	C
22948	**Mainline Gooseneck Street Lamps** 98 Die-cast, set of 2, SRP $40	C
22949	**Mainline Highway Lights** 98 Die-cast, set of 4, SRP: $30	C
22950	**Mainline Classic Street Lamps** 98 Die-cast, set of 3, SRP: $30	C
22951	**Mainline Dwarf Signal** die-cast, SRP: $30, 98	C
22952	**Mainline Classic Billboard Set** 98 Die-cast, set of 3, SRP: $25	C
22955	**ElectroCoupler Kit** SRP: $30, 98 for J Class Tender and B&A Tender	C
22956	**ElectroCoupler Kit** for Switcher SRP: $30, 98	NM
22957	**ElectroCoupler Kit** for F-3 SRP: $30, 98	C
22958	**ElectroCoupler Kit** for Dash 9 SRP: $30, 98	C
22960	**Trainmaster Command Basic Upgrade** 98 SRP: $95	C
22961	**GP-9 Standard Upgrade Kit** 98 All parts to add ElectroCouplers and directional lighting SRP: $60	C
22962	**GP-9 Deluxe Upgrade Kit** 98 All parts to add ElectroCouplers and directional lighting w/preassembled trucks SRP: $100	C
22963	**RailSounds Upgrade Steam** SRP: $95, 98	C
22964	**RailSounds Upgrade Diesel** SRP: $95, 98	C
22965	**Culvert Loader** CC, SRP: $300, 98 Remake of 342 Culvert Loader w/command control	
22972	**Bascule Bridge** Black U98	C
22979	**GP-9 Deluxe Upgrade Kit** 98 Same as 22962 but with silver trucks.	C
22982	**ZW Controller & Transformer Set** SRP: $300, 98	C
23107	**Lionel Happiness Express** Battery operated U96 (2)	25
23039	**LCCA Track 29 Bumper** U94 (4)	25
23100	**Grand Rapids Station Platform** LCCA U96 (4)	30

23129	**Steamtown Lighted Billboard** LOTS U97	(4)	35
	Artwork by Angela Trotta Thomas		
23131	**Airplane** LCCA Blue/white U97	(3)	35▲

52138	**Airplane** LCCA Orange/white U 97	(3)	**35▲**
52153	**6414 Automobiles** (set of 4) LCCA U 98 Blue, orange, green, brown		**C**

Tractors & Trailers

	C&O Tractor Blue-yellow 94 *11743 C&O Freight*	(3)	**10**
	Penn Central Tractor & Trailer 77, 78 1. Light green 2. Olive green *1760 Trains 'n Truckin*	(2) (3)	**35** **35**
	Santa Fe Tractor & Trailer Red 77, 78 *1761 Cargo King*	(3)	**40**
	Ryder Tractor & Trailer Yellow 77, 78 *1761 Cargo King*	(3)	**40**
	Lionel Leisure Tractor & Trailer U 77 Yellow/black, *1790 Kiddie City*	(4)	**60**
	UP Tractor & Trailer Yellow U 77 *1761 Cargo King*	(4)	**50**
12725	**Lionel Tractor & Trailer** 88, 89	(3)	**30**
12739	**Lionel Gas Tractor & Trailer** 89	(3)	**25**
12777	**Chevron Tractor & Tanker** 90, 91	(2)	**15**
12778	**Conrail Tractor & Trailer** 90	(2)	**15**
12779	**Lionelville Grain Tractor & Trailer** 90	(3)	**15**
12783	**Lionel Tractor & Monon Tanker** 91	(3)	**20**
12785	**LTI Gravel Tractor & Trailer** 91	(3)	**15**
12786	**Lionelville Steel Tractor & Trailer** 91	(3)	**15**
12794	**Lionel Tractor** 91	(3)	**15**
12806	**Lionel Lumber Tractor & Trailer** 92	(3)	**15**
12807	**Little Caesars Tractor & Trailer** 92	(3)	**15**
12808	**Mobil Tractor & Tanker** 92	(3)	**20**
12810	**American Flyer Tractor & Trailer** SRP: $17, 94	(3)	**25▼**
12811	**Alka-Seltzer Tractor & Trailer** 92	(2)	**15**
12819	**Inland Steel Tractor & Trailer** 92	(3)	**15**
12833	**Road Railer Tractor & Trailer** 93	(2)	**15**
12836	**Quantum Tractor & Trailer** 93	(3)	**15**
12837	**Humble Oil Tractor & Tanker** 93	(3)	**15**
12842	**Dunkin' Donuts Tractor & Trailer** U 92	(4)	**35▼**
12852	**Trailer Frame** SRP: $8, 94-98		**C**
12854	**U.S. Navy Tractor & Tanker** 94, 95 White-chrome/black, NIB, *11745 U.S. Navy Train*	(3)	**40**
12860	**Lionel Visitors Center Tractor & Trailer** U 94	(2)	**20**
12861	**Lionel Leasing Tractor** SRP: S8, 94	(3)	**15**
12864	**Little Caesars Tractor & Trailer** SRP: $17, 94	(2)	**15**
12865	**Wisk Tractor & Trailer** SRP: $17, 94	(2)	**15**
12869	**Marathon Tractor & Tanker** SRP: $17, 94	(3)	**25▲**
12875	**LRRC Tractor & Trailer** U 94	(3)	**30**
12881	**Mopar Tractor & Trailer** U 94 NIB, *11818 Chrysler Mopar Set*	(3)	**45**
12891	**Lionel Lines Tractor & Trailer** NIB 95	(2)	**15**
12923	**Red Wing Tractor & Trailer** U 95	(3)	**35**
12928	**Coast Guard Tractor & Trailer** NIB 96 *11905 Coast Guard set*	(2)	**20**
12932	**Laimbeer Packaging Tractor & Trailer** 96, 97 SRP: $17	(3)	**15**
12933	**GM/AC Delco Tractor & Trailer** U 95 Sold Sep. & *11822 Chevy Bowtie Set*	(3)	**35**

12935	**Zenith Tractor & Trailer** U96 Sold separately and in *11826, 11827 Zenith Sets*	(3)		35
12940	**Lionel Cola Tractor & Trailer** NIB 97 *11921 Lionel Lines set*	(3)		30
12941	**Port of Lionel City Tractor & Trailer** NIB 97 *11920 Port of Lionel City set*	(3)		30
12989	**Lionel Tractor & Trailer** SRP: $19, 98 Orange tractor, Blue-cream/blue-orange trailor			C
12991	**Linex Tractor & Tanker** Orange tractor 98 Orange-white/blue-graphics tanker, SRP: $19			C
17894	**TTOS Tractor** U91	(4)		40
17895	**LCCA Tractor** Blue lettering, U91	(3)		25
17896	**Lancaster Lines Tractor** LCCA U91	(4)		50
22910	**American Flyer Tractor & Trailer** 98 Blue/yellow trailer, yellow tractor, SRP: $19			C
22959	**BNSF Tractor & Trailer 1998** NIB 98 *11944 Lionel Lines Freight Set*			C
22971	**Lionel Cola Tractor & Trailer** 98			C
22973	**Lionel Corporation Tractor & Trailer** 98			C
22978	**Lionel Steel Tractor & Trailer** 98 *11975 Freight Accessory Pack*			C
52021	**Weyerhaeuser Tractor & Trailer** TTOS U93	(4)		45
52025	**Madison Hardware Tractor & Trailer** LCCA U93	(3)		40
52033	**Lionel Tractor & Trailer** TTOS U95 Came with 52040 Flatcar, Wolverine Division	(3)		25▲
52048	**Canadian National Tractor & Trailer** LOTS U94	(3)		40
52055	**SOVEX Tractor & Trailer** LCCA U94	(2)		30
52056	**Southern Tractor & Trailer** LCCA U94	(2)		25
52066	**Trainmaster Tractor & Trailer** U94	(4)		250▲

52069	**Carail Tractor & Trailer** U94	(3)		60
52072	**Grumman Tractor** NLOE U94 Came with 52026	(5)		75
52091	**Lenox Tractor & Trailer** LCCA U95	(3)		25
52092	**Iowa Interstate Tractor & Trailer** LCCA U95	(3)		25
52104	**Lionel Tractor & Trailer** St.LLRRC U96 Came with 52099 Missouri Pacific flatcar	(2)		25
52116	**Milwaukee Tractor & Trailer** MLRRC U97 Came with same number Milwaukee flatcar	(3)		25
52117	**REA Tractor & Trailer** St.LLRRC U97 Came with same number Wabash flatcar	(3)		25

52136A	**Merry Christmas Tractor & Trailer** U97 St.LLRRC originally sold with 52099 Missouri Pacific flatcar with tractor & trailer	(5)		125
52136B	**Frisco Tractor & Trailer** St.LLRRC U98 Came with 52150 Frisco flatcar			C

52144	**Grumman Tractor & Trailer** NLOE U98		C
	Came with same number Long Island flatcar		
52147	**Campbell's 66 Tractor & Trailer** St.LLRRC U98		C
	Came with same number Frisco flatcar		
52166	**Northrup Tractor & Trailer** NLOE U99		C
	Came with same number Long Island flatcar		
52167	**Navajo Tractor & Trailer** St.LLRRC U99		C
	Came with same number Santa Fe flatcar		
52169	**Zep Chemical Tractor & Trailer** U98		C
	Came with same number Zep flatcar		

Roller Bases

23001	**4-6-4 NYC Hudson (Smithsonian)** U93	(4)	200
23002	**4-6-4 700E Hudson** SRP: $215, U92,93,94	(4)	225▲
23003	**0-6-0 PRR B-6 Switcher** SRP: S215, U92,93,94	(4)	150
23004	**4-8-4 Northern Pacific** SRP: $215, U92,93,94	(4)	150
23005	**4-8-4 Reading T-1** SRP: $215, U92,93,94	(4)	150
23006	**4-8-4 Chessie T-1** SRP: $215, U92,93,94	(4)	175
23007	**4-8-4 So. Pacific Daylight** SRP: $215, U92,93,94	(4)	160▲
23008	**4-8-2 NYC L-3 Mohawk** SRP: $215, U92,93,94	(4)	175▲
23009	**6-8-6 PRR S-2 Turbine** SRP: $215, U92,93,94	(4)	200▲
23012	**F-3 A-B-A Diesel Engines** SRP: $215, U92,93,94	(4)	250▲

Building Kits

2709	**Rico Station** SRP: $40, 81-98		C
2718	**Barrel Platform** 77-84	(2)	10
2719	**Watchman Shanty** 77-87	(2)	10
2720	**Lumber Shed** 77-84,87	(2)	10
2721	**Log Loading Mill** NIB 78	(3)	10
	1860 Working on the Railroad		
2722	**Barrel Loader** NIB 78	(3)	10
	1860 Working on the Railroad		
2723	**Barrel Loader** NIB 84,85	(3)	10
	1403 Redwood Valley Express		
2783	**Freight Station** 84	(4)	20
2784	**Freight Platform** 81-90	(2)	10
2785	**Engine House** 73-77	(4)	50
2786	**Freight Platform** 73-77	(3)	15
2787	**Freight Station** 73-77,83	(3)	25
2788	**Coaling Station** U75,76,77	(4)	50
2789	**Water Tower** 75-77, 80	(3)	25
2791	**Cross Country Set** 70,71	(4)	50▲
2792	**Whistle Stop Set** 70,71	(4)	50▲
2793	**Alamo Junction Set** 70,71	(4)	25▲
2796	**Grain Elevator** U76,77	(4)	50
2797	**Rico Station** 76,77	(4)	50
12705	**Lumber Shed** SRP: $10, 88-98		C
12706	**Barrel Loader Building** SRP: $10, 87-98		C
12710	**Engine House** 87-91	(3)	35
12711	**Water Tower** SRP: $20, 87-98		C
12718	**Barrel Shed** SRP: $9, 87-95	(1)	10
12726	**Grain Elevator** SRP: $35, 88-91,94-98		C
12733	**Watchman Shanty** SRP: $9, 88-98		C
12734	**Passenger Station** SRP: $27, 89-98		C
12736	**Coaling Station** 88-91	(3)	30
12773	**Freight Platform** SRP: $17, 90-97	(1)	15

12774	**Lumber Loader** SRP: $10, 90-98		C
12884	**Truck Loading Dock** SRP: $25, 95-98		C
12897	**Engine House** 95-97	(2)	**25**
12904	**Coaling Station** 95-97	(2)	**25**
12905	**Factory** 95-97	(2)	**30**
12906	**Maintenance Shed** 95-97	(2)	**30**
12931	**Electrical Substation** 96, 97	(2)	**30**
12951	**Airplane Hangar** SRP: $40, 97, 98		C
12952	**Big L Diner** 97	(2)	**25**
12953	**Linex Gasoline Tall Oil Tank** 97	(1)	**15**
12954	**Linex Gasoline Wide Oil Tank** 97	(1)	**15**
12968	**Girder Bridge Kit** 97 SRP: $30 Includes one extension support	(2)	**25**
12975	**"Steiner" Victorian House** SRP: $50, 97,98		C
12976	**"Dobson" Victorian House** SRP: $50, 97,98		C
12977	**"Kindler" Victorian House** SRP: $50, 97,98		C
22902	**Quonset Hut** SRP: $37, 98		C
22915	**Municipal Building** SRP: $50, 98		C
22929	**Lionel Factory** SRP: $60, 98		NM
22933	**Section Gang Houses** SRP: $35, 98, 99 Catalogued in 98 but postponed until 99		C
22936	**Coaling Tower**, 3 pieces, 98		C
22939	**Transformer Substation** SRP: $55, 98		NM
22953	**Linex Gasoline Tall Oil Tank** SRP: $20, 98		C
22954	**Linex Gasoline Wide Oil Tank** SRP: $20, 98		C

Track

O27

5014	**1/2 Curved Track** 70-98		C
5019	**1/2 Straight Track** 70-98		C
5020	**90 Degree Crossing**, 70-98		C
5021	**Manual Switch** left, 70-98		C
5022	**Manual Switch** right, 70-98		C
5023	**45 Degree Crossing**, 70-98		C
5024	**Extra Long Straight Track** 88-98		C
5027	**Manual Switches** pair 74-84	(2)	**20**
5033	**Curved Track** 79-98		C
5038	**Straight Track** 79-98		C
5041	**Fibre Pins** 70-98		C
5042	**Steel Pins** 70-98		C
5049	**O42 Curved track** 88-98		C
5113	**O54 Curved track** 79-98		C
5121	**Remote Switch** left, 70-98		C
5122	**Remote Switch** right, 70-98		C
5125	**Remote Switch** pair, 71-83	(2)	**40**
5149	**Remote Uncoupling section**, 70-98		C
5167	**O42 Remote Switch** left, 88-98		C
5168	**O42 Remote Switch** right, 88-98		C
12746	**Remote Uncoupling section**, 89-98		C
12841	**Insulated Track** 93-98		C
22966	**Track Pack No. 1** 98		C
22967	**Track Pack No. 2** 98		C
22968	**Track Pack No. 3** 98		C

O Gauge

5132	**Remote Switch** right, 80-94	(3)	**40**
5133	**Remote Switch** left, 80-94	(3)	**40**
5165	**O72 Remote Switch** left, 87-98		C
5166	**O72 Remote Switch** right, 87-98		C
5500	**Straight Track,** 71-98		C
5501	**Curved Track** 71-98		C
5502	**Remote Uncoupling section**, 71,72	(2)	**20**
5504	**1/2 Curved Track** 83-98		C
5505	**1/2 Straight Track** 83-98		C
5520	**90 Degree Crossing**, 71,72	(2)	**15**
5523	**Extra Long Straight Track** 88-98		C
5530	**Remote Uncoupling section**, 81-98		C
5540	**90 Degree Crossing**, 81-98		C
5543	**Fibre Pins** 70-98		C
5545	**45 Degree Crossing**, 83-98		C
5551	**Steel Pins** 70-98		C
5554	**O54 Curved Track** 90-98		C
5572	**O72 Curved Track** 79-98		C
12840	**Insulated Track** 93-98		C
12925	**O42 Curved Track** 96-98		C
22969	**Track Pack No. 4,** 98		C
23010	**Remote Switch** left 95-98		C
23011	**Remote Switch** right 95-98		C

Lionel Classics

51000	**Hiawatha Set** U88	(3)	**1000▲**

Black-gray-orange/black, all metal, 6WT

350-E 4-4-2 **Hiawatha** w/oil style tender

882 Milwaukee Road Pullman
883 Milwaukee Road Pullman
884 Milwaukee Road Observation

51001	**#44 Freight Special Set** 89	(3)	**500**

51100 Lionel Lines Electric **44E** 0-4-0 Orange/black
51400 Lionel Lines Boxcar **8814** Yellow-brown/black
51500 Lionel Lines Hopper **8816** Blue/black
51700 Lionel Lines Caboose **8817** Red/black
51800 Lionel Lines Searchlight **8820** Black/white

51004	**Blue Comet Set** Blue-cream/black 91	(4)	**1200**
	1-263E Lionel Lines 2-4-2 w/tender		
	1612 Lionel Lines Passenger		
	1613 Lionel Lines Passenger		
	1614 Lionel Lines Baggage		
	1615 Lionel Lines Observation		
51201	**Rail Chief** 90	(3)	**500**
	2-tone red/black, articulated, lights		
	51202 Lionel Lines Combo 892	(3)	
	51203 Lionel Lines Coach 893	(3)	
	51204 Lionel Lines Coach 894	(3)	
	51205 Lionel Lines Observation 895	(3)	
	w/5340 4-6-4 NYC Scale Hudson	(3)	**1700▼**

Standard Gauge

Sets

	390E Passenger Set 88	(3)	**1200**
13100	**Lionel Lines 1-390E** 2-4-2 Black/brass w/tender		
13400	**Lionel Lines Baggage 323** Red-cream/black		
13401	**Lionel Lines Pullman 324** Red-cream/black		
13402	**Lionel Lines Observation 325** Red-cream/black		
	384E Steamer Freight Set 89	(3)	**1100**
13101	**Lionel Lines 1-384E** 2-4-0 2-tone gray-red/brass w/tender		
13200	**Lionel Lines Searchlight 1520** Black/white		
13300	**Lionel Lines Gondola 1512** Yellow/black		
13600	**Lionel Lines Stock Car 1513** Cream-blue/black		
13700	**Lionel Lines Caboose 1517** Red-black/black		
	Green State Set 89, U90	(3)	**2500**
	2-tone green-cream/black		
13102	**Lionel Lines Electric 1-381E** 4-4-4		
13403	**Set of 13404, 13405, 13406**		
	13404 Lionel Lines California Passenger 1412		
	13405 Lionel Lines Colorado Passenger 1413		
	13406 Lionel Lines New York Observation 1416		
	additional car sold separately:		
13407	**Lionel Lines Illinois Passenger 1414** U90	(4)	**600**
	Blue Comet Set 90, U91	(4)	**3200**
	2-tone blue-cream/black		
13103	**Lionel Lines 1-400E** 4-4-4 w/tender		
13408	**Set of 13409, 13410, 13411**		
	13409 Lionel Lines Faye Passenger 1420		
	13410 Lionel Lines Westphal Passenger 1421		
	13411 Lionel Lines Tempel Observation 1422		
	additional car sold separately:		
13425	**Lionel Lines Barnard Passenger 1423** U91	(4+)	**1000**
	Old Number 7 Set 90	(4)	**2200**
13104	**Lionel Lines 7E** 4-4-0 Brass/black w/tender		
13412	**Set of 13413, 13414, 13415** Cream-orange/black		
	13413 Lionel Lines Combination 183		
	13414 Lionel Lines Parlor 184		
	13415 Lionel Lines Observation 185		
13001	**318 Electric Freight Set** 90, 91	(3)	**1000**
	1-318E Lionel Lines Electric 0-4-0 2-tone green/black		
	5130 Lionel Lines Flatcar w/wood load Black/white		
	5140 Lionel Lines Reefer Ivory-blue/black		
	5150 Shell Tank Car Orange-black/red-black		
	5160 Lionel Lines Caboose Red-green/black		
13002	**Fireball Express Set** U90	(4)	**1400**
	2-tone red-cream/black		
	13106 Lionel Lines 2-390E 2-4-2 w/tender		
	13416 Lionel Lines New Jersey Baggage 326		
	13417 Lionel Lines Connecticut Passenger 327		
	13418 Lionel Lines New York Observation 328		

	Brown State Set 91, U92	(4)	**3500**
	2-tone brown-cream/black		
13107	**Lionel Lines Electric 1-408E** 0-4-4-0		
13420	**Set of 13421, 13422, 13424**		
	13421 Lionel Lines California Passenger 2412		
	13422 Lionel Lines Colorado Passenger 2413		
	13424 Lionel Lines New York Observation 2416		
	additional car sold separately:		
13423	**Lionel Lines Illinois Passenger 2414** U92	(4+)	**800**
	400E Freight Set 91, 92		
13108	**Lionel Lines 2-400E** 4-4-4 w/tender 91	(4)	**1500**
	Black/brass		
13303	**Sunoco Tank Car 1-215** Silver/black 92	(4)	**300**
13605	**Lionel Lines Boxcar 1-214** 92	(4)	**300**
	Yellow-brown/black		
13702	**Lionel Lines Caboose 1217** Red/black 91	(4)	**300**
	American Flyer President's Special 92	(5)	**5500**
	Chrome-gold/black		
13109	**Presidential Electric 1-4689** 4-4-4		
13003	**Set of 13426, 13427, 13428**		
	13426 West Point Baggage 1-4390		
	13427 Academy Passenger 1-4391		
	13428 Army-Navy Observation 1-4392		

Trolleys

13900	**Lionel Powered 200** Blue-yellow/black U89	(3)	**300**
13901	**Lionel Trailer 201** Dummy U89	(3)	**225**
	Blue-yellow/black		

Rolling Stock

13601	**Christmas Boxcar** Cream-red/graphics U89	(3)	**125**
13602	**Christmas Boxcar** White-gold/green-gold-blk U90	(3)	**150**
13604	**Christmas Boxcar** White-red-gold/graphics U91	(4)	**180**

Accessories

13800	**1115 Passenger Station** 88	(3)	**375**
13801	**126 Lionelville Station** 89	(3)	**200**
13802	**Runabout Boat** 90	(3)	**550**
13803	**Racing Autos** 91	(4)	**1100**
13804	**437 Tower** 91	(4)	**425**
13805	**1-44 Racing Boat** 91	(3)	**550**
13807	**Straight Track for Racing Autos** U91		*
13808	**Inner Radius Curve Track for Racing Autos** U91		*
13809	**Outer Radius Curve Track** U91		*
	for Racing Autos		
51900	**Signal Bridge & Control Panel** U89	(3)	**300**

Club Cars and Special Production

Individual listing and description are also in appropriate sections

Artrain

1994	4-8-4 **Artrain** T-1 U94	(5+)	*
	Special production for Richard Kughn		
	Dark gray with Artrain logo,		
	White Lionel Lines on tender		
9486	**GTW I Love Michigan** Boxcar U87	(4+)	**450▲**
	White-purple/purple-red, car has "Michigan 150"		
	graphics but does not include any Artrain logos		
17885	**Artrain** Tank car Blue/white SMT U90 1d		
	1. Unsigned	(3)	**90▼**
	2. w/Kughn signature	(4)	**150▲**

163

17891	**GTW** Boxcar Blue/white Artrain SMT U91	(3)	125
19425	**CSX** Flatcar w/Artrain trailer SMT U96	(3)	100
52013	**NS** Std. O Flatcar Gray/white w/van U92 Artrain SMT	(4)	325
52024	**Conrail** Auto Carrier Artrain U93 White-Tuscan/yellow, SMT	(3)	125▲
52049	**Burlington Northern** Gondola Artrain U94 Green/white, w/black coil covers, SMT	(3)	100
52097	**Chessie** Reefer Artrain U95 Yellow/graphics SMT	(3)	100
52140	**Union Pacific** Bunk Car Artrain U97 SRP: $100	(3)	100
52165	**Southern Pacific** SP-type Caboose ArtrainU98 White-red/multi		C

Carail

1394	4-8-4 **Carail** T-1 U94 Special production for Richard Kughn		
	1. Dark blue with white Carail logo	(5+)	*
	2. White with dark blue Carail logo	(5+)	*
52053	**Carail** Boxcar TTOS White-blue/blue U94	(3)	60
52054	**Carail** Boxcar White-blue/blue-red U94 Made personally for Richard Kughn	(5+)	*
52069	**Carail** Tractor & Trailer U94 White/blue-red	(3)	60

Chicagoland Lionel Railroad Club (CLRC)

52081	**C&NW 6464-555** Boxcar U96 Green/white-red, SMT, CLRC	(3)	75
52101	**BN** Single Maxi-Stack Flatcar CLRC U97 Red/white-blue, w/two white BN Containers	(4)	100▲
52102	**Santa Fe 999758** Caboose CLRC U96 Red/yellow-white 750 made	(3)	80
52103	**Santa Fe 999556** Caboose CLRC U96 Red-black/yellow-white 750 made	(3)	80
52120	**Shedd Aquarium Car 3435-557** CLRC U98		C
52148	**Santa Fe REA 52148-558** Boxcar CLRC U98 Operating, SMT Green/red-red		C
52170	**Southern Pacific 52170-562** Boxcar CLRC U99 Operating, SMT		C
52171	**Union Pacific 52171-561** Boxcar CLRC U99 Operating, SMT		C

Department 56 – Allied Model Trains

6270	**Department 56 Heritage Village 9796** AMT U96 Boxcar Green/white-graphics 5000 made	(3)	60
2096	**Department 56 Snow Village 9756** AMT U95 Boxcar Blue/white-graphics 5000 made	(3)	75
2139	**Department 56 6256** SP-type Caboose AMT U97 Red/graphics 3500 made	(3)	60
2157	**Department 56 Holly Brothers 6156** AMT U98 3d Tank car Silver-green/graphics 3500 made		C

Eastwood

16275	**Radio Flyer** Boxcar Red/graphics U96	(3)	60
16757	**Johnny Lightning** Car Hauler U96 Purple/yellow with 2 cars inside mint car body	(4)	100▲
16985	**Ford 6424** Flatcar Blue/white U97 With 2 blue and white vans	(3)	50
52044	**Eastwood** Vat Car Dark blue-silver/gold U94 SMT, 5000 made	(2)	40

52083	**Pennsylvania** Flatcar Brown/white, SMT U95 w/Eastwood trailer Silver/graphics	(3)	**50▲**
52130	**Hot Wheels 21697** Flatcar Black/white U97 w/multicolored tanker/trailer	(3)	**60**
52158	**Monopoly** Mint Car Green-black/graphics U98		**C**
52159	**Monopoly Electric Company** Flatcar U98 w/transformer, Gray/graphics		**C**
52160	**Monopoly Water Works** Tank Car U98 1d Yellow/graphics		**C**
52161	**Monopoly** SP-type Caboose Red-black/graphics U98		**C**

Inland Empire Train Collectors Association (IETCA)

1979	**IETCA** Boxcar White/orange-green U79	(5)	**75**
1980	**IETCA** SP-type Caboose U80	(5)	**75**
1981	**IETCA** Hopper Blue/dark blue U81 C, Q	(5)	**75**
1982	**IETCA** Tankcar Silver/black-red U82 3d	(5)	**75**
1983	**IETCA** Reefer Orange-green/black U83	(5)	**75**
1986	**IETCA** Bunkcar Gray/maroon U86	(5)	**75**
7518	**Carson City Mint** Black/gold, IETCA, SMT U84	(5)	**300**

Knoebel's

52070	**Knoebel's** Boxcar White-green/green U95	(3)	**75**
52132	**Knoebel's** Boxcar White-red/red U98		**C**
52133	**Knoebel's** Boxcar White-blue/blue U99		**C**
52134	**Knoebel's** Boxcar White-orange/orange U00 Note the above three pieces were all made by Lionel in 1998		**C**

Lionel Collectors Association of Canada (LCAC)

5710	**Canadian Pacific** Reefer U83 Tuscan/white LCAC	(5)	**250**
5714	**Michigan Central** Reefer U85 White-brown/black, LCAC	(4)	**150**
6100	**Ontario Northland** Hopper U82 C, Q Blue-yellow/yellow, LCAC	(5)	**250**
8103	**Toronto, Hamilton & Buffalo** LCAC U81 Boxcar Yellow-black/black	(4)	**150**
8204	**Algoma Central** Boxcar LCAC Red/white U82	(4)	**150▲**
8507,08	**Canadian National** F-3 AA U85 Shells only, LCAC	(5)	**350▲**
8912	**Canadian Southern** Operating Hopper U89 S Black/white, LCAC	(4)	**130**
9413	**Napierville Junction** Boxcar U80 Yellow-red/red-black, LCAC added graphics	(4)	**175**
9718	**Canadian National** Boxcar U79 Tuscan/white, LCAC w/added graphics	(4)	**175**
17893	**British American Oil Co. 914** U91 1d Tank car, Black/white, SMT, LCAC	(4)	**150**
52004	**Algoma Center 9215** Gondola SMT U92 Black/white w/black coil covers, LCAC, 400 made	(4)	**150**
52005	**Canadian National** F-3 9517 B LCAC U93	(4)	**250**
52006	**Canadian Pacific 930016** Boxcar LCAC SMT U93 Standard O, Brown/white, 400 made	(4)	**175**
52115	**Wabush 9519** Auto Carrier 2-tier LCAC U97	(4)	**150**
52125	**TH&B 2346** & **2354** Gondolas LCAC U98 SMT, Black/white, sold as pair		**C**
86009	**Canadian National** Bunkcar LCAC U86	(4)	**150**

165

87010	**Canadian National** Reefer LCAC U87 Green-black/yellow	(4)	**150**
88011	**CN** Woodside Standard O Caboose LCAC U88 High Cupola, Orange/white	(5)	**400▲**
830005	**Canadian National** Boxcar LCAC U83	(4)	**200**
840006	**Canadian Wheat** Hopper LCAC U84 C, Q Dark brown/yellow	(4)	**250**
900013	**Canadian National** Flatcar LCAC SMT U90 Black/white, w/Canadian National trailers	(4)	**200▼**

Lionel Collectors Club of America (LCCA)

6014-900	**Frisco** Boxcar LCCA White/black U75,U76	(4)	**40**
6112	**Commonwealth Edison** Hopper U83 Q Tuscan/black-white, w/coal load, LCCA	(4)	**100**
6323	**Virginia Chemical** Tankcar SMT U86 1d Black/red-white, LCCA	(3)	**65**
6483	**Jersey Central** SP-type Caboose U82 Red/white, LCCA	(4)	**35▲**
6567	**ICG** Crane LCCA 6WT U85 Gray-orange-black/white	(3)	**90**
7403	**LNAC** Boxcar Blue/black-white LCCA U84	(3)	**50**
8068	**The Rock** GP-20 2700 made for LCCA U80	(3)	**140**
9016	**Baltimore & Ohio Chessie** Hopper U79, U80 S Yellow/blue LCCA	(3)	**25**
9036	**Mobilgas** Tankcar White/red LCCA U78, U79 1d	(3)	**30**
9118	**Corning** Hopper White-green/blk, LCCA U74 C, Q	(4)	**100**
9142	**Republic Steel** Gondola U77, U78 Green/white, LCCA	(3)	**15**
9155	**Monsanto** Tankcar White/black-red LCCA U75 1d	(3)	**65▼**
9212	**SCL** Flatcar Tuscan/white LCCA U76 2 vans with graphics	(3)	**35**
9259	**Southern** Bay Window Caboose LCCA U77 Red/white	(3)	**40▼**
9358	**Sands of Iowa** Hopper U80 C, Q Blue-black/black, LCCA	(2)	**40▼**
9435	**Central of Georgia** Boxcar U81 Silver-black/black, LCCA	(3)	**55**
9460	**Detroit, Toledo & Shore Line** U82 Boxcar, DD, Blue/white, LCCA Dearborn, MI	(3)	**50**
9701	**Baltimore & Ohio** Boxcar DD 72 1. Black/white, black doors, LCCA w/decal 2. Same LCCA w/o decal	(4) (4)	**300*** **200***
9727	**TAG** Boxcar LCCA U73 Tuscan/white Type 9	(3)	**225▼**
9728	**Union Pacific** Stock Car LCCA U78 Yellow-silver/red	(2)	**40**
9733	**Airco** Boxcar White-orange/blue U79 Type 9 LCCA, tank car inside box car	(3)	**85**
9739	**D&RGW** Boxcar U78 Yellow-silver/black, black stripe, Type 9 LCCA w/added graphics "Lenny the Lion" Less than 100 reported to have been produced.	(5)	**300***
9771	**N&W** Boxcar Dark blue/white U77 Type 9 LCCA w/added graphics "Lenny the Lion"	(5)	**300***
17870	**East Camden & Highland** SMT U87 Standard O Boxcar Orange-beige/black LCCA	(3)	**80▼**
17873	**Ashland** Tankcar LCCA SMT U88 3d 1. Regular production 2. With Ashland sign for oil derrick	(3) (4)	**75** **85**

166

17876	**Columbia, Newberry & Laurens** SMT 89 (3) Standard O Boxcar Tuscan/white LCCA		65▼
17880	**D&RGW** Standard O Woodside High-cupola (4) Caboose Black/white LCCA U90		85
17887	**Conrail** Standard O Flatcar Tuscan/white SMT U91 (3) 1 Ford van white/graphics LCCA		90
17888	**Conrail** Standard O Flatcar Tuscan/white SMT U91 (3) 1 Armstrong van White/graphics LCCA		85
17892	**Set of 17887, 17888** LCCA U91	(3)	175
17895	**LCCA** Tractor Blue lettering U91	(3)	25
17896	**Lancaster Lines** Tractor U91 Orange lettering, LCCA	(4)	50
17899	**NASA** Standard O Uni-body Tank LCCA U92 SMT, White/red	(4)	90▲
18090	4-6-2 **D&RGW** MT, RS, smoke LCCA U90	(3)	400▼
52023	**D&TS** Standard O 2-bay ACF Hopper LCCA U93 (3) SMT, Gray/black		75▼
52025	**Madison Hardware** Tractor & Trailer LCCA U93	(3)	40
52038	**Southern** Standard O Hopper LCCA SMT U94 (3) w/coal load, Tuscan/white		75▼
52039	**LCCA Track 29** Bumper U94	(4)	25
52055	**SOVEX** Tractor & Trailer LCCA U94	(2)	30
52056	**Southern** Tractor & Trailer LCCA U94	(2)	25
52074	**Iowa Beef Packers 197095** Standard O Reefer U95 (3) Blue/black-yellow, LCCA		45
52090	**Pere Marquette** DD LCCA SMT U96 Standard O Boxcar, Brown/white-yellow	(3)	50
52091	**Lenox** Tractor & Trailer LCCA U95	(3)	25
52092	**Iowa Interstate** Tractor & Trailer LCCA U95	(3)	25
52100	**Grand Rapids** LCCA Station Platform U96	(4)	30
52107	**Pickup Truck** Orange/black LCCA U96	(2)	50▼
52108	**Step Van** Blue/black LCCA U96	(2)	50▼
52110	**CSt.PM&O** Standard O Boxcar U97 LCCA Green-yellow/yellow-green SMT	(3)	50
52131	**Airplane** LCCA Blue/white U97	(3)	35▲
52138	**Airplane** LCCA Orange/white U97	(3)	35▲
52151	**Amtrak 71998** Standard O Reefer LCCA SMT U98 Silver-black/red, white, blue, black		C
52152	**Ben Franklin/Philadelphia 1998** LCCA U98 Woodside reefer Blue/multi		C
52153	**Set of (4) 6414 Automobiles** LCCA U98 Blue, orange, green, brown		C

Lionel Central Operating Lines (LCOL)

1981	**Lionel Central Operating Lines** U81 Boxcar, LCOL, Orange/blue	(5)	65
5724	**Pennsylvania** Bunkcar Yellow/black LCOL U84	(5)	65
6508	**Canadian Pacific** Crane 6WT, U83 Maroon/white-maroon/maroon boom LCOL w/added graphics	(5)	85
9184	**LCOL** Bay Window Caboose Red/white U82	(5)	65
9475	**Delaware & Hudson** Boxcar SMT U85 *I Love New York*, Blue-white/white-blue LCOL added graphics	(5)	65

Lionel Kids Club (LKC)

19967	**LKC Animated Gondola** U98 Yellow-purple/multi		C

Lionel Operating Train Society (LOTS)

303	**Stauffer Chemical** Tankcar U85 1d Gray/black, LOTS exclusive decorated outside factory	(4)	**150▲**
1223	**Seattle North Coast** Hi-cube Boxcar LOTS, U86 Green/yellow-white, 47 made	(5)	**600▲**
3764	**Eahn** Reefer Yellow/brown LOTS U81 Decorated outside factory		
	1. Red roof	(4)	175
	2. Brown roof	(4)	150
6111	**L&N** Hopper Gray/red LOTS U83 C, Q	(4)	100
6211	**C&O** Gondola Black/yellow, LOTS U86	(3)	125
9414	**Cotton Belt** Boxcar LOTS, w/added graphics U80	(3)	150
16812	**Grand Trunk** Standard O LOTS SMT U96 2-bay ACF Hopper, Blue/white	(3)	65
16813	**PP&L** Standard O Hopper LOTS SMT U97 w/coal, Tuscan/yellow	(3)	85
17874	**Milwaukee Road** Log Dump SMT U88 Tuscan/white, Logs and chains, LOTS exclusive	(4)	**175▲**
17875	**Port Huron & Detroit** Boxcar LOTS U89 Blue-silver/white, SMT	(3)	**100▼**
17882	**B&O** Boxcar LOTS DD, ETD, Tuscan/white, U90	(3)	85
17890	**CSX** Auto Carrier 2-tier LOTS U91 Yellow/black, SMT	(3)	125
18890	**Union Pacific 18805** RS-3 LOTS U89 Yellow-gray/red	(3)	225
19960	**Western Pacific 1952** LOTS SMT U92 Standard O Boxcar Orange-silver/black	(3)	125
38356	**Dow Chemical** Tank car U87 3d Light blue/yellow, LOTS decorated outside factory	(4)	150
52014	**EN** TTUX LOTS Grn/wht w/N&W vans U93	(3)	175
52041	**EN** TTUX LOTS U94 Green/white w/Conrail van	(3)	125
52042	**EN** TTUX LOTS Single unit U94 Green/white 15th Anniversary w/CN van	(3)	75
52048	**Canadian National** Tractor & Trailer LOTS U94	(3)	40
52067	**Burlington** Ice Car LOTS U95 Yellow-brown/black, SMT	(3)	65
52129	**Steamtown** Lighted Billboard LOTS U97 Artwork by Angela Trotta Thomas	(4)	35
52135	**Santa Fe 3464** Reefer LOTS SMT U98 Orange/black-white		**C**
52162	**GM&O** DD Boxcar LOTS Red/white, SMT U99		**C**
80948	**Michigan Central** Boxcar LOTS U82 Green-black/white, decorated outside factory	(5)	**500▲**
121315	**Pennsylvania** Hi-cube Boxcar LOTS U84 Tuscan/white-yellow	(4)	**300▲**

Lionel Railroader Club (LRRC)

0780	**LRRC** Boxcar White-red/black U82	(4)	**90▼**
0781	**LRRC** Flat car Black/white U83 With 2 vans, Silver/red-black	(4)	125
0782	**LRRC** Tank car Maroon/white U85 1d	(3)	**70▼**
0784	**LRRC** Hopper White/black-red U84 C, Q	(4)	95
12875	**LRRC** Tractor & Trailer U94	(3)	30
12921	**LRRC** Station Platform U95	(3)	30
16800	**LRRC** Ore car Yellow/black U86	(4)	**90▼**
16801	**LRRC** Bunk car Blue/yellow U88	(3)	45
16802	**LRRC** Tool car Blue/yellow U89	(3)	45

16803	**LRRC** Searchlight Red-gray/white LRRC U90	(3)	**45**
16804	**LRRC** Bay Window Caboose Red-gray/white U91	(3)	**50**
18818	**LRRC GP-38-2** U92	(3)	**160**
19437	**LRRC 1997** Flat car w/trailer SMT U97 Blue flat w/orange trailer	(3)	**50▲**
19924	**LRRC** Boxcar Silver-blue/black-gold U93	(3)	**40**
19930	**LRRC** Hopper U94 Q Yellow/black-red w/coal load	(3)	**40**
19935	**LRRC** Tank car Black/gold U95 1d	(3)	**40**
19940	**LRRC** Vat car Green-black/white U96	(3)	**45**
19953	**LRRC 6464-97** Boxcar Blue/orange-cream U97 SMT This car was the replacement for the misnumbered 29200.	(3)	**45▲**
19965	**Pete's Place 3435** Aquarium Car LRRC U98 Purple-green/green		**C**
19966	**LRRC 9820** Standard O Gondola SMT U98 w/coil covers		**C**
29200	**LRRC 9700** Boxcar Blue/orange-cream U96 SMT, Car was scheduled to have 6464-96 number, but was produced with 9700. Car re-issued as 19953 with 6464-97 number.	(3)	**45▲**

Milwaukee Lionel Railroad Club (MLRRC)

52116	**Milwaukee Road** MLRRC SMT U97 Flat car w/Tractor & Trailer	(3)	**60**
52163	**Milwaukee Road Hiawatha** Boxcar DD MLRRC U99 SMT, Brown/white		**C**

Nassau Lionel Operating Engineers (NLOE)

8389	**Long Island** Boxcar NLOE Tuscan/white U89	(5)	**100***
8390	**Long Island** Hopper NLOE Gray/orange U90 C, Q	(5)	**100**
8391A	**Long Island** Bunkcar NLOE U91 Orange-gray/gray	(5)	**75**
8391B	**Long Island** Toolcar NLOE U91 Orange-gray/gray	(5)	**75**
17893	**Long Island 8392** Tank car NLOE U92 1d Gray/orange, SMT	(3)	**100***
52007	**Long Island 1552 RS-3** NLOE U92	(5)	**225***
52019	**Long Island 8393** Boxcar NLOE U93	(4)	**75***
52020	**Long Island 8393** NLOE U93 Bay Window Caboose Orange-black/graphics	(5)	**100**
52026	**Long Island 8394** Flatcar NLOE U94 Black/white, SMT, w/Grumman Trailer & 52072 Grumman Tractor	(5)	**450**
52061	**Sterns Pickles 8395** NLOE Vat Car U95 White-silver/red, SMT	(5)	**200***
52072	**Grumman** Tractor NLOE came w/52026 U94	(5)	**75***
52122	**Meenan Oil 8397** Tank car NLOE U97 1d White/green, SMT 1. Regular Production 2. Misspelled as Meehan Oil	(4) (5+)	**75** *****
52144	**Long Island 8398** Flatcar NLOE SMT U98 w/Grumman Tractor & Trailer		**C**
52166	**Long Island 8399** Flatcar NLOE SMT U99 w/Northrup Tractor & Trailer		**C**

Passenger Cars
NLOE Long Island Railroad
Aluminum, Gray/black, 4WT

52076	Long Island 9683 Skytop Observation NLOE U96	(5)		300
52112	Long Island 9783 Full Vista Dome NLOE U97	(5)		300
52123	Long Island 9883 Dining Car NLOE U98			C
52145	Long Island Passenger Car NLOE			
	1. 9983 U99			C
	2. 2083 U00			C

St. Louis Lionel Railroader Club (St.LLRRC)

52099	MP Flat car St.LLRRC U96		
	Black/white w/white/graphics Trailer		
	1 W/ 52104 Lionel Magic Tractor & Trailer	(3)	50
	2 W/ 52136A Merry Christmas Tractor & Trailer	(5)	175
52104	Lionel Magic Tractor & Trailer St.LLRRC U96	(3)	25
	Included w/52099		
52117	Wabash Flat car St.LLRRC Black/white U97	(3)	60
	w/REA Tractor & Trailer SMT		
52136A	Merry Christmas Tractor & Trailer St.LLRRC U97	(5)	125
	Included w/52099		
52136B	Frisco Tractor & Trailer St.LLRRC U98		C
	Included w/52150		
52147	Frisco Flat car St.LLRRC Brown/white U98		C
	w/Campbell's 66 Tractor & Trailer, SMT		
52150	Frisco Flat car St.LLRRC Brown/white U98		C
	Identical to 52147, but includes 52136B		
	Frisco Tractor & Trailer, SMT		
52167	Santa Fe Flatcar St.LLRRC Black/white U99		C
	w/Navajo Tractor & Trailer, SMT		

Train Collectors Association (TCA)

—	C&NW F-3 A shell only, Midwest TCA U77	(5)	80
0005	Midwest TCA Hopper Blue/yellow U78 C, Q	(4)	30
0	Jersey Central F-3 A U71	(3)	75
	Shell only, NETCA		
018-1979	Mortgage Burning TCA Hi-cube Boxcar U79	(3)	50
203	Boston & Maine NW-2 U72	(4)	65
	Shell only NETCA		
971-1976	EMTCA Reefer U76	(4)	50
	White-blue/graphics		
973	TCA Auto Carrier 3-tier Black/gold U73	(3)	50
976	FEC F-3 ABA SDTCA Shells only U76	(5)	250
976	Seaboard Coast Line U36B U76	(3)	250▼
	TCA set included 3 matching passenger		
	cars. Price listed for set.		
983	Churchill Downs Reefer Tan/red GLTCA U83	(5)	200
983	Churchill Downs Boxcar Tan/red GLTCA U83	(5)	200▲
984	Heinz Ketchup White-red/graphics FPTCA U84		
	1 without letter	(4)	200
	2 with letter (behind divider inside box)	(4)	225
986	20th Anniversary Bunkcar SDTCA U86	(4)	35
	Yellow/graphics		
256	Station Platform TCA U75	(3)	30
710	Billboards TCA Set of 5 U76	(3)	30
700	Oppenheimer Reefer GTCA U81	(5)	300▲*
	Blue-green/black, first TCA banquet car, SMT		
710	Canadian Pacific Reefer NETCA U82	(4)	75
	Tuscan/white		

5716	**Vermont Central** Reefer NETCA U83 Silver-black/black-green	(4)	75
5724	**Pennsylvania** Bunkcar Yellow/black ADTCA U85	(4)	55
5731	**L&N** Reefer Tuscan/white U90 TCA Museum, 100 made	(4)	175
5734	**TCA Seattle** Reefer Green/red-white, SMT U85	(3)	100▼
6101	**Burlington Northern** Hopper ADTCA U82 C, Q Green/white	(4)	60
6111	**L&N** Hopper Gray/red SDTCA U83 C, Q	(4)	40
6124	**Delaware & Hudson** Hopper U84 C, Q Red/yellow, NETCA	(4)	75
6315	**TCA** Tankcar Pittsburgh Orange/black U72 1d	(3)	60
6401	**Virginian** Bay Window Caboose S-STCA U84 Blue/yellow	(5)	45
6464-1970	**TCA Chicago** Boxcar U70 Yellow/red, Type 5, 1100 made	(3)	150▼
6464-1971	**TCA Disneyland** Boxcar U71		
	1. White, Disney logos, Mickey, full smile, Type 7	(3)	225▼
	2. Same, half-smile, one side	(4)	300▼
	3. Same, half-smile both sides	(4)	350▼
6464-1971	**TCA Disneyland** Boxcar U71 Sometime in 1971, 15 test shells, stamped with Disney markings and headed for the trash bin, were removed from the Lionel factory by a Lionel employee. The shells found their way to a collector in Georgia. He added trucks, trim and doors. Nine of the shells are white and six are colored, Type 6.		
	1. Dark blue, 2 known	(5+)	*
	2. Green	(5+)	*
	3. Medium blue	(5+)	*
	4. Red, 2 known	(5+)	*

	5. Nine white versions exist with doors
	   of different colors. The doors were
	   put on outside the factory.
		(5+)	*

6926	**TCA** Extended Vision Caboose White/blue U86	(3)	75▼
7522	**New Orleans Mint** Blue/silver, SMT LSTCA w/coin U86	(5)	650
7600	**Frisco** N5C-type Caboose Red-white/blue U76 MDTCA 00003	(4)	55
7780	**TCA Museum** Boxcar Red/white U80	(4)	50
7781	**Hafner** Boxcar Silver/black TCA Museum U81	(4)	35
7782	**Carlisle & Finch** Boxcar TCA Museum U82 Dark cream/brown	(4)	35
7783	**Ives** Boxcar Green/white TCA Museum U83	(4)	35
7784	**Voltamp** Boxcar TCA Museum U84 Light yellow/black	(4)	35
7785	**Hoge** Boxcar TCA Museum U85 Silver-black/black	(4)	35
7786	**Dorfan** (KMT car) Boxcar TCA Museum U86	(4)	35
7812	**TCA Houston** Stockcar Brown/yellow U77	(3)	30▼
8051	**Hoods Milk** Boxcar NETCA U86 Green-maroon/yellow-red	(4)	150▲
8476	**4-6-4 TCA Special 5484** 222-type tender, U85 Die-cast, 6WT, MT	(3)	450▼
8957	**Burlington Northern GP-20** D-TTCA U80	(5)	200
8958	**Burlington Northern GP-20** D-TTCA U80	(5)	150
9068	**Reading** Green/yellow 73-76 Bobber Caboose, GTCA	(4)	25
9113	**N&W** Hopper Gray/black TRTCA U76 Q	(4)	40

9119	**Detroit & Mackinac** Hopper Red/white U77 C, Q		
	1. D-TTCA	(4)	**40**
	2. LSTCA	(4)	**40**
9181	**Boston & Maine** N5C-type Caboose U77 Blue/white, NETCA	(4)	**75**
9184	**Erie** Bay Window Caboose Red/white LSTCA U77	(4)	**50**
9186	**Conrail** N5C-type Caboose Blue/white U79 ADTCA	(3)	**50**
9193	**Budweiser** Vat car, ADTCA U84 Red/silver w/white/red vats, w/added graphics	(4)	**225▲**
9264	**IC** Hopper Orange-black/black U78 C, Q TCA Museum	(5)	**45**
9272	**New Haven** Bay Window Caboose D-TTCA U79 Red/white-black	(4)	**30**
9287	**Southern** N5C-type Caboose Red/white U77 SDTCA	(4)	**45**
9289	**C&NW** N5C-type Caboose U80 Yellow-green/black, TCA Museum	(5)	**50**
9301	**US Mail Car** Red-white-blue/white-black U76 S-STCA, Operating Boxcar	(5)	**50**
9319	**TCA Silver Jubilee** Mint Car Blue/white U79		
	1. Without coin	(3)	**225▼**
	2. With coin	(4)	**300▼**
9400	**Conrail** Boxcar Tuscan/white U78 NETCA added graphics	(4)	**50**
9401	**Great Northern** Boxcar U78 Pale green/white, D-TTCA added graphics	(4)	**30**
9403	**Seaboard Coast Line** Boxcar U78 SDTCA U78 added graphics	(4)	**30**
9405	**Chattahoochee RR** Boxcar U79 Silver/black-red, SDTCA added graphics	(4)	**30**
9412	**RF&P** Boxcar Blue/white U79 WB&ATCA added graphics	(4)	**50**
9414	**Cotton Belt** Boxcar U80 S-STCA added graphics	(5)	**45**
9415	**Providence & Worcester** Boxcar U79 Red/white-black, NETCA added graphics	(4)	**50**
9423	**NY, NH&H** Boxcar Tuscan/white U80 NETCA added graphics	(4)	**75**
9427	**Bayline** Boxcar S-STCA added graphics U81	(5)	**50**
9443	**FEC** Boxcar Tuscan-silver/white-red U81 SDTCA added graphics	(4)	**30**
9444	**Louisiana Midland** Boxcar U82 White-blue/red, S-STCA added graphics	(4)	**30**
9445	**Vermont Northern** Boxcar U81 Yellow-silver/black, NETCA U81 added graphics	(4)	**75**
9452	**Western Pacific** Boxcar U83 Tuscan/white, S-STCA added graphics	(5)	**35**
9466	**Wanamaker Railway Lines** Boxcar U83 Wine red/gold, ADTCA added graphics	(4)	**200▼**
9471	**Atlantic Coast Line** Boxcar U84 Tuscan/white, SDTCA added graphics	(4)	**30**
9482	**Norfolk Southern** Boxcar U85 Gray-black/red, SDTCA w/added graphics	(4)	**30**
9601	**Illinois Central** Hi-cube Boxcar U77 Orange/black, GTCA w/added graphics	(4)	**30**
9611	**TCA Flying Yankee** Hi-cube Boxcar U78 Blue-black/black, Repainted as 1018-1979 TCA Mortgage Burning Car U79	(3)	**45**
9701	**Baltimore & Ohio** Boxcar DD U72 Black/white, black doors, TCA	(3)	**100▼**

9705	**Denver & Rio Grande** Boxcar Type 9 U74 Orange/black, S-STCA w/added graphics	(5)		**40**
9723	**Western Pacific** Boxcar U74 Orange/black, S-STCA w/added graphics	(5)		**50**
9725	**MKT** Stockcar Yellow/black U75 MDTCA 00002	(4)		**45**
9726	**Erie Lackawanna** Boxcar U79 Blue/white, SMT, S-STCA w/added graphics	(5)		**40**
9730	**CP Rail** Boxcar Type 9 U76 Silver/white D-TTCA	(4)		**40**
9739	**D&RGW** Boxcar U76 Yellow-silver/black, black stripe, Type 9 LSDTCA w/added graphics	(4)		**40**
9740	**Chessie** Boxcar Yellow/blue Type 9 U76 GLTCA w/added graphics	(4)		**35**
9753	**Maine Central** Boxcar Type 9 U75 Yellow/green, METCA w/added graphics	(4)		**35**
9754	**NYC** Boxcar Gray-red/white Type 9 U76 METCA, w/added graphics	(4)		**50**
9767	**Railbox** Boxcar Yellow/black Type 9 U78 GTCA w/added graphics	(4)		**30**
9768	**B&M** Boxcar Blue/white-black U76 NETCA w/added graphics	(4)		**30**
9771	**N&W** Boxcar Dark blue/white Type 9 1. TCA Museum stamp U77 2. WB&ATCA (overstamped) U78	(3) (4)		**40▼** **30**
9774	**The Southern Belle** Boxcar U75 Type 9 Orange-silver/green-black TCA	(3)		**45▼**
9779	**TCA** Boxcar 9700-1976 U76 Type 9 Wht-red/blue-brn Philadelphia misspelled *Philadephia*	(3)		**45▼**
9783	**Baltimore & Ohio** Boxcar U77 Type 9 Blue-orange/white, WB&ATCA w/added graphics	(4)		**35**
9785	**Conrail** Boxcar U77 Type 9 Blue/white, TCA Museum stamp	(5)		**45**
9786	**C&NW** Boxcar Tuscan/white U79 Type 9 TCA Museum stamp	(5)		**45**
9788	**Lehigh Valley** Boxcar U78 Type 9 Cream/black, ADTCA w/added graphics	(4)		**45**
9864	**TCA** Reefer White-blue/black-red U74 1974 TCA National Convention	(3)		**45▼**
9872	**PFE** Reefer Orange-silver/black U79 MDTCA 00006	(4)		**55**
11737	**TCA 40 F-3** ABA U93	(3)		**650▼**
16606	**Southern** Searchlight Green/white SDTCA U88	(4)		**50**
16658	**Erie** Crane TCA, 6WT U93 Maroon/yellow/silver boom, w/added graphics	(4)		**75**
16811	**Rutland** Boxcar TCA U96 Yellow-green/green-yellow, SMT	(3)		**60**
16911	**B&M** Flatcar w/trailer, blk/white NETCA	(5)		**150**
17883	**TCA Atlanta** General-type Passenger car U90	(3)		**70**
17898	**Wabash 21596** Reefer TCA U92 Orange-silver/graphics SMT	(3)		**70▼**
19906	**I Love Pennsylvania** Boxcar Maroon/white 89 TCA President's car, overstamp, 50 made	(5)		**200***
19942	**I Love Florida** Boxcar SDTCA added graphics U96	(5)		**50**
52000	**D-TTCA** Flatcar U92 Blue/silver w/silver/blue trailer	(4)		**150▲**
52001	**Boston & Maine** Hopper NETCA U92 Q Gray/black SMT w/coal	(4)		**65▲**
52003	**Meet Me In St. Louis** Flatcar w/trailer U92 Red/white TCA SMT	(5)		**650▲**

52008	Bucyrus Erie U93 Gray-black/blk-white, TCA 6WT	(3)	75
52016	B&M Gondola Silver/black NETCA U94 w/blue coil covers	(4)	60▲
52018	3M Boxcar TCA Banquet Black/white-red U93	(5)	600▲
52035	TCA Yorkrail GP-9 1750 shell only U94	(4)	75
52036	TCA 40th Anniversary Bay Window Caboose U94 Orange-black/black	(3)	65▼
52037	TCA Yorkrail GP-9 1754 U94	(3)	180▼
52043	LL Bean NETCA Blue/white-red SMT U94	(4)	300▲
52045	Penn Dutch Operating Milk Car TCA U94 Red-black/graphics	(4)	200
52051	B&O Sentinel 6464-095 Boxcar U95 Silver-green/blue-yellow, TCA, SMT	(3)	60
52052	TCA 40th Anniversary Boxcar U94 Orange-red/black, SMT	(4)	175▲
52059	Clinchfield Hopper TCA York U94 Q Black/white w/coal load, 94 Banquet car Caution – Fakes have been made	(3)	150
52063	NYC Pacemaker 6464-125 Boxcar U95 Red-gray/white, TCA, SMT, Toy Train Museum overstamp, 300 made	(4+)	450▲
52064	Missouri Pacific 6464-150 Boxcar U95 Blue-gray-yellow/blue-gray, TCA, SMT, Toy Train Museum Overstamp, 300 made	(4+)	400▲
52065	Penn Dutch Operating Boxcar TCA Op. U96 Green-black/graphics	(4)	125
52077	Great Northern Hi-cube Boxcar TCA U95 Blue/white, SMT, TCA Banquet car, 125 made	(5)	500▲
52080	B&M Flatcar NETCA Blue/white SMT U95 w/blue/white-black-yellow trailer	(4)	150▲
52088	Step Van DDTCA U96 Gray/holographic stickers	(4)	125
52093	Lone Star Express 6464-696 U96 Boxcar, Black-orange-silver/black-white, LSTCA, SMT	(4)	75▲
52105	Superstition Mountain Animated U97 Gondola, TCA	(4)	85
52111	Ben & Jerry's Flatcar w/trailer NETCA SMT U96	(4)	250▲
52118	D&RGW 5477097 Boxcar SMT U97 for TCA Museum Yellow-silver/black	(3)	60
52119	20th Anniversary 1977-1997 U97 April 17, 1997, Toy Train Museum, signed by Angela Trotta Thomas White/graphics, Boxcar, 200 made	(4)	200▼
52127	Southern 360997 Dixie Division TCA U97 Standard O Coal Hopper Brown/white SMT	(4)	75
52128	Penn Dutch Pretzels 91653 Boxcar TCA U97 Cream-green/graphics SMT	(4)	80▲
52142	Massachusetts Central 5100/5101 TCA U98 Maxi Stack with UPS, "K"Line, Cole's Express, and St. John's Bay containers		C
52146	Ocean Spray 1998 Reefer NETCA SMT U98 Cranberry-black/white-blue, Banquet car		C
	15th Anniversary Flag Pole Plot U96 Yellow/graphics, Toy Train Museum,	(4)	200▼

174

Passenger Cars
TCA Bicentennial Special U76
  Plastic, Red/white/blue, 4WT, oc

1973	Observation	(3)	60▼
1974	Pullman	(3)	60▼
1975	Pullman	(3)	60▼

TCA Convention Series
  Plastic, Green-black/gold, 6WT, lights, oc

0511	**TCA St Louis** Baggage U81	(3)	70▼
7205	**TCA Denver** Combine U82	(3)	70▼
7206	**TCA Louisville** Pullman U83	(3)	70▼
7212	**TCA Pittsburgh** Pullman U84	(3)	70▼
9544	**TCA Chicago** Observation U80	(3)	70▼
17879	**TCA Valley Forge** Diner U89	(3)	70▼
	Set w/5734 TCA Seattle reefer	(3)	550▼

TCA 40th Anniversary Set
  Aluminum, Orange-black-silver/black-white

52062	**City of Seattle 1995** Skytop Observation TCA U95	(3)	200
52085	**City of Dallas 1996** Full Vista Dome TCA U96	(3)	130▲
52106	**City of Phoenix 1997** Diner TCA U97	(3)	125
52143	**City of Providence 1998** Coach TCA U98		C
52155	**City of San Francisco 1999** Baggage TCA U99		C

Toy Train Operating Museum (TTOM)

17878	**Magma** Ore Car Black/white TTOM w/load U89	(4)	75
17881	**Phelps-Dodge** Ore Car TTOM U90 Gray/black, w/load	(3)	50
17886	**Cyprus** Ore Car TTOM U91 Silver/blue-black, w/load	(3)	50
19961	**Inspiration Consolidated Copper Company** U92 Ore Car, Tan/gold, w/load, TTOM	(3)	50
52011	**Tucson, Cornelia & Gila Bend** SMT U93 Ore Car, Black/tan, TTOM	(3)	40
52027	**Pinto Valley Mine** Ore Car TTOM U94 Green/white, w/load	(3)	35
52071	**Copper River Basin** Ore Car TTOM U95 Gray/black	(3)	35
52089	**SMARRCO** Ore Car TTOM U96 Red oxide/white, w/load	(3)	35
52124	**El Paso & South Western** Ore Car TTOM U97 Black/white w/load	(3)	35
52164	**SP** Ore Car w/load TTOM Tuscan/whiteU98		C

Toy Train Operating Society (TTOS)

1983	**TTOS** Phoenix Tank Car 1d U83	(4)	75
1984	**Sacramento Northern** Hi-cube Boxcar TTOS U84 Brown/white-gold	(4)	100
1985	**Snowbird** Hopper TTOS U85 C, Q Light blue/black	(3)	75▼
6076	**Santa Fe** Hopper Gray/graphics TTOS U70 S	(4)	100
6582	**TTOS** Flatcar w/lumber SMT U86 Tuscan/yellow	(4)	250
9326	**Burlington Northern** TTOS U82 Bay Window Caboose, Green/white	(4)	75▲
9347	**Niagara Falls** Tank car TTOS, U79 3d Blue/black, SMT	(3)	40
9355	**Delaware & Hudson** TTOS U82 Bay Window Caboose, Blue-gray/yellow	(4)	75▲
9361	**Chicago & North Western** U82 Bay Window Caboose, Yellow/green, TTOS	(4)	75▲
9382	**FEC** Bay Window Caboose TTOS U82 Red-yellow/white-red	(4)	75▲

Number	Description	Qty	Price
9678	**TTOS Hollywood** Hi-cube Boxcar U78		
	1. White-red/red-yellow	(3)	25
	2. Chaplin decal	(4)	30
9868	**TTOS** Reefer Yellow/blue SMT U80	(4)	45▼
9883	**TTOS** Phoenix Reefer U83	(4)	75
17871	**NYC** Flatcar Black/white, TTOS SMT U87 w/2 vans, 1 Kodak van, White/yellow-black-red 1 Xerox van, White/blue	(4)	350
17872	**Anaconda** Orecar Brown/white TTOS U88	(4)	90
17877	**MKT Katy 3739469** Tankcar U89 1d Red/yellow, TTOS, SMT	(4)	75
17884	**Columbus & Dayton** TTOS U90 Standard O Boxcar Gray/maroon	(4)	70
17894	**TTOS** Tractor & Trailer U91	(4)	40
17889	**Southern Pacific** Standard O Flatcar U91 TTOS SMT Brown/white w/SP trailer	(4)	100
19962	**SP** TTOS Gray/black U92 Standard O 3-bay ACF Hopper	(4)	80
19963	**Union Equity** U92 Standard O 3-bay ACF Hopper Yellow/green, TTOS	(4)	80
52009	**Western Pacific 6464-1993** Boxcar U93 Silver-black/orange, TTOS	(4)	60
52010	**Weyerhaeuser 838589** TTOS U93 DD Standard O Boxcar Green/white	(4)	85
52021	**Weyerhaeuser** TTOS U93	(4)	45
52022	**Union Pacific** Boxcar Brown/yellow TTOS U93	(5)	450
52028	**Set of (3) Ford Cars** TTOS U94 52029 Tank car, 52030 Gondola, 52031 Hopper	(3)	100▼
52029	**Ford 12** Tank car Black/white TTOS U94 1d	(3)	35
52030	**Ford 4023** Gondola Black/white TTOS U94	(3)	30
52031	**Ford 1458** Hopper Black/white TTOS U94 S	(3)	40
52032	**Ford 14** Tankcar Black/white TTOS U94 1d w/Richard Kughn signature	(4)	100
52033	**Lionel** Tractor & Trailer U95 Wolverine Division TTOS Came w/52040	(3)	25▲
52040	**GTW** Flatcar Orange/white TTOS SMT U95 w/Lionel van and tractor		
	1. 8-94 Convention date	(3)	65
	2. 2-95 Convention date	(5)	150
52046	**ACL TTOS** Brown/white U94 125 made with display	(4)	150
52047	**Cotton Belt** Woodside Caboose, U94, U95 High Cupola, Brown-black-orange/white, Smoke, Std. O, TTOS	(3)	90
52053	**Carail** Boxcar TTOS White-blue/blue U94	(3)	60
52057	**Western Pacific 6464-1995** Boxcar U95 Orange/black Silver feather, SMT, TTOS	(3)	65▼
52058	**Santa Fe 6464-1895** Boxcar TTOS U95 Brown/white SMT	(3)	55
52068	**Contadina** Boxcar TTOS Red/graphics U94	(4)	75
52073	**PFE 495402** Reefer TTOS Cal-Stewart U95 Orange/white-black Standard O	(4)	75
52078	**Southern Pacific SD-9 5366** U96 TTOS 30th Anniversary	(3)	250
52079	**Southern Pacific 1996** Bay Window Caboose U96 Brown-orange/white, TTOS 30th Anniversary	(3)	65
52084	**Union Pacific** I Beam Flatcar U95 Yellow/red, SMT, TTOS Banquet Car	(5)	350

52086	**Pacific Great Eastern 6464-1972** U96 Boxcar, Purple-green/white, SMT, TTOS	(3)	**60▼**
52087	**New Mexico Central 6464-1996** U96 Boxcar, Yellow-brown/green-red, SMT, TTOS	(3)	**55▼**
52098	**U.S. Dept. of Commerce** Standard O Boxcar U96 TTOS Cal-Stewart, Red-white-blue/black-white	(4)	**75**
52113	**Gennessee & Wyoming** Standard O U97 3-bay ACF Hopper, TTOS	(3)	**65**
52114	**NYC** Flatcar TTOS SMT U97 w/Gleason & Sasib Trailers	(3)	**60**
52121	**Mobilgas 238** Cal-Stewart TTOS Standard O U97 Unibody Tank Car, Red/white-blue-red, SMT	(4)	**75▲**
52149	**Conrail** Flatcar TTOS Blue/white, SMT U98 w/Blum's Coal Shovel Kit		**C**
52154	**Pacific Fruit Express 495403** TTOS SMT U98 Cal-Stewart Standard O Reefer Orange/white-black		**C**

Passenger Cars

TTOS Convention Series
Plastic, Yellow/maroon, 4WPT, fc

9512	**Summerdale Junction** Pullman U74	(3)	**50▼**
9520	**Phoenix Arizona** Combine U75		
	1. No decal	(3)	**50▼**
	2. Phoenix decal	(3)	**60▼**
9526	**Snowbird** Observation U76		
	1. No decal	(3)	**50▼**
	2. Utah decal	(3)	**60▼**
9535	**Columbus** Baggage U77		
	1. No decal	(3)	**50▼**
	2. Ohio decal	(3)	**60▼**

Vapor Records

26208	**Vapor Records Christmas 9700-496** Boxcar 98 White-green/black-red		**C**
29206	**Vapor Records 6464-496** Boxcar SMT U96 Silver-black/black-white-purple made for Neil Young Similar to 29218, box mismarked as 6-29606	(5+)	*****
29218	**Vapor Records 6464-496** Boxcar SMT U97 Silver-black/black-white-purple	(4)	**100**
29229	**Vapor Records Christmas 9700-496** Boxcar U97 White-green/black-red, made for Neil Young Similar to 26208, unmarked box	(5+)	

Virginia Train Collectors (VTC)

7679	**VTC** Boxcar Silver/red-black U79	(5)	**30**
7681	**VTC** N5C-type Caboose Red/white U81	(5)	**30**
7682	**VTC** Hopper Black/white U82 C, Q	(5)	**30**
7683	**Virginia Fruit Express** Reefer VTC U83 Tan/red-black	(5)	**30**
7684	**Vitraco Oil** Tankcar VTC U84 3d	(5)	**30**
7685	**VTC** Boxcar Blue-silver/yellow U85	(5)	**25**
7686	**Virginia Train Collectors GP-7** U86	(5)	**140**
7692-1	**VTC** Baggage U92	(5)	**50**
7692-2	**VTC** Combination U92	(5)	**50**
7692-3	**VTC** Dining Car U92	(5)	**50**
7692-4	**VTC** Passenger U92	(5)	**50**
7692-5	**VTC** Vista Dome U92	(5)	**50**
7692-6	**VTC** Passenger U92	(5)	**50**
7692-7	**VTC** Observation U92	(5)	**50**
52060	**VTC** Whistle Tender U94	(5)	**60**

Zep Chemical

16149	**Zep Chemical** Tank car Yellow/blue U95 1d	(4)	**75▲**
52141	**Zep Chemical** Boxcar Blue/yellow U97	(4)	**75▲**
52169	**Zep Chemical** Flat car with tractor/trailer U98		**C**

Disney Cars
Individual listing and description are in appropriate sections

O-Gauge

6464-1971 TCA Disneyland Boxcar U71
    1. White, Disney logos, Mickey, full smile, Type 7   (3)   **225▼**
    2. Same, half-smile, one side   (4)   **300▼**
    3. Same, half-smile both sides   (4)   **350▼**

6464-1971 TCA Disneyland Boxcar U71
Sometime in 1971, 15 test shells, stamped with Disney markings and headed for the trash bin, were removed from the Lionel factory by a Lionel employee. The shells found their way to a collector in Georgia. He added trucks, trim and doors. Nine of the shells are white and six are colored, Type 6.
    1. Dark blue, 2 known   (5+)   *
    2. Green   (5+)   *
    3. Medium blue   (5+)   *
    4. Red, 2 known   (5+)   *
    5. Nine white versions exist with doors of different colors. The doors were put on outside the factory.   (5+)   *

8773	**Mickey Mouse** U36B 77,78	(3)	**400▼**
9183	**Mickey Mouse** N5C-type Caboose 77,78 White-orange/graphics	(3)	**75▼**
9660	**Mickey Mouse** Hi-cube Boxcar 77,78 White-yellow/multi	(3)	**50**
9661	**Goofy** Hi-cube Boxcar White-red/multi 77,78	(3)	**50**
9662	**Donald Duck** Hi-cube Boxcar 77,78 White-green/multi	(3)	**50**
9663	**Dumbo** Hi-cube Boxcar White-pink/multi U77,78	(3)	**70**
9664	**Cinderella** Hi-cube Boxcar U77,78 White-lavender/multi	(3)	**80**
9665	**Peter Pan** Hi-cube Boxcar U77,78 White-orange/multi	(4)	**80**
9666	**Pinocchio** Hi-cube Boxcar White-blue/multi 78	(4)	**200**
9667	**Snow White** Hi-cube Boxcar White-green/multi 78	(4)	**475▼**
9668	**Pluto** Hi-cube Boxcar White-brown/multi 78	(4)	**175**
9669	**Bambi** Hi-cube Boxcar U78 YED White-lime green/multi	(4)	**100**
9670	**Alice In Wonderland** Hi-cube Boxcar U78 YED White-jade green/multi	(4)	**85**
9671	**Fantasia** Hi-cube Boxcar U78 YED White-dark blue/multi	(4)	**60**
9672	**Mickey Mouse 50th Anniv.** U78 YED Hi-cube Boxcar, White-gold/red-black, one of the few cars without *Built by Lionel*	(4+)	**500▼**
12964	**197 Donald Duck Radar Antenna** SRP: $80, 97	(3)	**60▲**
12965	**494 Goofy Rotary Beacon** SRP: $70, 97	(3)	**50▲**
16209	**Sears Disney** Boxcar NIB White-blue U88 *11764 Iron Horse*	(4)	**100**
16339	**Mickey's World Tour** Gondola 91 Blue/graphics, *11721 Mickey's World Tour*	(3)	**20**

16530	**Mickey's World Tour** Caboose 91 Red/graphics, *11721 Mickey's World Tour*	(3)	20
16642	**Goofy** Boxcar Yellow/white-blue 91 *11721 Mickey's World Tour Train*	(3)	45▲
16686	**Mickey Mouse & Big Bad Pete** 95YED Animated Boxcar, Brown/graphics	(3)	40
16724	**Mickey & Friends** Submarine car 96 Blue/purple-w/graphics	(3)	40▼
16760	**Pluto/Cats DRRX 3444** 97 Animated Gondola, SRP: $57	(3)	50▲
18008	4-4-0 **Disney 35th Anniversary 4** 90 With display	(3)	275
18013	4-4-0 **Disney 35th Anniversary 4** U90 Without display	(4)	250
18311	**Disney EP-5** White-red/graphics 94 MT, HL, horn	(3)	250▼
18425	**Goofy & Pluto** Handcar Yellow 95	(3)	50
18433	**Mickey and Minnie** Handcar 96 Dressed in Santa outfits, characters w/out tails	(3)	60▲
18707	2-4-0 **Mickey's World Tour 8707** NIB 91 *11721 Mickey's World Tour Train*	(3)	60
19241	**Mickey Mouse 60th Birthday** U91YED Hi-cube Boxcar, White-yellow/graphics, SMT	(4)	175▼
19242	**Donald Duck 50th Birthday** U91YED Hi-cube Boxcar, White-red/graphics, SMT	(4)	175▼
19245	**Mickey's World Tour** Boxcar U92YED Hi-cube, White-black/graphics, SMT	(3)	65▼
19246	**Disney World 20th Anniversary** U92YED Red-white/graphics, SMT	(3)	65▼
19256	**Goofy** Blue-white/graphics Hi-cube Boxcar SMT 93	(3)	35▼
19261	**The Perils of Mickey I** Hi-cube Boxcar 93YED Hi-cube Boxcar White-purple/graphics, SMT	(3)	35▼
19262	**The Perils of Mickey II** Hi-cube Boxcar 93YED White-green/graphics, SMT	(3)	35▼
19264	**The Perils of MickeyIII** Hi-cube Boxcar 94 White-orange/graphics, SMT	(3)	40▼
19265	**Mickey's 65th Birthday** 94YED Hi-cube Boxcar, White-gold/graphics, SMT	(3)	40▼
19270	**Donald Duck 60th Birthday** 95YED Hi-cubeBoxcar, Blue/graphics SMT	(2)	35▼
19271	**Broadway Minnie** Hi-Cube Boxcar 95YED Purple/graphics SMT	(3)	40
19280	**Mickey's Wheat** Hi-Cube Boxcar 96 Yellow/white/graphics SMT	(2)	45▼
19281	**Mickey's Carrots** Hi-Cube Boxcar 96 SMT Yellow/white/graphics	(2)	45▼
19723	**Disney** Extended Vision Caboose 94	(3)	60▼
29205	**Mickey Mouse RR 9555** Hi-cube Boxcar 97 SRP: $75	(3)	50

Large Scale

85115	**Disney 3** 0-6-0T 90 *81007 Disney Magic Express*	(3)	125
87207	**Mickey Mouse & Donald Duck** Handcar, Red 1. Blt 91 2. Blt 95	(4) (3)	125 85
87404	**Disneyland Anniversary** Gondola 90 Green/graphics, *81007 Disney Magic Express*	(3)	40
87709	**Disney 709** Caboose Red/white 90 *81007 Disney Magic Express*	(3)	40

Warner Brothers Cars

Individual listing and description are also in appropriate sections

O Gauge

12955	**145 Wile E. Coyote Ambush Shack** 97 SRP: $80	(3)	**60▲**
16274	**Marvin the Martian 9700** Boxcar 97 Green-black/graphics	(2)	**40**
16662	**Bugs Bunny & Yosemite Sam** 93, 94 **Outlaw Car** Yellow/red	(3)	**35**
16690	**Bugs Bunny & Yosemite Sam** 94YED **Outlaw Car** Orange/black	(2)	**35**
16737	**ACME Road/Coyote 3444** 96 Animated gondola, Yellow/brown	(3)	**45▲**
16738	**Pepe Le Pew 3370** Boxcar 96 Purple/white/graphics	(3)	**45**
16739	**Foghorn Leghorn 6434** Poultry car 96 Yellow/graphics	(3)	**50▲**
16752	**Marvin the Martian 6655** 97 Missle-launch Flat car, Green/red/silver	(3)	**60▲**
16754	**Porky Pig/Martians 6805** 97 Radioactive Waste Car, SRP: $70	(3)	**50▲**
16755	**Daffy Duck 3470** 97 Animated Balloon Car, SRP: $ 80	(3)	**50▲**
16980	**Speedy Gonzales 6823** 97 2 Missle-carrying Flat car, Red/gray	(3)	**50▲**
17219	**Tazmanian Devil** Standard O 95YED 40th Birthday Boxcar, White-blue/graphics	(3)	**45**
18416	**Bugs & Daffy** Handcar red 92, 93	(4)	**120**
18421	**Sylvester & Tweety** Handcar Orange 94	(3)	**65**
18434	**Porky and Petunia** Handcar 96	(2)	**40**
19286	**All Abirrrd 9700** Boxcar 96 Blue-white/graphics	(2)	**40▼**

Large Scale

87208	**Wile E. Coyote & Road Runner** 92 Handcar, Yellow/red	(4)	**90**

Peanuts

18407	**Snoopy & Woodstock** Handcar Black 90,91	(3)	**75▲**
18413	**Charlie Brown & Lucy** Handcar Blue 91	(3)	**50**

MPC HO
by Charles Sommer

Lionel resumed production of HO gauge trains in 1974, while part of Fundimensions. Initially, trains were only produced for the American market and this production continued through 1977. Lionel and ROCO of Austria manufactured the major portion of the line for 1974 and 1975. By 1976 the production had largely shifted to Taiwan and Hong Kong. A second line, consisting of mainly cars decorated in Canadian roads, appeared in 1975. Some cars produced for the American market were packaged in distinctive red and yellow cartons for sale as part of this Canadian HO line. Marketed by Parker Brothers, many of these cars saw limited distribution and are difficult to locate today, especially in excellent or better condition.

Production for the American Market
Diesels
FA-1

		Ex/M
5-5400	**Santa Fe 5400** Silver-red-yellow-black/black	30/45
5-5401	**Great Northern 5401** Dark green-orange-yellow/yellow	30/50
5-5504	**American Freedom Train 5504** Red-white-blue/red	30/50
5-5505	**Rock Island 5505** Red-yellow/white	35/60
5-5506	**Union Pacific 5506** 1. Union Pacific decal on nose 2. Without decal on nose	 35/55 35/55
5-5507	**Amtrak 5507** Black-silver-red-blue/blue	35/60
5-5509	**Southern Pacific 5509** Black-red-orange-white/white	35/60
5-5600	**Santa Fe 5600** Blue-silver-black-yellow/black	30/40
5-5613	**Canadian National** T-12001 Black-red-white/white. Also sold in Canadian box.	30/40
5-5614	**Great Northern** T-12002 Dark green-orange-yellow/yellow. Also marketed in Canada in Parker Bros. box.	30/45

GP-9 Units

		Ex/M
5-5402	**Union Pacific 5402** Yellow-grey-red/red	30/50
5-5403	**B & O Chessie System GM50** Gold/Blue	30/50
5-5511	**Grand Trunk 5511** Blue-orange-white/white	30/50
5-5513	**American Flyer 5513** Red-white-blue/blue	35/50
5-5514	**Southern 5514** Dark green-white-gold/gold	40/55
5-5515	**Frisco 5515** Red-white/red	45/60
5-5516	**B&O Chessie System GM50** Gold/blue 1. With only GM50 on body shell 2. With GM50 and 5516 on body shell	 30/50 80/110
5-5610	**C & O Chessie System 5610** Dark blue-yellow-orange/dark blue	35/50

181

5-5611	**Illinois Central Gulf 5611** White-orange/black	**55/85**
5-5612	**B&O Chessie System GM50** Gold/blue	**30/50**
5-5700	**Penn Central** Black/white **5700**	**35/50**
5-5710	**Norfolk and Western 5710** Black/white	**35/50**
5-5711	**Southern 5711** Dark green-white-gold/gold	**35/50**
5-5714	**Union Pacific 5714** Yellow-grey/red	**35/50**

GP-30 Units

5-5622	**Santa Fe 5622** Silver-red-black yellow/yellow	**45/70**
5-5623	**Burlington Northern 181** Black-green/white	**25/40**

U-18 B Units

5-5520	**Soo Line 5520** White-red/black	**40/55**
5-5521	**CP Rail 5521** Red-black-white/white	**40/55**
5-5522	**Rio Grande 5522** Black-orange/orange	**45/60**
5-5523	**Undecorated**/unpainted shell	*****

Steam Locomotives

GS-4 Units

5-6500	**Southern Pacific 4454** Orange-red-black-silver/silver	**45/60**
5-6501	**American Freedom Train 4449** Black-red-white-blue/white	**55/90**
5-6502	**Western Pacific 482** Black-white/white	**50/70**

Rolling Stock

Box Cars

40-Foot Box Cars

5-8400	**CP Rail 88400** Red-black-white/white	**8/12**
5-8401	**Grand Trunk Western 88401** Blue/white	**8/12**
5-8510	**Bangor and Aroostook 88510** Red-white-blue-light blue/white	**10/14**
5-8511	**Spalding Sporting Goods 88511** Yellow-orange/black	**10/20**
5-8512	**AMF Sporting Goods 88512** Silver-red/black-red-white	**10/20**
5-8513	**Milwaukee Road 88513** Red, silver/white	**10/14**
5-8514	**Union Pacific 88514** Brown/white w/red-white-blue UP shield	**10/14**
5-8515	**Western Pacific 88515** Orange/black w/silver feather and WP insignia	**12/20**
5-8516	**Chesapeake & Ohio 88516** Blue/white	**10/15**

5-8517	**Sears 88517** Aqua Green/white		**12/20**
5-8580	**Salada 88580** Red/white (Don Simonini collection)	(5)	*
5-8613	**Union Pacific 58613** Brown/white w/red-white-blue UP shield. Also sold in Parker Bros. box marked T-20103.		**8/15**
5-8614	**Grand Trunk Western 58614** Blue/white		**8/12**
5-8701	**Conrail 8701** Blue/white		**10/15**
5-8702	**Southern 8702** Red/white-green		**10/15**
5-8703	**C & O Chessie System 8703** Dark blue/yellow		**10/15**
5-8704	**Railbox 8704** Yellow-blue-red/black		**10/15**

Hi-Cube Boxcars (40-Foot)

5-8612	**Union Pacific 58612** Silver-yellow/blue-red w/red-white-blue UP shield	**8/12**
5-8710	**The Rock 8710** Blue/white-black	**10/15**
5-8711	**Illinois Central Gulf 8711** Orange-black/black-white	**8/12**
5-8712	**Burlington Northern 8712** Green/white	**8/12**

Reefers

50-Foot Mechanical Reefers

5-8411	**Pacific Fruit Express 78411** Black-orange/black	**8/17**
5-8412	**Railway Express Agency 78412** Black-green/gold wred-gold REA insignia	**10/17**
5-8540	**Gold Medal Flour 78540** Black-orange-white/black w/Gold Medal insignias to left and right of door	**10/18**
5-8541	**Schaefer Beer 78541** Black-red-white/red w/gold-red Schaefer logos	**10/15**
5-8542	**Heinz 78542** Black-red/white	**10/17**
5-8543	**Frisco 78543** Black-tan/black-white	**10/17**
5-8740	**Coors Beer 8740** Tuscan-white/black-gold w/Coors insignia	**14/20**
5-8741	**Budweiser 8741** Orange-white/black w/gold-red-black insignias	**10/18**
5-8742	**Tropicana Pure Orange Juice 8742** Dark green-white/black-green-orange w/Tropicana insignia to left of door	**8/15**
5-8743	**Schlitz 8743** Brown-white/brown w/Schlitz logos	**10/18**

Wood Sided Reefer (40-foot)

5-8739	**Coors 8740** Brown-white/black-gold w/Coors logo at right of center door. Has same number on side as Coors 50 foot mechanical reefer.	**15/25**

Stock Cars

5-8402	**MKT 78402** Red/yellow	**8/12**
5-8570	**D & RGW 78570** Black/white w/bull billboard tan-blue-yellow-brown-black-white	**10/15**
5-8571	**RATH 78571** Yellow/black w/Indian head billboard red-white-blue	**10/17**
5-8572	**Northern Pacific 78572** Brown-silver/white w/Pig Palace billboard white-yellow-black.	**10/17**
5-8573	**Rio Grande 78573** Blue/white	**8/12**
5-8574	**Southern 78574** Green/yellow	**8/12**
5-8575	**New York Central 78575** Green/white w/poultry billboard in yellow-tan-red-blue-white-black	**10/17**
5-8770	**MKT 8770** Red/yellow, Taiwan production	**8/12**

Flat Cars

40-foot Flat Car

5-8520	**White Flat Car** (undecorated) White plastic flat car with Lionel name on frame. 1. With stakes and crate load 2. Without load	 **10/15** **5/8**
5-8413	**Union Pacific 28413** Yellow/red. ROCO production item. 1. With stakes and crate load 2. Without load	 **10/15** **6/10**
5-8414	**Santa Fe 28414** Red/yellow. ROCO production item.	**6/10**
5-8415	**Black flatcar** (undecorated) Black plastic without Lionel name, ROCO item. 1. Stakes and load of brown plastic girders 2. Without load	 **10/15** **5/8**

50-foot Flat Car

5-8760	**Union Pacific 8760** Yellow/red with black plastic stakes. "Made in Taiwan, R.O. C." on underframe, two trucks.	**8/15**

48-foot Heavy Duty Flat Cars

The 48-foot fish-belly flat cars rode on four plastic trucks and carried a load of three plastic logs. The load was held by three copper colored strings to simulate chains. Lionel name and "Made in Taiwan" on underframe.

5-8761	**Union Pacific 8761** Yellow/red. Load of three plastic logs.	**10/15**
5-8762	**Great Northern 42764** Light blue/white. 42764 on car side differs from Lionel catalog number. Check to make sure Lionel is on underframe to distinguish from similar car sold by Bachmann. Also sold in Canadian market carrying same number 42764 but with box label marked T-20221. See Canadian Listing.	**10/15**

Gondolas

Initially the gondolas offered for sale by Lionel in 1974 were produced by ROCO, with both ROCO and Austria appearing on the underframe. By 1976, production had shifted to Taiwan. These cars are marked with the Lionel name and "Made in Taiwan".

5-8407	**D&RGW 18407**	
	Orange/black, manufactured by ROCO.	
	1. w/load of 3 white culvert pipes	5/10
	2. w/simulated gravel load	5/10
	3. w/o load	3/6
5-8408	**B&O Chessie System 18408**	8/12
	Dark blue/yellow, marked ROCO.	
5-8409	**Norfolk and Western 18409**	
	Brown/white, made by ROCO.	
	1. w/gravel load	8/12
	2. w/o load	6/10
5-8410	**Southern Pacific 18410**	10/15
	Red/white, manufactured by ROCO.	
5-8730	**D&RGW 8730**	
	Orange/black, Lionel and "Made in Taiwan".	
	1. w/load of 3 culvert pipes	8/12
	2. w/simulated gravel load	6/10
	3. w/o load	5/8
5-8731	**B & O Chessie System 8731**	
	Dark blue/yellow, Lionel and "Made in Taiwan".	
	1. w/load of 3 culvert pipes	10/15
	2. w/simulated gravel load	8/12
	3. w/o load	6/10

Covered Coil Carrier Gondolas

5-8620	**Bessemer and Lake Erie 31002**	9/15
	Orange/white w/B & L E insignia. One piece plastic load of seven coil rolls. Must have Lionel name on frame to distinguish from Bachmann car.	
5-8621	**Pittsburgh and Lake Erie 42279**	7/12
	Aqua green/white w/New York Central insignia. One piece tan plastic load of seven coil rolls. Must have Lionel name on underframe.	

Hoppers

Some of the hopper cars sold in 1974-77 were produced using modified dies from the 1959-66 Lionel Corporation years. Recall that these dies had originally been obtained by Lionel in 1958 when the Hobbyline HO train production ceased operations. The same black plastic underframe, which had doubled as the "skeleton car" to carry pipe, log and helium tank loads, now had "Lionel Mt. Clemens MI" molded on the underside. Hoppers were also produced in Taiwan for Lionel. The body shells for these pieces appear more lightweight and have Lionel/Taiwan on the frame.

5-8555	**Burlington Northern 78555**	10/18
	Green/white, w/black plastic load of coal.	
5-8556	**D & RGW 78556**	10/18
	Orange/black, w/black plastic coal load.	
5-8417	**Burlington Northern 78417**	5/8
	Green/white, w/coal load, Taiwan production.	
5-8755	**CP Rail 8755**	7/12
	Red/white, w/coal load, Taiwan production.	
5-8756	**Boston and Maine 8756**	10/15
	Blue/white w/black/white B&M insignia. Has black plastic coal load. Taiwan production piece.	

Three Dome Tank Car

The only tank car in the American Lionel MPC line was a Dow three dome tank car, which was manufactured in Taiwan.
Note: The Lionel name can be found on the underframe.

5-8416	**Dow 48416**	8/12
	Black/yellow w/Dow Chemical Company insignia at the right end of the car.	

Cabooses

5-8405	**Santa Fe 98405**	6/10
	Red/yellow	
5-8406	**Union Pacific 98406**	
	Yellow/red	
	1. Painted Shell	8/12
	2. Unpainted plastic shell	6/10
5-8418	**C & O Chessie System 98418**	10/15
	Silver-yellow/dark blue	
5-8419	**Great Northern x98419**	10/15
	Black-red/yellow w/GN goat insignia	
5-8503	**American Flyer 98503**	10/15
	Red-white-blue/white, w/presidential logo	
5-8600	**C & O Chessie System 58600**	10/15
	Silver-yellow/dark blue, "Made in Taiwan" on frame	
5-8601	**Burlington Northern 98601**	6/10
	Black-green/white, "Made in Taiwan" on frame	
5-8602	**Illinois Central Gulf 98602**	40/70
	Silver-orange/black-white, difficult to find	
5-8603	**Santa Fe 58603**	
	1. Bright red	8/12
	2. Dark red (almost maroon)	15/20
5-8604	**Southern Pacific 98604**	8/12
	Silver-brown-orange/silver	
5-8720	**Norfolk & Western 8720**	10/15
	Black/white	
5-8721	**Southern X8721**	10/15
	Red/white	
5-8724	**Union Pacific 8724**	10/15
	Yellow/red	

Crane Cars

The HO gauge cranes sold by Lionel in 1974-77 were produced in Austria by ROCO. Molded of black plastic, the road and number markings were supplied as decals to be applied by the modeler.

5-3400	**Union Pacific 33400**	12/20
	Black plastic, Union Pacific shield decal and 33400 number. (available with 5-8421 UP 50 foot work caboose in 2 car set 5-8422)	
5-3401	**C & O Crane 33401**	12/20
	Black plastic w/ "C&O for Progress " decal and number	

Work Cabooses

Work Cabooses (40-foot)

5-8403	**Union Pacific 98403**	15/25
	Yellow/red w/black plastic tool box & side rails	
5-8404	**Chesapeake & Ohio 98404**	12/20
	Dark blue/yellow w/black plastic toolbox & siderails	

Work Cabooses (50-foot)

5-8421	**Union Pacific** 98421	15/25
	Yellow/red housing mounted on gray base w/gray toolboxes & siderails. Available in two car set 5-8422 with 5-3400 UP Crane	

Crane and Work Caboose Set

5-8422	**Union Pacific** 5-3400 Crane and 5-8421 50-foot Work Caboose in two car set. Boxed.	35/55

Passenger Cars

Five passenger cars were produced by Lionel for use in the American Freedom Train diesel and steam sets released in conjunction with the Bicentennial celebrations. The body castings utilized for these cars are quite distinctive and differ markedly from those sold by Lionel in the 1960's. Freedom Train cars are lightweight, have fragile steps (except for the observation car), and were easily damaged. All carry "AMERICAN FREEDOM TRAIN" on the side.

Note: These passenger cars were sold only in sets and are not easy to find, especially the 105 Display Car, in excellent or better condition.

41	**Showcase Car** 41	25/35
	Silver roof, red-white-blue/blue w/three clear plastic window inserts. Replicas of the liberty bell, moon rover and early model car are featured.	
101	**Display Car** 101	25/35
	Silver roof, red-white-blue/blue w/four display windows showing various historical illustrations.	
105	**Display Car** 105	60/90
	Silver roof, red-white-blue/blue w/four display windows, one of which pictures Abraham Lincoln. This car was available only in the 5 passenger car steam set (5-2586), which accounts for its scarcity.	
110	**Display Car** 110	25/35
	Silver roof, red-white-blue/blue w/four display windows including pictures of Washington and Jefferson.	
205	**Observation Car** 205	25/35
	Silver roof, red-white-blue/blue , heavyweight style observation car. Black railing and silver roof extension at rear of car.	

Accessories

5-4501	**Rotary Beacon**	25/40
	Made from earlier dies used in the 1960's; however, Lionel and Mt. Clemens, Mich. is now molded on the underside of the base.	
5-4502	**Gantry Crane**	NM
	Appears in the 1975 catalog; however, there is no indication it was ever produced and sold.	
5-4530	**Trestle Set**	
	Arch bridge, 46 piers, track clips	
	A) Brown piers, gray bridge	15/25
	B) Gray piers and bridge	10/20
5-4531	**Girder Bridge**	5/12
	Black plastic sides with metal base.	

Building kits

Building kits offered in the Lionel MPC HO line were produced by Pola. Unlike the Plasticville HO kits supplied to Lionel by Bachmann Bros. in the 1960's, the Pola kits required gluing and are difficult to find in excellent condition once assembled. All of the following kits are priced unbuilt and in the original box.

5-4551	**Pickle Factory**	**18/25**
5-4552	**Water Tower & Sanding Station**	**12/16**
5-4553	**Engine House**	**12/16**
5-4554	**Passenger Station**	**40/60**
5-4555	**Stockyard**	**12/16**
5-4556	**Boiler House**	**12/16**
5-4557	**Rooming House**	**12/16**
5-4650	**Ice Station** cataloged 1976	**NM**
5-4651	**Coaling Tower** cataloged 1976	**NM**
5-4652	**Grain Elevator** cataloged 1976	**NM**

Accessories available only in sets

Telephone poles, street and road signs, I-beam loads, overhead signal bridge kit and a girder bridge kit produced by Airfix were included as part of several sets offered from 1974-77. None of these were offered for individual sale but can on occasion be found sealed in the plastic bag separated from the set. Collectors have interest in them in order to complete sets.

Girder Bridge	**10**
Overhead Signal Bridge	
1. Gray	**10**
2. Black	**15**
Telephone Poles (set of 12)	**5**
Street and Road Signs	**5**

Tractor Trailer Trucks

In 1977, three "Great American Railroad" sets were introduced with a matching GP-9 diesel engine, caboose and tractor-trailer truck in the Union Pacific, Southern and Norfolk & Western roadnames. The tractor trailer trucks were individually boxed in the late white box with red and blue striping.

Union Pacific truck (white, yellow, red)	**10/20**
Southern truck (white, green, yellow)	**10/20**
N & W truck (black, white)	**10/20**

Lionel Canadian HO Line

Lionel HO gauge trains for the Canadian market were distributed by Parker Bros. from 1975-77. Cars were packaged in a distinctive red and yellow striped box with the "T-xxxxx" catalog number appearing on the box end flap. The only known catalog for this line was introduced in 1975 and continued to be used through 1977. While diesel engines and matching rolling stock were produced specifically for Canadian modelers, several cars from the American line were packaged by Parker Bros. and sold in Canada. Indistinguishable from the identical cars marketed in the U.S., these later pieces must be in the Canadian-style striped box with appropriate "T" number on the carton end flap to warrant the premium mint boxed price.

Canadian Market Diesels
FA-1 Units

T-12001	**Canadian National** (T-12001) Black-orange-white/white. Also sold in U.S. boxed in American carton numbered 5-5613.	**30/50**
T-12002	**Great Northern** (T-12002) Dark green-orange-yellow/yellow. Also sold in US boxed in American carton numbered 5-5614.	**30/50**
	The Confederation Flyer (No number) Glossy white, red/red, black, outline of maple leaf	**50/75**

GP-9 Units

T-12010	**Ontario Northland** (T-12010) Yellow-dark blue, pale blue/dark blue-pale blue	**55/95**
T-12012	**Grand Trunk** (T-12012) Blue-red-white/white w/black plastic handrails	**50/80**
T-12013	**Canadian National** (T-12013) Black/white w/plastic handrails	**65/100**

GP-30 Unit

T-12020	**CP Rail** (T-12020) Red-white-black/white w/plastic handrails.	**50/80**

Canadian Market Steam Locomotive
GS-4 Steam Locomotive

T-12030	**Southern Pacific Daylight** (4454) Black-orange-silver/silver. U.S. production engine in Canadian style box with T-12030 label on end flap. Premium mint price only if in Canadian box.	**45/75**

Canadian Market Rolling Stock
40-foot Boxcars (Taiwan Production)

T-20100	**Duluth, Winnipeg & Pacific** (T-20100) Brown/white w/door in turquoise green	**35/50**
T-20101	**Ontario Northland** (T-20101) Blue-yellow/yellow-white	**20/30**
T-20102	**Grand Trunk** (T-20102) Blue/white	**12/25**
T-20103	**Union Pacific** (5-8613) Brown/white w/UP shield. American production numbered 5-8613, must be in Canadian box with T-20103 on end flap.	**8/25**
T-20105	**CP Rail** (T-20105) Red-black-white/white	**10/17**

Hi-Cube Boxcars

T-20120	**British Columbia Railway** Dark green-light green/white	**15/25**
T-20121	**Union Pacific** (58612) Silver-yellow/blue-red w/UP shield. Numbered and decorated exactly as car for U.S. market. Must be in Canadian box with T-20121 on end flap.	**8/20**

50-foot Plug Door Box Car

Produced both in Taiwan and Hong Kong. The Taiwan cars have "Made in Taiwan" on the underframe, while cars manufactured in Hong Kong show Lionel and Hong Kong markings.

T-20201	**British Columbia** (T-20201) Dark green-ligh-green/white w/insignia.	**20/30**

Confederation Flyer Cars

Alberta, 1905	25/35
British Columbia, 1871	25/35
Manitoba, 1870	25/35
New Brunswick, 1867	25/35
Newfoundland 1949	25/35
Nova Scotia, 1867	25/35
Ontario, 1867	25/35
Prince Edward Island, 1873	25/35
Quebec, 1867	25/35
Saskatchewan, 1905	25/35

40-foot Stock Cars

T-20140	**Canadian National** Cattle Car (T-20140) Brown-white/white	**15/25**
T-20141	**MKT** (8770) Red/yellow. Identical to model sold in US market. Must be in Canadian box numbered T-20141.	**8/20**

Gondolas

T-20125	**Canadian National** (T-20125) Brown/white, w/simulated gray plastic gravel load.	**10/20**

Covered Gondola w/load of coils

T-20210	**Canadian National** (T-20210) Brown/white, has one piece plastic load of seven coil rolls. Lionel name on underframe.	**15/30**

Hoppers

T-20130	**CP Rail** (T-20130) Black, red, white/white with black plastic load of coal.	**10/20**
T-20131	**Burlington Northern** (T-20131) Green/white, w/simulated coal load.	**15/25**

Three Dome Tank Car

T-20150	**CGTX** (T-20150) Black/white w/blue/white CGTX emblem.	**15/25**

Cabooses

T-20170	**Canadian Pacific** (T-20170) Black-orange/white w/yellow plastic floor	**12/17**
T-20171	**Canadian National** (T-20171) Black-orange/white w/white plastic floor.	**12/17**
T-20172	**Ontario Northland** (T-20172) Blue-light blue-yellow/dark blue-white Black plastic floor, railings and ladder.	**15/25**
T-20176	**Southern Pacific** (98604) Identical to 5-8604 SP caboose for US market. Premium mint value only if in Canadian carton.	**8/18**

Wide Vision Caboose

The Confederation Flyer (Unnumbered)   **20/40**
White with red stripe, The Confederation Flyer and Maple leaf outline. Bachmann, not Lionel, name cast in the underframe.

Flat Cars

T-20220   **Penn Central** Container Car (17326)   **35/60**
Green/white, w/fish belly body and load of two Sealand containers. Lionel on underframe distinguished from similar Bachmann car. Scarce.

T-20221   **Great Northern** 48-foot Flat Car (42764)   **10/25**
Blue/white, w/plastic log load. Identical car to 5-8762 GN made for US market. Premium mint price only if in Parker Bros. box with T-20221 label.

Track and Switches

In the 1975 Canadian HO catalog the Pola scale building kits are listed; however, they are referenced using the American number system. There is no evidence that these kits were marketed in Canada using distinctive packaging and/or the "T" numbers. On the other hand, this catalog does show a variety of track equipment for sale. Also listed for separate sale is the distinctive Canadian HO power pack, having the top of the outer casing in yellow rather than the red cover used in the American line. We list these for information purposes only.

T-11001 9" Straight Track (four per card)

T-11002 18" Radius Curved Track (four per card)

T-11003 30 Degree Crossing

T-11004 90 Degree Crossing

T-11005 Lighted Bumper

T-11006 Manual Turnout: Left

T-11007 Manual Turnout: Right

T-11008 Remote Turnout: Left

T-11009 Remote Turnout: Right

T-11010 Power Pack

1970-1998 Paper

1970

Dealer Advance Catalog, *There Is A New Lionel*	(5)	**20**

White with red/white/blue logo. Came as catalog only.

Consumer Catalog, *A Lifetime of Railroading*	(3)	**6**

White cover w/red/white/blue logo. *$1.00* cover price.
Folds out into 22" x 34" poster.

Train and Accessory Manual of Lifetime Railroading	(4)	**8**

$1.50 on cover. Contains all postwar information.
Lionel Toy Corporation logo on the inside cover.
Service station address on back cover,
28 Sager Place, Hillside, NJ 07205.

Lionel Brings Life to Lifetime Railroading in Design and Display Ideas	(4)	**8**

Heavy cardboard cover with *$.50* price.
Gives layout and scenery ideas.

1970 Numerical Parts List	(5)	**20**

White, red/blue logo. Given to dealers only.

1970 Replacement Parts Catalog	(5)	**20**

White, blue logo. Given to service stations only,
$1.50 on cover. First MPC Service Manual.

1971

Advance Catalog	(5)	**15**

Black cover with yellow/red logo
Shows various prewar and postwar catalogs.
No price on cover.

Consumer Catalog	(3)	**5**

Same as Advance but *50 cents* printed on cover.

Correction Catalog *Foam Model Buildings*	(4)	**12**

Print removed from set listing 6-1184
The Allegheny.

Canadian Catalog	(4)	**15**

Available in Canada only. Came in white
envelope with black and red lettering.
With Lionel Trains You Get Dad for Christmas
Catalog lists sets not available in US.
Also enclosed in the envelope with the catalog
was a letter from the Lionel distributor in Canada,
Parker Brothers. Two offers were also included.
One was for a track expander and the other
was for a railroad plaque made by Craftmaster.

Track Layout Book	(4)	**10**

Tan cover with *50 cents* and Copyright 1971
on inside cover.

Train and Accessory Manual	(4)	**10**
Lionel Stokes Up Your 1971 Sales	(3)	**6**
Suggested Retail Prices	(4)	**10**
Parker Brothers Catalog (Large)	(4)	**15**

Black with yellow logo. Identical to regular 71
catalog except that the sets illustrated were
not available in the US.

1972

Advance Catalog	(4)	**12**

Color photos with red/yellow logo.
No *50 cents* on cover.

Consumer Catalog	(3)	**4**

Same as Advance but *50 cents* printed on cover.

Single Sheet Flyers

Lionel Electric Train Sets & Accessories, black/white.	(4)	**5**
Parker Brothers Catalog 72-73	(4)	**6**
Canadian market only. Some sets not available in the US.		
Replacement Parts Catalog for Lionel	(5)	**20**
White, green logo. Given to service stations only.		
US Mail car.	(2)	**3**

1973

B&O F-3s.	(4)	**5**
Toy Fair Catalog	(4)	**10**
Black/white cover and contents, red logo on the cover.		
Consumer Catalog	(3)	**5**
Color cover and contents, red logo on cover.		
Accessory Booklet	(3)	**3**
How to build a great railroad...Lionel accessories.		
Single Sheet Flyers		
Dealer displays, black/white.	(3)	**4**

1974

Consumer Catalog	(3)	**5**
White cover, color photos and blue/red logo.		
HO Catalog	(3)	**5**
Blue cover, color photos, white/yellow/orange logo.		
Accessory Booklet	(3)	**3**
How to build a great railroad...Lionel accessories.		
Single Sheet Flyers		
Billboard Reefer Series, Pickle Car & Passenger cars.	(2)	**3**
Spirit of 76, B&O/Chessie #8463 GP-20.	(2)	**3**
The Profit Bonus Special w/9757 Central of Georgia car.	(2)	**3**
Spirit of 76 cars, 7604, 7605, 7606.	(3)	**3**

1975

Toy Fair Catalog 75th Anniversary	(4)	**8**
White cover with colored photos, red/black/white logo and *$1.00* on cover. Back up lights on 8506 are air brushed yellow.		
Consumer Catalog	(3)	**5**
Same as Toy Fair catalog except 8506 lights are red		
HO Catalog	(3)	**4**
White cover with colored photos, Black/red/blue logo.		
Canadian HO Catalog	(4)	**5**
Red/yellow/white with blue logo.		
Track Layout Book	(4)	**10**
Tan cover without *75 cents* and Copyright 1975 on inside cover.		
Train and Accessory Manual	(3)	**5**
Blue cover without *$1.50* and Copyright 1975 on inside cover.		
Train and Accessory Manual	(3)	**5**
Blue cover with *$1.50* and Copyright 1975 on inside cover.		
"On the Right Track" **History of Lionel Trains**	(4)	**15**
Single Sheet Flyers		
Liberty Special, Little Joe EP-5 & Preamble Express.	(2)	**3**
Happy Huff 'n Puff and Gravel Gus.	(2)	**2**
HO U18B and 3 new HO building kits.	(2)	**2**
Penn Central GP-7, Spirit of 76 cars & HO U18B.	(2)	**2**

Penn Central GP-7, new lighted Baggage Cars, new Hi-cube cars and Uncle Sam car.	(4)	**5**
Introducing New Accessories for Fall 75.	(2)	**3**
Accessory Centers 6-1561.	(2)	**2**
Accessory Centers 6-1565.	(2)	**2**
Advertising Booklet Details Lionel's ad plans for 1975.	(3)	**3**

1976

Consumer Catalog Cover is white with color photos. *$1.00* on cover.	(3)	**3**
Power Passers, Total Control Racing System.	(4)	**3**
HO Catalog GS-4 on cover and 5 photo inserts.	(4)	**5**
Accessory Booklet How to Build a Railroad Empire.	(2)	**3**
Single Sheet Flyers		
The Freedom Train, The GS-4 Daylight.	(3)	**3**
Lionel Means More Cash in 76.	(3)	**4**
Johnny Cash.	(4)	**4**
Presidential Campaign Cars.	(3)	**3**
Rico Station, Milwaukee EP-5, BARR GP-9.	(2)	**2**
Lionel Proudly Announces the GG-1.	(4)	**3**
1976 Suggested Retail Prices.	(1)	**1**
Lionel Clock Sheet.	(2)	**2**
Grain Elevator.	(4)	**3**

1977

Consumer Catalog Cover has 16 small photos	(3)	**4**
Power Passers, Year 2 brings ideas.	(3)	**3**
HO Catalog Cover with Southern Pacific and Conrail engines.	(3)	**4**
Single Sheet Flyers		
1977 *SSS* B&O Budd Cars Set, 6-1766.	(3)	**3**
New Engines, Cabooses, Boxcars and Hi-Cubes.	(3)	**3**
Lionel Means More Cash in 76....and 77 Too.	(3)	**3**
Lionel Big Train Accessory Centers.	(3)	**3**
Fast Moving New Engines and Rolling Stock.	(3)	**3**
GG1.	(4)	**3**
HO GS4.	(3)	**3**
Complete Display Layouts.	(3)	**5**

1978

Advance Catalog Red cover with color photos. Silver/white logo, no price.	(3)	**10**
Consumer Catalog Same as Advance but with *$1.00* printed on cover.	(2)	**3**
Power Passers Sets and Accessories for 1978.	(3)	**3**
Single Sheet Flyers		
New Power ATSF SD-18, New Disney Cars.	(2)	**3**
1978 *SSS* Minn. & St. Louis GP-9 Set, 6-1868.	(2)	**2**
Penn. Central GG-1, New Haven F-3 AA .	(3)	**3**
Add Cessories Center.	(2)	**3**
Lionel's been workin' on your railroad. Advertising plans for Nov./Dec. 1978.	(4)	**5**

1979

Advance Catalog (5) **20**
White with red/blue Fundimensions logo
with 6 page insert for items not in catalog.

Consumer Catalog (3) **5**
White with color photo, red logo, *$1.50* on cover.

Single Sheet Flyers

Command Performance, Spring 79. (4) **10**

Collectors Accessory Center. (4) **7**

Lionel Super Center. Assortment of track, switches, (4) **7**
accessories and sport box cars.\

Sleeping boy, dreaming. (1) **2**

1980

Toy Fair Folder (5) **50**
Distributed at the 1980 Toy Fair.
Color photos and black logo which reads
Take A Closer Look. Fundimensions
Inserted in the folder were the 1980 advance
catalog and a Fundimensions Fun Line catalog.

Consumer Catalog (3) **5**
Brown with color pictures, blue logo
$1.50 on cover.

Same but without *$1.50* on cover. (3) **5**

Single Sheet Flyers

Spring 1980 Collector Series. (4) **5**

Fall 1980 Collector Center. (4) **5**

Fundimensions Presents a Sneak Preview (3) **5**
of a Great 1981 Lionel Line.

1981

Toy Fair Folder (5) **50**
Beige with brown Fundimensions logo on cover.
Contains 1981 Lionel Advance catalog plus
Craftmaster and MPC catalogs distributed to
dealers at 1981 Toy Fair.

Consumer Catalog (2) **1**
Lionel decided to produce a mini-catalog which
was not received well. *75 cents* on cover.

Single Sheet Flyers

1981 Fall Collector Center. (2) **3**

1982

Toy Fair Folder (4) **25**
Black with color photos. Lionel, Craftmaster,
MPC, and Fundimensions logos on
cover. Copy at bottom reads, *Models, Crafts,
Hobbies and Trains, 1982*. Spiral bound, contains
Lionel, MPC and Craftmaster catalogs.
*Note: For the first time, Lionel decided to issue two catalogs:
The Traditional Series catalog, which covered the lower-priced sets
meant for general distribution, and the Collector Series catalog,
which covered items aimed at the collector market. This two-catalog
policy was discontinued in 1987, and resumed in 1989.*

Traditional Series Catalog (3) **5**
Color photos with red/white logo.

Collector Series Catalog (3) **5**
Color photos with red/white logo.

Single Sheet Flyers

Lionel Spring 82 Collector Center. (2) **2**

1982 Fall Collector Center. (3) **3**

Nibco Express. (3) **5**

Nibco Boxcar.	(4)	10
Introduction to the new SD-40.	(4)	3
1983 Collector Preview.	(3)	3

1983

Traditional Series Catalog (3) 3
Silver with black/red logo.

Collector Series Catalog (3) 3
Silver with black/red logo.

Single Sheet Flyers:

One Stop Hobby Shop.	(2)	3
Traditional Series Train Sets.	(2)	3
1983 Fall Collector Center.	(2)	3
Lionel Highballs into 1984.	(2)	3

1984

Traditional Series Catalog (3) 3
Color photo of 8402 on cover, white logo.

Collector Series Catalog (3) 3
Color photos of 8458, 783 and 8482, black logo.

1985

Traditional Series Catalog (2) 2
Brown with gold/white lettering. *Good as Gold!*
1985 Lionel, Traditional Series Electric Trains.

Collector Series Catalog (2) 2
Dark brown, gold/white lettering, *Good as Gold!*
1985 Lionel 85th Anniversary Collector Series.
85th Anniversary boxcar on cover.

1986

Traditional Series Catalog (2) 2
Blue with black/red logo.

Collector Series Catalog (2) 2
Orange with black/red/white logo.

Single Sheet Flyers

1986 *SSS* Santa Fe 0-4-0 Set, 6-1632.	(4)	7
Lionel Stocking Stuffers.	(3)	4
Traditional Series Train Sets.	(2)	3
Direct mail folder for 785 Hudson and Std. "O" cars.	(4)	8
1987 Spring Preview.	(3)	4

1987

Two catalogs were given out at the 1987 Toy Fair.
The regular 1987 catalog, which combined the Traditional
and Collector lines, and a second catalog which introduced
the new Large Scale.

Consumer Catalog (3) 3
Lionel returns to one catalog

Lionel Large Train Catalog (2) 2
A New Train Coming Down the Track.
Lionel. Because No Childhood Should Be
Without a Train.

Single Sheet Flyers

Happy Lionel Holidays 4-page folder. Introducing 785 Gray Hudson.	(4)	8
1987 *SSS* Southern GP-9 Set, 6-11704.	(4)	5
Lionel Electric Train Sets.	(3)	5
Dinner Dance Program, 2/14/87	(5)	5

Toy Industry Dinner Dance honoring
Walt Disney and Joshua Lionel Cowen.

1988

Consumer Catalogs
Lionel 1988 with DL&W on cover.	(4)	5
Lionel Spring 1988.	(4)	5
Lionel Large Scale Trains & Accessories.	(2)	3

Single Sheet Flyers
Lionel Classics, Standard Gauge Trains.	(2)	2
Railscope, Large, O/O-27, HO Gauge.	(2)	2
Double Crossing.	(2)	2
Hiawatha Flyer.	(3)	3
1988 *SSS Dry Gulch* Set, 6-11706.	(3)	3
1988 Train Sets.	(2)	3
Seasons Greetings from Lionel 1988.	(2)	3
1988 Mopar Express.	(4)	7

1989

Consumer Catalogs
Lionel O/O27 Pre-Toy Fair Edition.	(2)	2
Lionel O/O27 Toy Fair Edition.	(2)	3
Lionel Large Scale Toy Fair Edition.	(2)	2

Single Sheet Flyers
Lionel Classics Pre-Toy Fair Edition.	(2)	2
Lionel Classics Toy Fair Edition.	(2)	3
Lionel Classics for Spring 1989.	(2)	2
1989 Lionel Holiday Collection.	(3)	5
1989 *SSS Desert King* Set, 6-11758.	(3)	3
Old Glory Series, 6-19599.	(3)	2
1989-1990 Side Tracks.	(1)	1

1990

Consumer Catalogs
Lionel Book 1.	(2)	3
Lionel Book 2.	(2)	3
Lionel Press Kit.	(3)	30
Lionel Large Scale Trains and Accessories.	(2)	2

Single Sheet Flyers
Lionel Stocking Stuffers.	(2)	2
1990 *SSS* Great Lakes Express Set 6-11712.	(1)	1
Revolvers	(2)	1
Side Tracks	(2)	1

1991

Consumer Catalogs
Lionel Book 1.	(2)	3
Lionel Book 2.	(2)	3

Single Sheet Flyers
1991 Stocking Stuffer.	(1)	1
Side Tracks	(1)	1

1992

Consumer Catalogs
Lionel Book 1.	(2)	3
Lionel Book 2.	(2)	3

Single Sheet Flyers
Flyer in Japanese advertising the #18000 0-6-0 PRR	(4)	5

switcher and the #18007 SP GS-2 4-8-4.		
Flyer in Japanese advertising the #18011 Chessie T-1.	(4)	5
Stocking Stuffer 1992.	(2)	2
Design change notice for 1992 Seasons Greetings car.	(2)	1
Side Track.	(2)	2

1993

Consumer Catalogs

Lionel Book 1.	(2)	3
Lionel Book 2.	(2)	3
93 Stocking Stuffer, 94 Spring Preview.	(2)	3

Booklet

Discover the world of Lionel Model Railroading.	(2)	2

Single Sheet Flyers

1993 Thomas the Tank, product introduction flyer.	(3)	3
Dealer Promotional Program for Lionel Authorized Value Added Dealers.	(1)	1
1993 *SSS Soo Line Freight*, 6-11738.	(2)	2
Smithsonian Pennsylvania K-4.	(1)	1
VAD non-cataloged special Frisco 2-8-2, 6-18021.	(2)	2
Side Tracks.	(1)	1

1994

Consumer Catalogs

Santa Claus holding a Santa Fe Mikado.	(2)	3
1994 Stocking Stuffers, 1995 Spring Releases.	(2)	3

Single Sheet Flyers

Crayola Activity Train.	(1)	1
Lionel Preschool.	(1)	1
1994 Lionel Trainmaster.	(1)	1
Thomas the Tank engine & friends.	(1)	2
Lionel Gift Collection Catalog.	(1)	1
1994 *SSS NYC Passenger Freight* Set, 6-11744.	(2)	1
1994 *SSS NYC Passenger Car* Set, 6-16091.	(2)	1
1994 Mopar Historical Express.	(3)	3
1994 Ford Collectors Train Set.	(3)	3

1995

Consumer Catalogs

C&O Hudson, D&RG SD-50 on cover.	(2)	3
95 Stocking Stuffers, 96 Spring Releases.	(2)	3

Single Sheet Flyers

1995 *SSS* NYC Bay Window Caboose, 6-19726.	(2)	3

1996

Consumer Catalogs

Lionel Catalog-Photographic.	(2)	2
Lionel Catalog-Scenic Illustrated.	(2)	2
Lionel Accessories Catalog.	(2)	2
Lionel Century Club Catalog.	(2)	2

Single Sheet Flyers

New Jersey Transit Passenger Train Set, 6-11828.	(2)	1
Holiday Boxcars, Powermaster Transformer.	(2)	1

1997

Consumer Catalogs:

Lionel Heritage Catalog.	(2)	2
Lionel Heritage Catalog, Fall 97.	(2)	2
Lionel Classics Catalog with ATSF PA-1 on cover.	(2)	2
Lionel Classics Catalog II with NYC PA-1 on cover.	(2)	2
Lionel Classic Catalog III with 2329 Virginian on cover.	(2)	2

Single Sheet Flyers

Lionel Train Sets.	(2)	1
New Jersey Transit Passenger Train Set, 6-11833.	(2)	1
Little League Train Set, 6-11935.	(2)	1
Century Club 726 Berkshire.	(3)	4
Century Club 2332 GG-1.	(3)	4
Century Club Gift Collection.	(2)	2

1998

Consumer Catalogs

Lionel Heritage Catalog 1998.	C
Lionel Classic Trains Catalog 1998.	C
Lionel Classic Trains Vol. 2	C

Single Sheet Flyers

Century Club 671 Turbine.	C
Lionel Trains Classic SP & NYC GP-9.	C
Lionel Heritage #18072 Torpedo.	C
Gilbert AF Trains, "S Gauge Electric Trains 1998".	C
Commemorative Postage Stamp Boxcar on postcard size sheet.	C
ARR GP-7 Set, D&H 4-4-2 Set & N&W 4-4-2 Set, Large Scale Christmas Set and Holiday Trolley.	C
C & NW Animated Stockcar and Stockyard, Penn. GP-9 dummy B-unit, Classic Accessories and Rolling Stock.	C
NYC Heavyweights, Bascule Bridge	C

PF	Possible fake
PM	Pullmor Motor
rd	Red
RH	Right-hand switch
rs	Rubber stamped
RS	RailSounds
RSII	RailSoundsII
RT	Rubber Tire
SG grn	Stephen Girard Green
SM	Service Manual
SMT	Sprung Metal Trucks
Sig	Signal Sounds
SS	Service Station
SSS	Service Station Special
TC	TowerCom
TE	TrainMaster Equipped
TL	Tail Lights
TT	Traction Tire
Tus	Tuscan
T&W	Indicates tender comes with or without whistle
U	Uncataloged
VAD	Value Added Dealer
W	Whistle
WL	Warning Light
X	Indicates different from normal production- higher couplers, different trim, color, etc.
YED	Year-end deal
yell	Yellow
2PR	Two-position reverse
3PR	Three-position reverse
4W	Four-wheel trucks
4WPT	Four-wheel plastic trucks
4WT	Four-wheel die-cast trucks
5+	Indicates a pre-production mock-up, paint sample or special item of which less than 100 were made.
5P	Indicates a prototype.
6W	Six-wheel trucks
6WT	Six-wheel die-cast trucks

Road Name Abbreviations

ARR	Alaska Railroad
ACL	Atlantic Coast Line
ACY	Akron, Canton & Youngstown
AT&SF	Atchison, Topeka & Santa Fe
B&A	Boston & Albany
BAR	Bangor & Aroostook
BN	Burlington Northern
B&LE	Bessemer & Lake Erie
B&M	Boston & Maine
B&O	Baltimore & Ohio
CCC&STL	Cleveland, Chicago, Cincinnati & St. Louis
C&IM	Chicago & Illinois Midland
C&NW	Chicago & North Western
C&O	Chesapeake & Ohio
CIRR	Chattahoochie Industrial Railroad
CN	Canadian National
CN&L	Columbia, Newberry & Laurens
CP & CP Rail	Canadian Pacific
CPR	Canadian Pacific Railroad
CSt.PM&O	Chicago, St. Paul, Minneapolis & Omaha
D&H	Delaware & Hudson
D&RGW	Denver and Rio Grande Western
DT&I	Detroit, Toledo & Ironton
D&TS	Detroit & Toledo Shoreline
EMD	Electro Motive Division of GM
FEC	Florida East Coast
GM&O	Gulf, Mobile & Ohio
GN	Great Northern

GTW	Grand Trunk Western
IC	Illinois Central
ICG	Illinois Central Gulf
L&C	Lancaster & Chester
LL	Lionel Lines
L&N	Louisville & Nashville
LV	Lehigh Valley
MKT	Missouri, Kansas & Topeka
MP	Missouri Pacific
MPA	Maryland and Pennsylvania
NKP	Nickel Plate Road
NJZ	New Jersey Zinc
NP	Northern Pacific
N&W	Norfolk & Western
NYC	New York Central
NY,NH&H	New York, New Haven & Hartford
ON	Ontario Northland
PC	Penn Central
P&E	Peoria & Eastern
PFE	Pacific Fruit Express
PL&E	Pittsburgh & Lake Erie
PRR	Pennsylvania Railroad
RF&P	Richmond, Fredericksburg & Potomac
RI	Rock Island
SCL	Seaboard Coast Line
SP	Southern Pacific
SP&S	Spokane, Portland & Seattle
TAG	Tennessee, Alabama & Georgia
TP&W	Toledo, Peoria & Western
UP	Union Pacific
WM	Western Maryland
WP	Western Pacific

Organization Name Abbreviations

ADTCA	Atlantic Division of Train Collectors Association
AMT	Allied Model Trains
CTT	Classic Toy Trains
CLRC	Chicagoland Lionel Railroad Club
D-TTCA	Detroit-Toledo Chapter of Train Collectors Association
EDTCA	Eastern Division of Train Collectors Association
FPTCA	Fort Pitt Division of Train Collectors Association
GLTCA	Great Lakes Division of Train Collectors Association
GTCA	Gateway Chapter of Train Collectors Association
IETCA	Inland Empire Train Collectors Association
LCOL	Lionel Central Operating Lines
LCCA	Lionel Collectors Club of America
LCAC	Lionel Collectors Association of Canada
LKC	Lionel Kids Club
LOTS	Lionel Operating Train Society
LRRC	Lionel Railroader Club
LSDTCA	Lone Star Division of Train Collectors Association
MDTCA	Midwest Division of Train Collectors Association
METCA	Metropolitian New York Div. of Train Collectors Association
MLRRC	Milwaukee Lionel Railroad Club
NLOE	Nassau Lionel Operating Engineers
NETCA	New England Division of Train Collectors Association
PNWTCA	Pacific Northwest Division of Train Collectors Association
RMTCA	Rocky Mountain Division of Train Collectors Association
SDTCA	Southern Division of Train Collectors Association
St.LRRC	St. Louis Lionel Railroad Club
S-STCA	Sacramento-Sierra Chapter of Train Collectors Association
TCA	Train Collectors Association
TTOM	Toy Train Operating Museum
TRTCA	Three Rivers Chapter of Train Collectors Association
TTOS	Toy Train Operating Society
VTC	Virginia Train Collectors
WB&ATCA	Washington, Baltimore & Annapolis Chapter of TCA
WMTCA	Western Michigan Chapter of Train Collectors Association

(Continued from page 8)

I am hearing more trains are being sold through the Internet. That idea intrigues me although I am not too agile with a computer, so at this point, I will reserve judgment on this method of selling trains.

Another option is to sell your entire collection to a reputable dealer – like me (humility has never been my strongest virtue). Sellers must be leery of dealers who claim they will pay 75%-to-80% of book value because no dealer is going to do that. Dealers have to make 40% to cover expenses and make a profit. So if you sell to a dealer, expect to get about 60% of what he thinks he can sell your trains for, but it may be worth it because you get rid of everything at one fell swoop and you walk out with a check in your pocket. And remember – the dealer still has to sell the stuff before he makes any money so he is bearing all the risk.

All in all – I still feel an auction is the quickest and most enriching method of disposing of a collection as long as it is done with the right people and in the right way.

Prototypes

Prototypes are made so the item can be photographed for the catalog. Graphics are then applied with decals or dry transfers. Later, when the car goes into production, graphics are applied in a number of more permanent processes, including heat stamp, Electrocal, or Tampa (pad printing).

2346 Boston & Maine GP-7, black-red/silver

In the early '70s, Lionel considered introducing a Boston & Maine geep in a new black, red and silver color scheme. They designed a prototype using the same heat stamps used on the Postwar geep last made in 1966. It was probably created around 1971 or 1972.

6303 Tootsie Pop Drops Tank Car

Lionel planned to produce four cars featuring popular candy products. The 9278 Lifesaver Tank Car was introduced in 1978, followed by the 9324 Tootsie Roll Tank Car in 1979. The 9356 Pep-O-Mint Tank Car was included in the 1980 advance catalog but was dropped when a dispute over licensing arose. A prototype for the fourth car in the series, the 6303 Tootsie Pop Drops Tank Car, was made for 1981, but like the 9356, it never went into production.

202

News, Views & Comments

Rich Richter
Free Lance

It's a great time if you are a fan of O gauge electric trains. Never has there been so many options. In fact, there are too many options. Take track. Lionel has track. K-Line has track. MTH has track. Gargraves has track. And now Atlas with a whole new line of track. That's too much track. Consumers are confused. They don't want to make all those decisions.

It used to be simple. You bought American Flyer or Lionel and then went on from there. Now there's at least six companies making O gauge trains all trying to sell to the same customer base and one of them, MTH, seems to have adopted the strategy of driving the other five out-of-business. Take Mike's last catalog. Almost every offering is based on an item some other manufacturer has announced.

The most flagrant examples are the three new GP-38s. They are the same three roadnames that K-Line had already announced. MTH offers them for less money with more features. While some might say that's just playing hardball, what about the MTH dealers who still have inventory on the previous geeps? How are they going to sell those?

Another example – the SW switchers announced by Atlas. MTH announces similar switchers. MTH offers a scale Daylight for $1000 just after Lionel announced their non-scale Daylight. Williams announced a scale Genesis, now MTH has a scale Genesis. MTH is introducing a RailKing 49er after Weaver announced a scale 49er. MTH also has announced the cylindrical hoppers and long tank cars that Atlas is bringing out, and the entire *Tinplate Traditions* line is patterned after Lionel Prewar O and Standard gauges.

That's a little more than just healthy competition. Forget hardball. That's beanball. There could be a backlash. Why make another Daylight when there's already so many? Why make GP-38s in the same road names as someone else when there are so many other roadnames to choose from? I think MTH is trying to grab too much market share too quickly. He's announcing new stuff and still hasn't delivered stuff from two catalogs ago. His quality is slipping too. They just recalled the Verandas because the trucks can't negotiate an O-72 curve. And the Stephen Girard cars were packaged in styrofoam that wasn't cured and moisture formed on the voyage over. Pity the poor guy who waits a few years to open his box. Those are two major mistakes.

MTH Secondary Market Prices

Prices relate to scarcity. Mike's early F-3s have gone up because the production run was split between eight roadnames, so the number of units per road name was relatively low. Now bigger production runs are divided by two or three road names so the units per road name have dramatically increased. That means no scarcity which means no increase in value.

The other thing that has MTH collectors edgy is the possibility, at any time, of Mike re-making any item. The UP extended vision caboose went up to $80 before he re-issued it. Now you can't get $50. Same thing will happen with those premium scale engines when he starts to re-issue them.

Changes in the Hobby
I think the two most significant changes about our hobby over the last ten years are the manufacturing capabilities offered by the Far East, and the Internet. Having items produced in Korea and China has allowed manufacturers to offer more products because cost is so low and minimal investment is required. Typically, a manufacturer will announce a product, take orders, have the product made in China, then fill the orders. The result is the market is saturated with product.

The second major development is the Internet – a 24-hour-a-day, 365-days-a-year train show. At any time a buyer can surf the web, price compare and find almost anything he may want - like a train show right in his den. The Internet is going to greatly impact our hobby.

Another thing the Internet can do - sadly - is turn operators and collectors who never thought of selling into sellers. The MTH flat car with Cadillacs sold on the Internet for $150. Guy had one he paid $30 for, sees the escalated price, and decides to sell. Never would have sold if he didn't see it on the Internet and have the convenience of selling it right from his own home.

Golden Age
It's a golden age for toy trains. Never has an O-gauge enthusiast had so many choices. Never has there been the technology (that's good or bad depending on your view) and never has there been so much variety.

The new blood in the hobby wants the best value for the buck and could care less about memories and tradition. They usually end up buying engines from K-Line, Williams or MTH, and rolling stock and accessories from Lionel.

Lionel box cars, operating cars, novelty cars like the fluid tank cars and accessories still sell well but Lionel engines are tough to sell because they are overpriced. For example – the Lionel non-scale Soo Line SD-60M sold for $700. The MTH scale SD-60 sold for $350. People will pay more for Lionel but not double. The New York Central NW-2 switcher is way overpriced at $600.

Lionel's pricing policies have created confusion because they have a different price structure for different lines. For example, the discount to dealers for Heritage items is less than the dealer discount on Classic items. Within the Classic line, the discount on engines is less than the discount on rolling stock. Heritage items cannot be discounted initially at the retail level but Classic items can be discounted.

Now that's confusing enough but Lionel manages to confuse things more by arbitrarily putting the same category in both books. For example, the Milwaukee Road F-3 was in the Heritage book (no discount) and the Western Pacific F-3 is in the Classic book (will be discounted). So the same item (an F-3) will sell for different prices.

More examples – a UP motorized truck was in the Heritage 1998 catalog. Then a Pennsy motorized truck appeared in the '98 Classic book. The NYC NW-2 is $600 in the Heritage. Now the Seaboard is $500 in the Classic. Street price will be around $450. The only difference between the two engines is the road name. The consumer sees all these different prices on the same item and gets confused. Lionel's pricing of consumer sets is also confusing. Some sets are based on the Classic engine discount and others on the Classic rolling stock discount.

In today's market you don't want to confuse your customers because there are too many alternatives. Lionel still has the strongest name but they are losing market share every day. They should slow down, get out of the race to produce the most, and concentrate on producing the best.

Postwar Prices

All this new product has a negative effect on Postwar Lionel because money that used to go to buy used postwar is now going to buy new products from different manufacturers.

The price gap between Mint and LN with the box and E and below without the box is widening even more. For example, if you have a LN 2368 Baltimore & Ohio F-3 in the box, all crisp and complete, you have a good chance at $3500 to $4000. If you have an E B&O without the box, you are lucky to get $1000. Why? Because the buyer could get three or four new diesels for the same $1000. Ten years ago, you could get $2500 for the B&O without boxes because those choices didn't exist and more guys were collecting trains. Now most guys are operating them.

Take an average Lionel steamer like the 2055. It will never see $300 again. These new young guys, who are operators, look at it the way we would look at a Model T. It's just old. There's very few Christmas-morning memories for a guy 40 or younger.

Another reason average Lionel Postwar is way down is because of all the reproduction parts. No one can be sure if they are getting all original Postwar so they tend to buy new. Average Postwar will sell but it has to be a bargain. Postwar accessories, by the way, are still in big demand.

New Catalogs

When a catalog comes out, the majority of those who want any new items, pre-order. There's a little surge when the items are released, but after that, they just sit. They eventually sell but it takes a long time.

Mike Moore
Toys and Trains of Yesterday

This last Lionel catalog was a big improvement. Lots of action on the Veranda, Culvert Loader, Bascule Bridge and the Backshop. Nobody seems to care that it costs $599. The Phantom is being released. I thought that was going to be a dog so I didn't order very many. Now that the cars have been announced, interest has picked up. Now I think it's going to be a winner and I wish I had ordered more. All the re-issues from the 50s will be hot – the Western Pacific, AEC switcher, etc.

Prewar is getting very hard to find. Anything crisp in Postwar sells. I got an American Flyer Hudson set in last week. Very clean. If it were 1951, I could have sold it as new. Moved it immediately for $300. Flyer guys told me it was worth much more but my job is to move trains. If I get something in for $200, I'll sell it for $300. I don't run a museum. I want to get 'em in and get 'em out.

Everything for sale has three prices – the price the seller want to get, the price the buyer wants to pay and the price the item actually sells for. That's usually somewhere in the middle. I price stuff so it moves.

I anticipate a great fourth quarter. I am seeing lots of new faces and there's lots of interest in layout building. I am selling track, transformers, scenery and I'm getting lots of items in for repair. Years ago, repairs were minimal because nobody was running the stuff. I think the big increase in repairs is a good sign.

Most repair shops are afraid to open the engines equipped with the new electronics. You have to know what you're doing or you could do more harm than good. I am lucky to have an electronics background. Believe me, trains are a lot easier to fix than VCRs.

Vapor Records Boxcars

(top) 29206 Vapor Records 6464-496 boxcar
(bottom) 29229 Vapor Records Christmas 9700-496 boxcar

by Todd Wagner

When veteran rocker Neil Young purchased a portion of Lionel Trains Inc. in 1995, collectors knew it was inevitable that special cars would follow. Most enthusiasts are aware of the Vapor Records (the record company founded by Neil and his manager, Elliot Roberts) boxcars, but very few know the entire, and somewhat complicated, story.

It started with the Holiday season of 1996. Neil wanted a special gift to give to his friends and employees for the holidays. Lionel's art department came up with the silver, black, white and purple 6464-496 boxcar. This car was produced in extremely limited quantities exclusively for Neil.

Then, in early 1997, Lionel sent a letter to dealers stating that they thought it was unfair to produce a 6464-boxcar with limited availability, so they were making a full-scale production run of the car. The letter also stated that the car would be identical to the original production run for Neil.

That turned out to be incorrect. There are several differences. First, the catalog number on the box of the original run is 29606, which is a misprint of the correct number, 29206. This car has an 11/96 molding date on the inside of the boxcar body, and its frame features an adhesive sticker identifying the car as a Lionel LLC product.

The product sent to Lionel dealers in the spring of 1997 used a 29218 catalog number, had a 1/97 molding date, and the Lionel LLC data on the frame was embossed.

While outwardly identical, these subtle changes, along with the box, clearly establish the differences between the two cars.

One year later, history repeated itself. Lionel made a special Vapor Records Christmas Boxcar for Neil in late 1997. This car, 9700-496, featured an attractive white and green body, red doors, with black and red graphics, and was also made in extremely limited quantities. There are no end labels on the original box, but the shipping carton identifies it as 29229. Then, in the late-1998 Lionel consumer catalog, Lionel features the similar 26208 Vapor Records Boxcar Number 2. Actually, it's Number 4.

The recently released 26208 differs, as expected, from its rare predecessor. The "Built" data is the easiest way to identify each. The rare 29229 is lettered "BUILT BY LIONEL"; the 26208, "BLT 98 BY LIONEL".

Is there a special car in store for Neil and Vapor Records this year? Stay tuned.

Lionel Ambassador Club

19957 Ambassador Award Caboose (top) 19958 Engineer Award Caboose (bottom)

In mid-1997, Lionel decided to form a club of its most ardent fans. The idea was to get Lionel enthusiasts to donate their time to help promote Lionel products by helping retail dealers, writing articles and promoting the hobby in general.

For doing this work, the Lionel Ambassador could earn points towards special Lionel products and promotional items that would only be available to Ambassadors. For example, if an Ambassador spent the weekend helping out the owner of a new hobby shop during their grand opening, he would earn X amount of points. An article about Lionel published in a club journal would be worth X amount of points.

The first of these products is a series of Standard O cabooses. Three versions were produced:

1) 19957 Ambassador Award Caboose with bronze and black trim.
2) 19958 Engineer Award Caboose with silver and chrome trim.
3) 19959 Joshua Lionel Cowen Award caboose with gold trim.

The top award, the 19959 Joshua Cowen Caboose, was awarded to those who accumulated over 1000 points, the 19958 was awarded to those earning between 500 and 999, and the 19959 was given to those earning from 100 to 499. Points are totaled annually. If you didn't earn enough points for any award, you could purchase the 19957 caboose for $110.

To become an Ambassador, you apply by filling out an application. You tell Lionel what you do and how much experience you have in the hobby.

The first awards were issued in July, 1998. One Ambassador earned the Joshua Lionel Cowen caboose. About 300 Ambassadors have signed up. A different car will be issued for 1998-1999.

Anyone interested in becoming a TM Ambassador?

President George H. Bush
"Spirit of America" Observation Car

by Todd Wagner

Let's play make-believe. Assume you're a candidate for President of the United States and are behind in the polls. What's the easiest way to reach the largest amount of voters in the shortest amount of time? Why, travel by train, of course!

Now back to reality. The year is 1992, and President George Bush found himself in the same predicament when running for re-election. Faced with impending defeat, Bush tried a last-ditch effort to revive his sagging campaign. A special train was formed by CSX to take him to various locations in Michigan and Ohio, where he would have the opportunity to speak to many voters in two important states.

To help finance the trip, anyone making a sizable donation to Bush's campaign was invited aboard the train for a chance to meet the President and travel with him for a leg of the journey. One of these contributors was Lionel's then-current owner, Richard Kughn. While onboard, Kughn presented Bush with one of the Lionel Classics re-issues of the chrome-plated American Flyer Presidential locomotive. Later, Kughn asked Lionel designers to come-up with a souvenir Lionel car befitting the event. The result is arguably the most prestigious and valuable piece to be made by modern Lionel.

To create this special car, Lionel designers started with the 19038 Adolphus Busch observation car which Lionel produced for Budweiser's Gift Catalog. While maintaining the car's original paint and striping, additional areas of gold paint were added to cover the existing Adolphus Busch markings. Special dry-transfers were made to add black lettering and red, white, and blue bunting to the sides of the car, very similar to Lionel's campaign observation cars of 1976. The final touch was the addition of a "Circle-L" lapel pin into the car's end railing, making a perfect, almost scale-sized drumhead.

Not only does this car cause excitement among train collectors, but Presidential memorabilia collectors also highly regard the piece. Indications are approximately 70 were made, and virtually all remain in the hands of the Republican party's staff and contributors to the re-election campaign.

17611 NYC Standard O Caboose Prototype

This prototype was made using the steelsided caboose body, but the car was produced as a woodsided caboose.

208

16920 Flatcar with Construction-Block Helicopter

by Todd Wagner

Many times over the last 28 years, there have been items shown in the annual Lionel catalog that, for some reason or another, never see the production line. The reasons are usually clear, owing to the lack of orders, engineering problems or licensing issues. Recently, however, an item was cataloged for production, and then was canceled at the last minute for reasons that are still unclear.

Lionel's 16920 Flatcar with Construction-Block Helicopter (or as collectors call it, the "Lego" car) was included in Lionel's 1995 Stocking Stuffers/1996 Spring Releases catalog for production late in 1995. Lionel extensively modified their 9020-style flatcar tooling to produce the special top required for mating with the helicopter. They also ordered and received over 10,000 of the helicopter kits from an outside vendor to include with the car. Then, in late summer, 1995, Lionel dealers received a letter stating the car was dropped and all orders were canceled.

Normally, the story would end here, but some fascinating remnants of the car have surfaced. After modifying the tooling to produce the car, Lionel produced a few "test-shots" of the unique body as a precursor to full-scale production. One of these test shots, made of tan plastic and never decorated, is shown here with the correct helicopter load. Even though the car was never produced, these helicopter kits are available from the Lionel parts department for a few dollars. However, all that remains of the car are test-shots in the hands of a few fortunate collectors.

Since Lionel has already invested in the tooling to produce the car, it should be interesting to see if any other "construction-block" pieces are in the Lionel line in the future.

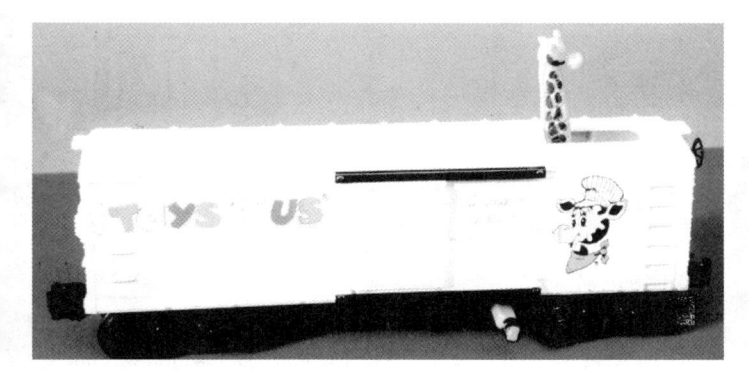

16641 Toys R Us Giraffe car
Another decaled prototype, this time for a giraffe car from the 11783 Toys R Us *Heavy Iron* set from 1990.

Cincinnati in Motion
Dunham Studios
518-287-7061

Clarke Dunham, the Tony-nominated Broadway set designer turned model train display builder, has been commissioned to design the largest model train exhibit in the world. The exhibit will be at the Cincinnati Museum Center, located in Cincinnati's restored Union Terminal.

"We literally exploded a map of Cincinnati and went on from there," reports Clarke, who is very excited about the project. "Everything is where it actually is. You will be able to walk through the layout and get a giant's-eye view of downtown, the West End, the Ohio River – everything – just as it was between the late 1800s and 1940. Even a model of old Crosley Field. The first night game in history, played in 1935 between the Reds and Phillies, will go on forever."

The exhibit, *Cincinnati in Motion,* will measure 170-by-35 feet and depict life in Cincinnati from the late 1800s to the 1940s. Featured will be the Breweries and the old Germantown area of the 1890s, the stylish Mt. Adams in the 1920s, bustling Union Terminal during the 30s, when steam was king, and the Riverboats of the 1940s. Model trains and trolleys, appropriate to the era, will run throughout the display. Dunham chose S gauge track and equipment. "We couldn't use O gauge because, even with 6000-square feet, O gauge is too big to get everything in they wanted," says Clarke.

The display will be built in two phases. The first will open in November, 1999, and the second, a year later.

Clarke Dunham has designed a number of spectacular train displays including Railroads on Parade in Williamsburg, Virginia, the Station at Citicorp Center in New York, and Valley Junction, Doug DuBay's exhibit at the Train Museum in Des Moines, Iowa. When Doug closed, Clarke retrieved the display and trucked it back to Dunham Studios in upstate New York. Valley Junction is currently being refurbished and will be re-installed in the Cincinnati Museum Center for their Holiday Rail Fair.

The Holiday Rail Fair is a celebration of Christmas and model trains consisting of model train layouts and Christmas displays. All gauges are represented and Clarke's Valley Junction layout will be the main attraction.

For more information about Dunham Studios, go to their web site, www.dunhamstudios.com, or call, 518-494-3688.

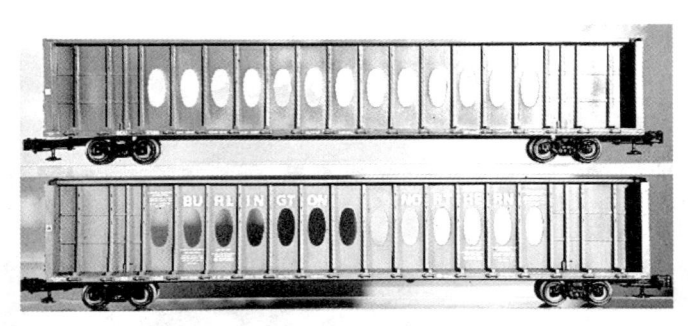

17508 and 17509 Scale I-Beam Flatcars
Both cars were introduced at the 1992 Toy Fair, but reaction was not enthusiastic because Lionel dealers felt the prototypes were too big. Lionel consequently redesigned them and introduced smaller versions, the 16371 Burlington Northern and the 16372 Southern, later in the year.

10 Hardest-to-Find Uncataloged Promotional Sets
(in no particular order)

1157 Wabash Cannonball, 1981
This is one of the most unusual sets of the MPC era. It contains a hodgepodge of items, including the 8904 locomotive. But what makes it interesting is the tender. The 8904 usually comes with an 8904 Wabash tender. But in this set only, the 8904 comes with an 8007 NYNH&H tender. Also included are the 9354 Pennzoil tank car, 9325 Norfolk & Western flatcar, 9058 Lionel Lines caboose and the very rare 9376 Soo Line boxcar. This set was available only through Lionel Leisure stores.

1362 Lionel Lines Express, 1983
This set should probably be called the Burlington Northern Express because Lionel Lines does not appear on any item. The set includes the 8374 Burlington Northern NW-2, 7902 Santa Fe boxcar, 6207 Southern gondola, 9020 Union Pacific flatcar and a 6427 Burlington Northern transfer caboose. Available only through Lionel Kiddie City in 1983.

11752 Timber Master Set, 1987
A boring set except for the 18600 Atlantic Coast Line 4-4-2. This locomotive appeared only in this and the 11763 Freight Hauler for United Models. The Timber Master was sold originally through JC Penney only.

11754 Key America Set, 1987
This set, which contains the scarce 16203 Key America boxcar, was only available from Key America, a New York-based appliance store.

11756 Hawthorne Home Appliances Set, 1987
While this set was available in both 1987 and 1988, the 1987 set, which includes the 16204 boxcar, is the more scarce of the two.

11785 Union Pacific Express, 1990
This set, which was originally made for Costco in 1990, was closed out through Lionel dealers in 1991. It was the same as the 1602 Nickel Plate, but with Union Pacific markings and additional accessories.

11819 Georgia Power Set, 1995
Often called the Olympic Set, this was only available to Georgia Power employees. Although all its pieces are unique to this set, the highlight is the 16265 boxcar, which commemorated the 1996 summer Olympic games in Atlanta

11821 Sears Brand Central/Zenith Set, 1995, 1996
Available through Sears only with the purchase of a $1500 large screen Zenith TV set. Consisted of a NYC Flyer-type set featuring Sears Brand Central and Zenith logos.

11841 Bloomingdale's Set, 1997
Featured in Bloomingdales's Christmas Gift catalog, this set contains the unique consist of a Bloomie's locomotive, two boxcars (including an all-blue version of the *I Love New York* boxcar) and an Amtrak observation car. According to Bloomie's, only 500 were produced.

11846 Kal Kan Express, 1997
Available only through a mail-in offer featured in certain grocery store chains. In addition to a standard New York Central locomotive, tender, and caboose, it featured four pet food-related boxcars – Kal Kan, Pedigree, Whiskas and Sheba.

10 Most Overlooked Modern Era Items
(Produced for retail sale. Listed in no particular order.)

1) 8001 Nickel Plate Road 2-6-4 Steam Engine, black/white
Identical to the NY,NH&H 8007 that came in the New Englander Set, but with Nickel Plate graphics. The 8001 was available for separate sale only in 1980, and was uncataloged.

2) 8043 Nickel Plate Road 2-4-2 Steamer Engine, black/white
Identical to the 8040, but with an operating headlight. The 8043 was available only in one uncataloged 1970 set made for Sears.

3) 7925 Erie Lackawanna Boxcar, orange/white
The 7925 was made between 1986 and 1990. There are two versions – the common gray with maroon lettering and the scarce orange with white lettering. For some unknown reason, Lionel switched to old-stock orange shells in late 1988. The orange version appears in the 1989 catalog but by 1989, the car was back to being produced in gray. Collectors think delivery deadline pressures caused the switch.

4) 9049 Toys R Us Boxcar, white with multi-colored stickers
There's been much confusion regarding this piece. The 9049 came in the 1978 1893 Toys R Us Logging Empire Set. The stickers were to be applied by the customer. The 9049 number does not appear anywhere on the car.

5) 9376 Soo Line Boxcar, white/black
Came in one uncataloged set made for Lionel Leisure in 1981, and may have been available for separate sale in the same stores. Other items in the set are common and turn up elsewhere, but the 9376 is very hard to find.

6) 16204 Hawthorne Home Appliances Boxcar, white/black-red
There are two Hawthorne sets, both numbered 11756. The later one, available in 1988, is common. It comes with the 16211 boxcar. The first Hawthorne set, introduced in 1987, is very hard-to-find, and contains the 16204 boxcar which is only available in this set.

7) 9357 Smokey Mountain Lines Bobber Cabooses, 3 different colors
These cabooses were made in red, yellow and green, and came in the 1965 Smokey Mountain Lines Set from 1979. While each color was produced in equal quantities, red seems to be the more difficult color, but all are very scarce. This set is similar to the 1280 Kickapoo Valley Set from 1972, which came with the 9067 bobber caboose. The 1965 set is one of the most difficult-to-find Lionel cataloged sets of the Modern era.

8) 9079 Grand Trunk Hopper, blue/white
The 9079 was only available in the 1762 Wabash Cannonball Set from 1977. This attractive hopper has become popular in recent years as both operators and collectors discover its handsome paint scheme.

9) 6515 Union Pacific Flat car with stakes, yellow/black
The 6515 is often confused with the extremely common 9020 flat car, which has the same roadname and colors. But the 6515 is hard-to-find because it was available only in the 1352 Rocky Mountain Freight Set in 1983 and 1984, and in a rolling stock assortment at Toys R Us in 1986.

10) 9340 Illinois Central Gulf Gondola, orange/black
For years, price guides have listed two variations, orange/black and red/white. The red/white variation, included only in uncataloged sets, is listed as being more scarce. Wrong. The orange/black version, made in 1979 only and cataloged in the 1960 Midnight Flyer set, is much more difficult to find.

5 Rarest Club Cars
(Fully produced by Lionel)

52084 Union Pacific I-Beam Flatcar with load
The 1995 TTOS Banquet Car. Approximately 70 made. Lionel took 16380 UP I-Beam flatcars and added the TTOS Convention logo to the car's wood load.

52003 "Meet Me In St. Louis" Flatcar with trailer
This was the car distributed at the TCA National Convention banquet in 1992. Approximately 100 made.

52018 3M Boxcar
The 1993 TCA Banquet car. Approximately 100 made.

52022 Union Pacific Boxcar
The 1993 TTOS Banquet car. Approximately 100 made.

52077 Great Northern Hi-Cube Boxcar
The 1995 TCA Banquet car. Approximately 125 made.

5 Rarest Club Cars
(Not fully produced by Lionel)

Due to Lionel's minimum order requirements, some clubs contract outside sources to produce their club cars. Examples are Pleasant Valley Processing (PVP) and Crown Models (New England Car Shops).

1223 Seattle North Coast Hi-Cube Boxcar
LOTS' first meet car, with 47 made in 1986.

7518 Carson City IETCA Mint Car
IETCA members took standard Carson City mint cars and added special gold IETCA stickers to the windows. The result is the scarcest mint car. Approximately were 50 made in 1984. IETCA was a small club based in southern California, and is no longer in existence.

52026 Long Island Flatcar with Grumman trailer and 52072 Tractor
Available only to members of the Nassau Lionel Operating Engineers (NLOE), a much-noted club on Long Island. Approximately 144 were produced in 1994.

80948 Michigan Central Boxcar
The 1982 LOTS convention car, and the only regular convention car from the "Big 4" clubs to make the list. 150 produced.

8507/8508/9517 Canadian National F-3 A-B-A
The LCAC has long made items appealing to Canadian operators and collectors, and this set is no exception. First, the club made the A-A shells only in 1985, without the chassis. Ten years later in 1995, LCAC had a fully-assembled B unit made, 52005, featuring the 9517 cab number.

Item	Page	Item	Page	Item	Page
00005	91,170	1351	137	1762	140
0511	121,175	1352	137	1764	140
0512	118	1353	137	1765	140
0780	45,168	1354	137	1766	140
0781	81,168	1355	137	1776	15,22
0782	114,168	1359	137	1790	140
0784	91,168	1361	137	1791	140
1-263E	27	1362	137	1792	140
4	12,170	1380	137	1793	140
10	12,170	1381	137	1796	141
41	187	1382	137	1860	141
101	187	1383	137	1862	141
105	187	1384	137	1864	141
110	187	1385	137	1865	141
109	25	1386	137	1866	141
205	187	1387	137	1867	141
303	114,168	1388	137	1868	141
350E	27	1390	138	1892	141
634	19	1392	138	1893	141
882	121	1393	138	1900	15
883	121	1395	138	1960	141
884	121	1400	149	1962	141
1018-1979	45,170	1402	138	1963	141
1050	135	1403	138	1965	141
1052	135	1450	138	1970	141
1053	135	1451	138	1971	99,141,170
1070	135	1460	138	1972	99,170
1071	135	1461	138	1973	43,99,121
1072	135	1463	138	1973	170,175
1081	135	1487	138	1974	99,121,170,175
1082	135	1489	138	1975	99,121,170,175
1083	135	1492	138	1976	12,23,99,170
1084	135	1493	138	1979	45,165
1085	135	1499	138	1980	73,165
1091	135	1501	138	1981	45,91,165,167
1092	135	1502	138	1982	114,165
1100	149	1506	138	1983	19,45,99,114
1150	135	1512	138	1983	165,170,175
1151	135	1549	138	1984	45,99,170,175
1153	135	1552	138	1985	91,175
1154	135	1560	139	1986	67,165,170
1155	135	1577	139	1990	141
1157	135	1579	139	1991	141
1158	135	1581	139	1993	141
1159	135	1582	139	1994	29,163,164,164
1160	135	1584	139	2110	149
1182	136	1585	139	2111	149
1183	136	1586	139	2113	149
1184	136	1587	139	2115	149
1186	136	1594	139	2117	149
1187	136	1595	139	2122	149
1190	136	1602	139	2125	149
1195	136	1606	139	2126	149
1198	136	1608	139	2127	149
1199	136	1612	121	2128	149
1203	19,170	1613	121	2129	149
1223	45,168	1614	121	2133	149
1250	136	1615	121,139	2140	150
1252	136	1632	140	2145	150
1253	136	1652	140	2151	150
1254	136	1658	140	2152	150
1260	136	1660	140	2154	150
1261	136	1661	140	2156	150
1262	136	1662	140	2162	150
1263	136	1663	140	2163	150
1264	136	1664	140	2170	150
1265	136	1665	140	2171	150
1280	136	1672	140	2175	150
1284	137	1685	140	2180	150
1285	137	1686	140	2181	150
1287	137	1687	140	2195	150
1290	137	1693	140	2199	150
1291	137	1694	140	2214	150
1300	149	1696	140	2256	150,170
1346	137	1698	140	2260	150
1349	137	1760	140	2280	150
1350	137	1761	140	2282	150

Item	Page	Item	Page	Item	Page
2283	150	5727	67	6312	114
2290	150	5728	67	6313	114
2292	150	5730	100	6314	114
2300	151	5731	100,171	6315	114,171
2301	151	5732	100	6317	114
2302	151	5733	67	6323	114,166
2303	151	5734	100,171	6357	114
2305	151	5735	67	6401	68,171
2306	151	5745	67	6403	121
2307	151	6014-900	45,166	6404	121
2308	151	6076	91,175	6405	121
2309	151	6100	91,165	6406	121
2310	151	6101	91,171	6410	121
2311	151	6102	92	6411	121
2312	151	6103	92	6412	121
2313	151	6104	92	6420	78
2314	151	6105	92	6421	68
2315	151	6106	92	6422	68
2316	151	6107	92	6425	68
2317	151	6109	92	6426	78
2318	151	6110	92	6427	78
2319	151	6111	92,168,171	6428	78
2320	151	6112	92,166	6430	73
2321	151	6113	92	6431	68
2323	151	6114	92	6432	73
2324	151	6115	92	6433	68
2390	151	6116	98	6435	78
2494	151	6117	92	6438	68
2709	159	6118	92	6439	68
2710	151,170	6122	98	6441	68
2714	151	6123	92	6446-25	92
2716	152	6124	92,171	6449	71
2717	152	6126	98	6464	45
2718	159	6127	98	6464-500	46
2719	159	6131	92	6464-1970	45,171
2720	159	6134	106	6464-1971	45,178
2721	159	6135	106	6476-135	92
2722	159	6137	92	6478	73
2723	159	6138	92	6482	73
2783	159	6150	92	6483	73,166
2784	159	6177	92	6485	73
2785	159	6200	89	6486	73
2786	159	6201	38	6491	78
2787	159	6202	89	6493	68
2788	159	6203	89	6494	70
2789	159	6205	89	6496	78
2791	159	6206	89	6504	84
2792	159	6207	89	6505	84
2793	159	6208	89	6506	84
2796	159	6209	106	6507	84
2797	159	6210	89	6508	80,167
3100	30	6211	89,168	6509	84
3764	99,168	6214	89	6510	80
5700	99,170	6230	106	6515	84
5701	99	6231	106	6521	106
5702	99	6232	106	6522	104
5703	99	6233	106	6524	80
5704	99	6234	106	6526	104
5705	99	6235	106	6529	104
5706	99	6236	106	6531	81
5707	99	6237	106	6560	80
5708	100	6238	106	6561	84
5709	100	6239	106	6562	84
5710	100,165,170	6251	79	6564	84
5711	100	6254	89	6567	80,166
5712	100	6258	89	6573	96
5713	100	6260	89	6574	80
5714	100,165	6272	89	6575	84
5715	100	6300	114	6576	80,84
5716	100,171	6301	114	6579	80
5717	67	6302	114	6582	84,175
5719	100	6304	114	6585	84
5720	100	6305	114	6587	85
5721	100	6306	114	6593	80
5722	100	6307	114	6700	38
5724	67,167,171	6308	114	6900	70
5726	67	6310	114	6901	70

215

Item	Page	Item	Page	Item	Page
6903	70	7524	118	7913	38
6904	70	7525	118	7914	38
6905	70	7530	97	7920	48
6906	70	7600	46,71,171	7925	48
6907	77	7601	46	7926	48
6908	71	7602	46	7930	48
6910	70	7603	46	7931	48
6912	73	7604	46	7932	48
6913	70	7605	46	8001	31
6916	78	7606	46	8002	27
6917	70	7607	46	8003	27
6918	73	7608	46	8004	27
6919	73	7609	46	8005	27
6920	77	7610	46	8006	28
6921	73	7611	46	8007	31
6926	70,171	7612	46	8008	36
7200	121	7613	46	8010	19
7201	121	7679	46,177	8014	27
7202	121	7681	72,177	8020	9
7203	121,125	7682	92,177	8021	9
7204	121,125	7683	100,177	8022	9
7205	121,175	7684	114,177	8025	9
7206	121,175	7685	46,177	8030	15
7207	121,126	7686	15,177	8031	15
7208	121,125	7692-1	122,177	8040	35
7210	121,124	7692-2	122,177	8041	35
7211	121,125	7692-3	122,177	8042	35
7212	121,175	7692-4	122,177	8043	35
7215	122	7692-5	122,177	8050	23
7216	122	7692-6	122,177	8051	23,45,171
7217	122	7692-7	122,177	8054	12
7220	122	7700	47	8055	12
7221	122	7701	47	8056	14
7222	122	7702	47	8057	19
7223	122	7703	47	8059	12
7224	122	7704	118	8060	12
7225	122	7705	118	8061	23
7227	122	7706	47	8062	12
7228	122	7707	47	8063	21
7229	122	7708	47	8064	15
7230	122	7709	47	8065	15
7231	122	7710	47	8066	15
7232	122	7711	47	8068	15,166
7241	122	7712	47	8071	21
7242	122	7780	47,171	8072	21
7301	113	7781	47,171	8100	30
7302	113	7782	47,171	8101	28
7303	113	7783	47,171	8102	36
7304	113	7784	47,171	8103	45,165
7309	113	7785	47,171	8111	19
7312	113	7786	47,171	8140	34
7401	113	7800	47	8141	35
7403	46,166	7801	47	8142	36
7404	46	7802	47	8150	24
7500	23	7803	47	8151	21
7501	46	7806	118	8152	21
7502	100	7807	118	8153	19
7503	100	7808	113	8154	19
7504	92	7809	47	8155	23
7505	46	7810	47	8156	23
7506	46	7811	47	8157	14
7507	100	7812	113,171	8158	15
7508	71	7813	118	8159	15
7509	100	7814	118	8160	15
7510	100	7815	118	8161	26
7511	100	7816	118	8162	21
7512	100	7817	118	8163	21
7513	100	7900	38	8164	12
7514	100	7901	38	8182	19
7515	97	7902	47	8190	152
7517	97	7903	47	8200	33
7518	97,165	7904	38	8203	35
7519	118	7905	47	8204	36,45,165
7520	46	7908	47	8206	28
7521	118	7909	47	8209	33
7522	97,171	7910	47	8210	28
7523	118	7912	38	8212	33

Item	Page	Item	Page	Item	Page
8213	35	8465	12	8659	24
8214	35	8466	12	8660	19
8215	27	8467	12	8661	13
8250	15	8468	12	8662	16
8252	9	8469	12	8664	10
8253	9	8470	23	8665	16
8254	15	8471	19	8666	16
8255	15	8473	19	8667	10
8258	15	8474	13	8668	16
8260	12	8475	13	8669	23
8261	12	8476	28,171	8670	26
8262	12	8477	16	8679	16
8263	12,15	8480	13	8687	14
8264	12,25	8481	13	8690	25
8265	21	8482	13	8701	28
8266	21	8485	19	8702	28
8269	9	8500	34	8703	35
8272	24	8502	34	8750	16
8300	34	8506	32	8751	16
8302	34	8507	13,34,165	8753	24
8303	35	8508	13,165	8754	24
8304	36	8512	33	8755	23
8305	36	8516	32	8756	23
8307	30	8550	16	8757	16
8308	35	8551	24	8758	16
8309	29	8552	9	8759	16
8310	34	8553	9	8760	16
8311	33	8554	9	8761	19
8313	33	8555	13	8762	24
8314	34	8556	19	8763	16
8315	27	8557	13	8764	11
8350	26	8558	24	8765	11
8351	29	8559	16	8766	11
8352	15	8560	23	8767	11
8353	15	8561	16	8768	11
8354	19	8562	16	8769	26
8355	15	8563	9	8770	19
8356	15	8564	23	8771	23
8357	15	8565	16	8772	16
8358	15	8566	13	8773	23,178
8359	15	8567	13	8774	17
8360	15	8568	13	8775	17
8361	9	8569	19	8776	17
8362	9	8570	9	8777	13
8365	12	8571	23	8778	17
8366	12	8572	23	8779	17
8367	15	8573	23	8800	36
8368	25	8575	13	8801	28
8369	16	8576	16	8803	34
8370	12	8578	25	8850	24
8371	12	8580	13	8851	13
8372	12	8581	13	8852	13
8374	19	8582	13	8854	17
8375	16	8585	21	8855	21
8376	21	8587	16	8857	23
8377	26	8600	28	8858	23
8378	14	8601	33	8859	24
8379	25	8602	34	8860	19
8380	21	8603	28	8861	10
8389	45,169	8604	35	8862	10
8390	92,169	8606	28	8864	13
8391A	67,169	8610	30	8866	17
8391B	118,169	8615	27	8867	17
8402	36	8616	36	8868	11
8403	36	8617	36	8869	11
8404	33	8625	34	8872	21
8406	28	8630	28	8873	21
8410	28	8635	32	8900	28
8452	9	8650	23	8902	34
8453	9	8651	23	8903	36
8454	16	8652	13	8904	36
8455	16	8653	13	8905	34
8458	21	8654	16	8912	92,165
8459	25	8655	16	8950	14
8460	19	8656	10	8951	14
8463	16	8657	10	8952	13
8464	12	8658	10	8953	13

Item	Page	Item	Page	Item	Page
8955	23	9106	120	9188	68
8956	23	9107	120	9189	115
8957	17,171	9110	93	9193	120,172
8958	17,171	9111	93	9200	49
8960	23	9112	93	9201	49
8961	23	9113	93,171	9202	49
8962	23	9114	93	9203	49
8970	11,13	9115	93	9204	49
8971	11,13	9116	93	9205	49
9001	48	9117	93	9206	49
9010	93	9118	93,166	9207	49
9011	93	9119	93,172	9208	50
9012	93	9120	81	9209	50
9013	93	9121	85	9210	50
9015	93	9122	81	9211	50
9016	11,93,166	9123	43	9212	81,166
9017	89	9124	85	9213	94
9018	93	9125	43	9214	50
9019	85	9126	43	9215	50
9020	85	9128	120	9216	43
9021	78	9129	43	9217	35
9022	85	9130	93	9218	38
9023	85	9131	89	9219	38
9024	85	9132	120	9220	38
9025	78	9133	81	9221	38
9026	85	9134	93	9222	81
9027	78	9135	93	9223	38
9030	89	9136	89	9224	38
9031	89	9138	114	9225	44
9032	89	9139	43	9226	81
9033	89	9140	89	9228	38
9034	93	9141	89	9229	38
9035	48	9142	89,166	9230	50
9036	114,166	9143	90	9231	68
9037	48	9144	90	9232	85
9038	93	9145	43	9233	85
9039	114	9146	120	9234	38
9040	48	9147	114	9235	80
9041	48	9148	114	9236	80
9042	48	9149	81	9237	36
9043	48	9150	114	9238	96
9044	48	9151	114	9239	72
9045	48	9152	114	9240	94
9046	48	9153	114	9241	96
9047	48	9154	114	9250	115
9048	49	9155	114,166	9259	68,166
9049	49	9156	115	9260	94
9050	114	9157	85	9261	94
9051	114	9158	85	9262	94
9052	49	9159	115	9263	94
9053	49	9160	72	9264	94,172
9054	49	9161	72	9265	94
9055	89	9162	72	9266	94
9057	73	9163	72	9267	94
9058	73	9165	72	9268	68
9059	73	9166	74	9269	68
9060	73	9167	72	9270	72
9061	73	9168	72	9271	68
9062	73	9169	74	9272	68,172
9063	73	9170	72	9273	68
9064	73	9171	74	9274	68
9065	73	9172	74	9276	94
9066	73	9173	74	9277	115
9067	70	9174	68	9278	115
9068	70,171	9175	72	9279	115
9069	73	9176	72	9280	38
9070	74	9177	68	9281	43
9071	70	9178	74	9282	81
9073	74	9179	70	9283	90
9075	74	9180	72	9284	90
9076	74	9181	72,172	9285	81
9077	74	9182	72	9286	94
9078	70	9183	72,178	9287	72,172
9079	93	9184	68,167,172	9288	72
9080	74	9185	72	9289	72,172
9085	78	9186	72,172	9290	44
9090	49	9187	74	9300	96

Item	Page	Item	Page	Item	Page
9301	38,172	9387	69	9480	53
9302	104	9388	50	9481	53
9303	96	9389	39	9482	53,172
9304	79	9398	79	9483	53
9305	39	9399	79	9484	53
9306	85	9400	50,172	9486	53,163
9307	39	9401	50,172	9490	119
9308	39	9402	50	9491	119
9309	68	9403	50,172	9492	53
9310	96	9404	50	9500	122
9311	79	9405	50,172	9501	122
9312	104	9406	50	9502	122
9313	115	9407	113	9503	122
9315	90	9408	113	9504	122
9316	68	9411	50	9505	122
9317	68	9412	50,172	9506	122
9319	97,172	9413	51,165	9507	123
9320	97	9414	51,168,172	9508	123
9321	115	9415	51,172	9509	123
9322	94	9416	51	9510	123
9323	69	9417	51	9511	123
9324	115	9418	51	9512	123,177
9325	85	9419	51	9513	123
9326	69,175	9420	51	9514	123
9327	115	9421	51	9515	123
9328	69	9422	51	9516	123
9329	80	9423	51,172	9517	123
9330	79	9424	51	9518	123
9331	115	9425	51	9519	123
9332	80	9426	51	9520	123,177
9333	81	9427	51,172	9521	123
9334	115	9428	51	9522	122
9335	96	9429	51	9523	123
9336	90	9430	51	9524	123
9338	94	9431	51	9525	123
9339	50	9432	51	9526	123,177
9340	90	9433	51	9527	123
9341	74	9434	51	9528	123
9344	115	9435	52,166	9529	123
9345	105	9436	52	9530	123
9346	74	9437	113	9531	123
9347	115,175	9438	52	9532	123
9348	80	9439	52	9533	123
9349	97	9440	52	9534	123
9351	43	9441	52	9535	123,177
9352	81	9442	52	9536	124
9353	115	9443	52,172	9537	124
9354	115	9444	52,172	9538	124
9355	69,175	9445	52,172	9539	124
9357	70	9446	52	9540	124
9358	94,166	9447	52	9541	124
9359	50	9448	113	9544	121,175
9360	50	9449	52	9545	124
9361	69,175	9450	113	9546	124
9362	50	9451	52	9547	124
9363	79	9452	52,172	9548	124
9364	80	9453	52	9549	124
9365	50	9454	52	9551	124
9366	94	9455	52	9552	124
9367	115	9456	52	9553	86
9368	69	9460	52,166	9554	124
9369	115	9461	52	9555	124
9370	90	9462	52	9556	124
9371	94	9463	52	9557	124
9372	69	9464	53	9558	124
9373	115	9465	53	9559	124
9374	94	9466	53,172	9560	124
9376	50	9467	53	9561	124
9378	80	9468	53	9562	125
9379	90	9469	106	9563	125
9380	74	9470	53	9564	125
9381	74	9471	53,172	9565	125
9382	69,175	9472	53	9566	125
9383	81	9473	53	9567	125
9384	94	9474	53	9569	125
9385	90	9475	53,167	9570	125
9386	115	9476	53	9571	125

219

Item	Page	Item	Page	Item	Page
9572	125	9715	55	9814	100
9573	125	9716	55	9815	107
9574	125	9717	55	9816	100
9575	125	9718	55,165	9817	100
9576	125	9719	56	9818	100
9577	125	9723	56,119,173	9819	101
9578	125	9724	56	9820	107
9579	125	9725	113,173	9821	107
9580	125	9726	56,173	9822	107
9581	125	9727	56,166	9823	107
9582	125	9728	113,166	9824	107
9583	125	9729	56	9825	107
9584	125	9730	56,173	9826	107
9585	125	9731	56	9827	101
9586	125	9732	56	9828	101
9588	125	9733	56,166	9829	101
9589	125	9734	56	9830	101
9590	125	9735	56	9831	101
9591	125	9737	56	9832	101
9592	125	9738	56	9833	101
9593	125	9739	56,166,173	9834	101
9594	126	9740	56,173	9835	101
9595	126	9742	56,119	9836	101
9596	126	9743	56	9837	101
9597	126	9744	56	9840	101
9598	126	9745	56	9841	101
9599	124	9747	56	9842	101
9600	53	9748	56	9843	101
9601	53,172	9749	56	9844	101
9602	53	9750	56	9845	101
9603	53	9751	56	9846	101
9604	53	9752	56	9847	101
9605	53	9753	57,173	9849	101
9606	53	9754	57,173	9850	101
9607	53	9755	57	9851	101
9608	53	9757	57	9852	101
9610	53	9758	57	9853	101
9611	54,172	9759	57	9854	101
9620	54	9760	57	9855	101
9621	54	9761	57	9856	101
9622	54	9762	119	9858	101
9623	54	9763	113	9859	101
9624	54	9764	57	9860	101
9625	54	9767	57,173	9861	102
9626	54	9768	57,173	9862	102
9627	54	9769	57	9863	102
9628	54	9770	57	9864	102,173
9629	54	9771	57,166,173	9866	102
9660	54,178	9772	57	9867	102
9661	54,178	9773	113	9868	102,176
9662	54,178	9774	57,173	9869	102
9663	54,178	9775	57	9870	102
9664	54,178	9776	57	9871	102
9665	54,178	9777	57	9872	102,173
9666	54,178	9778	119,176	9873	102
9667	54,178	9779	57,173	9874	102
9668	54,178	9780	57	9875	102
9669	54,178	9781	58	9876	102
9670	54,178	9782	58	9877	102
9671	54,178	9783	58,173	9878	102
9672	54,178	9784	58	9879	102
9678	54	9785	58,173	9880	102
9700	54	9786	58,173	9881	102
9701	54,166,172	9787	58	9882	102
9702	55	9788	58,173	9883	102,176
9703	55	9789	58	9884	102
9704	55	9801	106	9885	102
9705	55,173	9802	107	9886	102
9706	55	9803	107	9887	102
9707	113	9805	107	9888	102
9708	55,119	9806	107	11700	141
9709	55	9807	107	11701	141
9710	55	9808	107	11702	142
9711	55	9809	107	11703	142
9712	55	9811	100	11704	142
9713	55,119	9812	100	11705	142
9714	55	9813	100	11706	142

Item	Page	Item	Page	Item	Page
11707	142	11797	146	12711	159
11708	142	11800	146	12712	152
11710	142	11803	146	12713	152
11711	13	11809	147	12714	152
11712	127,142	11810	147	12715	152
11713	142	11811	147	12716	152
11714	142	11812	147	12717	152
11715	143	11813	147	12718	159
11716	143	11814	147	12719	152
11717	143	11818	147	12720	152
11718	143	11819	147	12721	152
11719	143	11820	147	12722	152
11720	143	11821	147	12723	152
11721	143	11822	147	12724	152
11722	143	11824	147	12725	157
11723	143	11825	147	12726	159
11724	13	11826	147	12727	152
11726	144	11827	147	12728	152
11727	144	11828	147	12729	152
11728	144	11832	147	12730	152
11729	144	11833	147	12731	152
11730	152	11837	147	12732	152
11731	152	11838	147	12733	159
11732	152	11839	147	12734	159
11733	144	11841	147	12735	159
11734	10	11843	17	12736	159
11735	144	11844	98	12737	152
11736	144	11846	147	12739	157
11737	13,173	11849	102	12740	152
11738	144	11863	17	12741	152
11739	128,144	11864	17	12742	152
11740	144	11865	17	12744	152
11741	144	11900	147	12745	152
11742	144	11903	13	12748	153
11743	144	11905	147	12749	153
11744	129,144	11906	147	12750	153
11745	145	11909	147	12751	153
11746	145	11910	147	12753	153
11747	145	11912	147	12754	153
11748	145	11913	148	12755	153
11749	145	11914	148	12759	153
11750	145	11915	148	12760	153
11751	145	11918	148	12761	153
11752	145	11919	148	12763	153
11753	145	11920	148	12767	153
11754	145	11921	148	12768	153
11755	145	11929	148	12770	153
11756	145	11930	126	12771	153
11757	145	11931	148	12772	153
11758	145	11933	148	12773	159
11759	145	11934	148	12774	160
11761	145	11935	148	12777	157
11762	145	11938	148	12778	157
11763	146	11940	148	12779	157
11764	146	11944	148	12780	153
11765	146	11956	17	12781	153
11767	146	11957	148	12782	153
11769	146	11971	148	12783	157
11770	146	11972	148	12784	153
11771	146	11977	148	12785	157
11772	146	11978	148	12786	157
11773	146	11979	148	12787	153
11774	146	11981	25,148	12788	153
11775	146	11982	148	12789	153
11776	146	11985	148	12791	153
11777	146	11986	148	12794	157
11778	146	12700	152	12795	153
11779	146	12701	152	12798	153
11780	146	12702	152	12800	153
11781	146	12703	152	12802	153
11783	146	12704	152	12804	153
11784	146	12705	159	12805	153
11785	146	12706	159	12806	157
11789	146	12707	152	12807	157
11793	146	12708	152	12808	157
11794	146	12709	152	12809	153
11796	146	12710	159	12810	157

Item	Page	Item	Page	Item	Page
12811	157	12916	154	15107	126,130
12812	153	12917	154	15108	126,128
12818	153	12921	154,168	15109	126
12819	157	12922	154	15110	126
12826	153	12923	157	15111	126
12827	153	12926	154	15113	126
12828	153	12927	154	15114	126
12829	153	12928	157	15115	126
12831	153	12929	154	15116	126
12832	153	12930	154	15117	126
12833	157	12931	160	15118	126
12834	153	12932	157	15122	126
12835	153	12933	157	15123	126
12836	157	12935	158	15124	126
12837	157	12936	154	15125	126
12838	153	12937	155	16000	127
12839	153	12938	155	16001	127
12842	157	12939	155	16002	127
12843	153	12940	158	16003	127
12844	153	12941	158	16009	127
12847	153	12943	155	16010	127
12848	153	12944	155	16011	127
12849	153	12945	155	16012	127
12852	157	12948	155	16013	127
12853	153	12949	155	16014	127
12854	157	12951	160	16015	127
12855	154	12952	160	16016	127
12856	154	12953	160	16017	127
12857	154	12954	160	16018	127
12858	154	12955	155,180	16019	127
12860	157	12958	155	16020	127
12861	157	12960	155	16021	127
12862	154	12961	155	16022	127
12864	157	12962	155	16023	127
12865	157	12964	155,178	16024	128
12866	154	12965	155,178	16027	127
12867	154	12966	155	16028	127
12868	154	12968	160	16029	127
12869	157	12969	155	16030	127
12873	154	12972	155	16031	127
12874	154	12973	155	16033	127
12875	157,168	12974	155	16034	128
12877	154	12975	160	16035	128
12878	154	12976	160	16036	128
12881	157	12977	160	16037	128
12882	154	12982	155	16038	128
12883	154	12987	155	16039	128
12884	160	12989	158	16040	128
12885	154	13001	162	16041	127
12886	154	13002	162	16042	128
12888	154	13423	163	16043	128
12889	154	13601	163	16044	128
12890	154	13602	163	16045	128
12891	157	13604	163	16046	128
12892	154	13800	155,163	16047	128
12893	154	13801	155,163	16048	127
12894	154	13802	155,163	16049	128
12895	154	13803	155,163	16050	128
12896	154	13804	155,163	16051	128
12897	160	13805	155,163	16052	128
12898	154	13807	163	16053	128
12899	154	13808	163	16054	128
12900	154	13809	163	16055	128
12901	154	15000	58	16056	129
12902	154	15001	58	16057	129
12903	154	15002	58	16058	128
12904	160	15003	58	16059	128
12905	160	15004	58	16060	128
12906	160	15005	58	16061	129
12907	154	15008	58	16062	129
12908	154	15100	126,130	16063	129
12909	154	15101	126	16064	129
12910	154	15102	126	16065	129
12911	154	15103	126	16066	129
12912	154	15104	126	16067	129
12914	154	15105	126	16068	129
12915	154	15106	126	16069	129

Item	Page	Item	Page	Item	Page
16070	129	16162	116	16275	60,164
16071	129	16163	116	16276	60
16072	129	16164	117	16277	60
16073	129	16165	117	16278	60
16074	129	16171	117	16279	60
16075	129	16175	98	16280	60
16076	129	16176	98	16281	60
16077	129	16177	98	16282	60
16078	129	16178	98	16284	60
16079	129	16179	98	16285	60
16080	129	16180	117	16291	119
16081	129	16181	107	16292	119
16082	129	16182	117	16293	60
16083	129	16200	58	16294	60
16084	129	16201	58	16295	60
16086	129	16203	58	16296	60
16087	129	16204	58	16297	60
16088	129	16205	59	16298	60
16089	129	16206	59	16300	86
16090	129	16207	59	16301	44
16091	129	16208	43	16303	81
16092	129	16209	59,178	16304	90
16093	128,129	16211	59	16305	98
16094	127,129	16213	59	16306	44
16095	130	16214	43	16307	81
16096	130	16215	43	16308	81
16097	130	16217	43	16309	90
16098	130	16219	59	16310	90
16099	130	16220	59	16311	82
16102	115	16221	59	16313	90
16103	115	16222	59	16314	82
16104	115	16223	103	16315	86
16105	115	16224	59	16317	44
16106	115	16225	120	16318	86
16107	115	16226	59	16320	44
16108	115	16227	59	16321	82
16109	115	16228	43	16322	82
16110	39	16229	43	16323	82
16111	115	16232	59	16324	86
16112	115	16233	59	16325	44
16113	115	16234	59	16326	86
16114	116	16235	103	16327	90
16115	116	16236	59	16328	90
16116	116	16237	59	16329	86
16119	116	16238	59	16330	82
16121	113	16239	59	16332	86
16123	116	16241	59	16333	86
16124	116	16242	43	16334	82
16125	113	16243	59	16335	82
16126	116	16244	59	16336	90
16127	116	16245	59	16339	90,178
16128	116	16247	59	16341	86
16129	116	16248	59	16342	90
16130	113	16249	59	16343	90
16131	102	16250	59	16345	82
16132	116	16251	59	16346	82
16133	103	16252	59	16347	86
16134	103	16253	43	16348	86
16135	113	16255	59	16349	86
16136	116	16256	59	16350	86
16137	116	16257	59	16351	39
16138	116	16258	60	16352	86
16140	116	16259	60	16353	90
16141	113	16260	43	16355	90
16142	116	16261	60	16356	86
16143	103	16263	60	16357	82
16144	116	16264	60	16358	90
16146	103	16265	60	16359	90
16147	116	16266	60	16360	86
16149	116,178	16267	60	16363	82
16150	116	16268	60	16367	90
16152	116	16269	60	16368	86
16153	116	16270	60,164	16369	86
16154	116	16271	60	16370	86
16155	116	16272	119	16371	86
16157	116	16273	119	16372	86
16160	116	16274	60,180	16373	86

Item	Page	Item	Page	Item	Page
16374	82	16521	74	16619	79
16375	86	16522	72	16620	39
16376	82	16523	74	16621	97
16378	82	16524	75	16622	61
16379	86	16525	69	16623	61
16380	86	16526	75	16624	39
16381	86	16528	75	16625	105
16382	86	16529	75	16626	105
16383	82	16530	75,179	16627	97
16384	90	16531	75	16628	39
16385	98	16533	69	16629	39
16386	86	16534	75	16630	39
16387	90	16535	69	16631	61
16388	90	16536	75	16632	61
16389	86	16537	75	16634	79
16390	86	16538	69	16636	97
16391	90	16539	77	16637	105
16392	91	16541	70	16638	39
16393	86	16543	75	16639	61
16394	87	16544	75	16640	61
16395	87	16546	75	16641	39
16396	87	16547	75	16642	40,179
16397	87	16548	75	16644	80
16398	82	16549	79	16645	105
16399	87	16550	105	16649	61
16400	94	16551	75	16650	61
16402	94	16552	105	16651	40
16406	94	16553	75	16652	40
16407	94	16554	71	16653	80
16408	94	16555	75	16655	33
16410	94	16556	91	16656	97
16411	94	16557	75	16657	79
16412	94	16558	75	16658	80,173
16413	95	16559	70	16659	105
16414	95	16560	76	16660	40
16416	95	16561	70	16661	40
16417	95	16562	70	16662	40,180
16418	95	16563	76	16663	105
16419	95	16564	70	16664	79
16420	95	16565	69	16665	97
16421	95	16566	76	16666	40
16422	95	16568	76	16667	105
16423	95	16571	76	16668	97
16424	95	16575	76	16669	105
16425	95	16577	79	16670	40
16426	95	16578	76	16673	33
16427	95	16579	76	16674	40
16429	95	16580	76	16675	97
16430	95	16581	70	16676	79
16431	95	16583	70	16677	40
16432	95	16584	79	16678	105
16433	95	16586	76	16679	40
16434	95	16588	76	16680	40
16435	95	16589	76	16681	40
16436	95	16590	76	16682	40
16437	95	16591	76	16683	40
16438	95	16593	76	16684	80
16439	95	16594	76	16685	105
16440	95	16600	79	16686	40,179
16500	70	16601	105	16687	40
16501	74	16602	79	16688	40
16503	79	16603	39	16689	40
16504	72	16604	97	16690	40,180
16505	74	16605	39	16701	118
16506	69	16606	105,173	16702	67
16507	74	16607	79	16703	118
16508	74	16608	105	16704	40
16509	74	16609	80	16705	40
16510	69	16610	39	16706	40
16511	70	16611	97	16708	40
16513	74	16612	97	16709	80
16515	74	16613	79	16710	40
16516	74	16614	39	16711	105
16517	69	16615	105	16712	40
16518	69	16616	105	16715	97
16519	79	16617	61	16717	80
16520	74	16618	39	16718	40

Item	Page	Item	Page	Item	Page
16719	40	16952	87	17217	109
16720	105	16953	83	17218	109
16724	40,179	16954	87	17219	109,180
16725	40	16955	87	17220	109
16726	40	16956	83	17221	109
16734	105	16957	87	17222	109
16735	41	16958	87	17223	109
16736	81	16960	87	17224	109
16737	41,180	16961	83	17225	109
16738	41,180	16963	87	17226	109
16739	41,180	16964	91	17227	109
16740	41	16965	87	17231	109
16741	67	16967	87	17232	109
16742	41	16968	87	17233	109
16744	105	16969	88	17234	109
16745	41	16970	88	17235	109
16746	81	16971	41	17239	109
16747	41	16972	91	17240	109
16748	97	16975	88	17241	109
16749	79	16978	88	17242	109
16750	41	16980	88,180	17243	109
16751	41	16982	88	17244	109
16752	41,180	16983	88	17245	109
16754	41,180	16985	88,164	17246	148
16755	41,180	16986	88	17247	109
16757	43,164	16987	88	17248	109
16760	41,179	17002	107	17249	110
16765	97	17003	107	17250	110
16766	79	17004	107	17300	110
16767	41	17005	107	17301	110
16776	119	17006	107	17302	110
16777	41	17007	107	17303	110
16800	98,168	17008	107	17304	110
16801	67,168	17009	107	17305	110
16802	118,168	17010	108	17306	110
16803	105,169	17011	108	17307	110
16804	69,169	17012	108	17308	110
16805	103	17100	108	17309	110
16806	61	17101	108	17310	110
16807	103	17102	108	17311	110
16808	61	17103	108	17314	110
16811	61,173	17104	108	17315	110
16812	107,168	17105	108	17316	110
16813	107,168	17107	108	17317	110
16903	87	17108	108	17318	110
16904	82	17109	108	17400	110
16907	87	17110	108	17401	110
16908	41	17111	108	17402	110
16910	82	17112	108	17403	110
16911	82	17113	108	17404	110
16912	87	17114	108	17405	110
16915	91	17118	108	17406	110
16916	82	17120	108	17407	110
16919	91	17121	108	17408	110
16920	87	17122	108	17410	110
16922	82	17123	108	17500	110
16923	87	17124	108	17501	110
16924	82	17127	108	17502	110
16925	83	17128	108	17503	111
16926	83	17129	108	17504	111
16927	87	17132	108	17505	111
16928	79	17133	108	17506	111
16929	91	17134	108	17507	111
16930	87	17135	108	17510	111
16932	87	17200	108	17511	111
16933	87	17201	108	17512	111
16934	87	17202	108	17513	111
16935	87	17203	109	17514	111
16936	87	17204	109	17515	111
16939	87	17207	109	17516	111
16940	83	17208	109	17517	111
16941	87	17209	109	17518	111
16943	91	17210	109	17522	111
16944	87	17212	109	17527	111
16945	87	17213	109	17600	77
16946	87	17214	109	17601	77
16951	87	17216	109	17602	77

Item	Page	Item	Page	Item	Page
17603	77	18027	29	18228	1,
17604	77	18028	31	18229	22
17605	77	18030	29	18231	12
17606	77	18031	27	18232	22
17607	77	18034	29	18233	12
17608	77	18035	27	18234	12
17610	77	18036	27	18235	12
17611	77	18040	30	18240	12
17612	77	18042	29	18300	24
17613	77	18043	29	18301	14
17615	77	18044	31	18302	24
17617	77	18045	29	18303	24
17618	77	18046	29	18304	23
17620	77	18049	30	18305	23
17870	111,166	18050	31	18306	23
17871	83,176	18052	31	18307	14
17872	98,176	18053	27	18308	24
17873	117,166	18054	32	18309	14
17874	97,168	18056	29	18310	23
17875	61,168	18057	33	18311	24
17876	111,167	18058	29	18313	24
17877	117,176	18059	31	18314	24
17878	98,175	18062	29	18315	24
17879	121,175	18064	29	18319	24
17880	77,167	18067	29	18400	25
17881	98,175	18070	31	18401	25
17882	61,168	18071	30	18402	25
17883	130,173	18072	31	18403	25
17884	111,168	18090	31,167	18404	25
17885	117,163	18103	13	18405	25
17886	98,175	18107	10	18406	25
17887	111,167	18108	13	18407	25,180
17888	111,167	18115	13	18408	25
17889	111,176	18116	10	18410	25
17890	44,168	18117	13	18411	25
17891	61,164	18119	10	18413	25,180
17892	111,167	18121	13	18416	25,180
17893	117,165,169	18122	13	18417	25
17894	158,176	18130	13	18419	25
17895	158,167	18131	14	18421	25,180
17896	158,167	18134	14	18422	25
17898	103,173	18135	14	18423	25
17899	111,167	18136	14	18424	25
17900	111	18140	14	18425	25,179
17901	111	18147	14	18426	26
17902	111	18149	15	18427	26
17903	111	18154	14	18429	26
17904	111	18157	14	18430	26
17905	111	18160	14	18431	26
17906	111	18163	15	18433	26,179
17908	111	18191	14	18434	26
17909	111	18200	21	18436	26
17910	111	18201	21	18438	26
17913	111	18202	21	18439	26
17914	111	18203	21	18440	26
18000	32	18204	21	18444	26
18001	30	18205	11	18500	17
18002	28	18206	11	18501	19
18003	30	18207	11	18502	17
18004	30	18208	22	18503	20
18005	28	18209	22	18504	17
18006	30	18210	22	18505	17
18007	30	18211	11	18506	11
18008	28,179	18212	11	18512	11
18009	29	18213	11	18513	17
18010	33	18214	11	18514	17
18011	30,179	18215	11	18515	26
18012	28,179	18216	22	18552	22
18013	28	18217	22	18553	17
18014	31	18218	12	18554	20
18016	30	18219	12	18556	148
18018	29	18220	12	18558	17
18022	27	18221	22	18562	17
18023	32	18222	22	18563	17
18024	29	18223	22	18564	17
18025	29	18224	22	18565	17
18026	29	18226	12	18566	22

Item	Page	Item	Page	Item	Page
18567	17	18800	18	18926	26
18569	18	18801	23	18927	20
18573	18	18802	18	18928	20
18574	18	18803	20	18929	20
18575	18	18804	20	18930	26
18576	18	18805	20	18931	20
18577	18	18806	22	18932	20
18580	18	18807	20	18933	20
18582	20	18808	22	18934	10
18583	26	18809	20	18936	10
18600	36	18810	22	18937	10
18601	36	18811	22	18938	20
18602	37	18812	18	18939	20
18604	37	18813	22	18943	20
18605	37	18814	20	18946	20
18606	31	18815	20	18947	10
18607	31	18816	18	18948	10
18608	31	18817	18	18952	10
18609	31	18818	18,169	18953	10
18610	32	18819	18	18954	10
18611	32	18820	18	18955	20
18612	31	18821	18	18956	20
18613	37	18822	20	18959	20
18614	37	18823	22	18961	10
18615	37	18824	22	18965	10
18616	37	18825	18	18966	10
18617	37	18826	18	18971	10
18620	32	18827	20	18972	10
18622	37	18830	18	19000	124
18623	37	18831	18	19001	123
18625	37	18832	20	19002	123
18626	32	18833	21	19003	123
18627	37	18834	22	19010	123
18628	37	18835	21	19011	130
18630	31	18836	18	19015	130
18632	37	18837	21	19016	130
18633	37	18838	21	19017	130
18635	32	18840	18	19018	130
18636	31	18841	18	19019	130
18637	37	18842	22	19023	130
18638	32	18843	21	19024	130
18639	31	18845	21	19025	130
18640	31	18846	18	19026	130
18641	37	18853	18	19038	130
18642	31	18856	18	19039	130
18644	37	18857	18	19040	130
18648	37	18858	18	19041	130
18649	37	18860	19	19042	130
18650	37	18864	18	19047	130
18653	31	18865	18	19048	130
18654	31	18866	18	19049	130
18656	37	18868	18	19050	130
18657	37	18870	19	19056	131
18658	37	18890	21,168	19057	131
18660	31	18900	26	19058	131
18661	31	18901	10	19059	131
18662	32	18902	10	19060	131
18666	31	18903	10	19061	131
18668	37	18904	10	19062	131
18669	31	18905	21	19063	131
18670	37	18907	21	19064	131
18671	37	18908	10	19065	131
18678	37	18910	26	19066	131
18700	34	18911	26	19067	131
18702	28	18912	26	19068	131
18704	34	18913	10	19069	131
18705	34	18915	10	19070	131
18706	35	18916	10	19071	131
18707	35,179	18917	20	19072	131
18709	34	18918	20	19073	131
18710	35	18919	10,128	19074	131
18711	35	18920	20	19075	131
18712	35	18921	20	19076	131
18713	35	18922	10	19077	131
18716	28	18923	10	19078	131
18718	34	18924	26	19079	131
18719	32	18925	26	19080	131

Item	Page	Item	Page	Item	Page
19081	131	19164	133	19263	63
19082	131	19165	133	19264	63,179
19083	131	19166	133	19265	63,179
19087	131	19167	133	19266	63
19088	131	19168	133	19267	63
19089	131	19169	133	19268	63
19090	131	19170	133	19269	63
19091	131	19171	133	19270	63,179
19093	131	19172	133	19271	63,179
19094	131	19173	133	19272	63
19095	131	19174	133	19273	63
19096	131	19175	133	19274	63
19097	131	19176	133	19275	63
19098	131	19177	133	19276	63
19099	133	19178	133	19277	63
19100	131	19179	133	19278	63
19101	131	19180	133	19279	63
19102	131	19183	133	19280	63,179
19103	131	19184	133	19281	63,179
19104	131	19185	133	19282	63
19105	132	19200	61	19283	63
19106	131	19201	61	19284	63
19107	125	19202	61	19285	63
19108	125	19203	61	19286	63,180
19109	132	19204	61	19287	63
19110	132	19205	61	19288	63
19111	132	19206	61	19289	63
19112	132	19207	61	19290	63
19113	132	19208	61	19291	63
19116	132	19209	61	19292	63
19117	132	19210	61	19293	63
19118	132	19211	61	19294	63
19119	132	19212	61	19295	63
19120	132	19213	61	19300	98
19121	124	19214	61	19301	98
19122	132	19215	61	19302	95
19123	132	19216	61	19303	95
19124	132	19217	61	19304	95
19125	132	19218	61	19305	98
19126	132	19219	61	19307	98
19127	132	19220	61	19308	98
19128	132	19221	61	19309	95
19129	122,132	19222	62	19310	95
19130	132	19223	62	19311	95
19131	132	19228	62	19312	95
19132	132	19229	62	19313	98
19133	132	19230	62	19315	98
19134	132	19231	62	19316	96
19135	132	19232	62	19317	96
19136	132	19233	62	19318	96
19137	126,132	19234	62	19319	96
19138	132	19235	62	19320	98
19139	133	19236	62	19321	98
19140	133	19237	62	19322	98
19141	132	19238	62	19323	98
19142	132	19239	62	19324	96
19143	132	19240	62	19325	96
19144	132	19241	62,179	19326	96
19145	133	19242	62,179	19327	96
19146	133	19243	62	19328	96
19147	133	19244	62	19329	96
19148	133	19245	62,179	19330	96
19149	133	19246	62,179	19331	96
19150	133	19247	62	19332	96
19151	133	19248	62	19333	96
19152	124	19249	62	19400	91
19153	133	19250	62	19401	91
19154	133	19251	62	19402	81
19155	133	19254	62	19403	91
19156	133	19255	62	19404	83
19157	133	19256	62,179	19405	81
19158	133	19257	62	19406	97
19159	132	19258	62	19408	91
19160	133	19259	62	19409	88
19161	133	19260	62	19410	91
19162	133	19261	62,179	19411	83
19163	133	19262	62,179	19412	81

Item	Page	Item	Page	Item	Page
19413	88	19702	73	19854	105
19414	88	19703	71	19855	42
19415	83	19704	71	19856	42
19416	83	19705	71	19900	119
19419	97	19706	71	19901	64
19420	120	19707	105	19902	119
19421	120	19708	69	19903	119
19423	88	19709	79	19904	119
19424	88	19710	71	19905	64
19425	83,164	19711	71	19906	64,173
19429	91	19712	73	19907	119
19430	88	19714	105	19908	119
19437	83,169	19715	71	19909	64
19438	112	19716	71	19910	119
19439	112	19717	69	19911	119
19440	83	19718	71	19912	64
19441	120	19719	69	19913	119
19442	88	19720	71	19914	119
19444	112	19721	71	19915	64
19448	83	19723	71,179	19916	119
19500	103	19724	69	19917	119
19502	103	19726	69	19918	119
19503	103	19727	73	19919	64
19504	103	19728	69	19920	64
19505	103	19732	69	19921	120
19506	103	19733	76	19922	120
19507	103	19734	76	19923	120
19508	103	19736	73	19924	64,169
19509	103	19737	105	19925	64
19510	113	19738	73	19926	64
19511	103	19739	77	19927	64
19512	103	19740	73	19928	120
19513	103	19741	73	19929	120
19515	113	19742	69	19930	96,169
19516	103	19748	69	19931	120
19517	103	19749	69	19932	64
19518	103	19750	69	19933	64
19519	113	19751	73	19934	64
19520	103	19752	69	19935	117,169
19522	103	19753	71	19937	120
19523	103	19754	78	19938	120
19524	103	19800	41	19939	120
19525	103	19801	41	19940	120,169
19526	103	19802	41	19941	64
19527	103	19803	41	19942	64,173
19528	103	19804	96	19943	64
19529	103	19805	41	19944	17
19530	113	19806	96	19945	120
19531	104	19807	71	19946	120
19532	104	19808	41	19947	120
19535	104	19809	41	19949	64
19536	104	19810	41	19950	64
19538	104	19811	41	19951	64
19539	104	19813	41	19952	64
19540	113	19815	41	19953	64,169
19599	104	19816	41	19955	91
19600	117	19817	41	19956	120
19601	117	19818	41	19957	78
19602	117	19819	42	19958	78
19603	117	19820	33	19959	78
19604	117	19821	42	19960	112,168
19605	117	19822	42	19961	98,175
19607	117	19823	42	19962	112,176
19608	117	19824	42	19963	112,176
19611	117	19825	42	19964	64
19612	117	19827	42	19965	42,169
19651	118	19828	42	19966	112,169
19652	67	19830	42	19967	42,167
19653	118	19831	42	19981	104
19654	67	19832	42	19982	104
19655	118	19833	33	19983	104
19656	67	19834	81	19984	104
19657	67	19835	42	21029	155
19658	118	19837	81	21502	69
19660	97	19845	42	21750	148
19700	71	19846	42	21751	148
19701	73	19853	63	21752	149

Item	Page	Item	Page	Item	Page
21753	149	26504	76	29215	65
21754	112	26505	79	29217	120
21755	96	26506	76	29218	65,177
21756	64	26507	76	29220	65
21757	149	26508	76	29221	65
22902	160	26511	76	29222	65
22907	155	26905	91	29223	65
22910	158	26906	112	29224	65
22914	155	26908	83	29225	66
22915	160	26913	112	29226	66
22916	155	26920	98	29227	24,66
22918	155	26921	98	29229	120,177
22919	155	26922	98	29231	41
22920	155	26923	98	29232	66
22922	155	26924	99	29233	66
22929	160	26925	99	29234	66
22931	155	26926	99	33000	19
22932	155	26927	99	36000	112
22933	160	26928	99	36001	112
22934	155	26929	99	36002	134
22935	155	26930	88	36016	88
22936	160	26934	117	38356	118,168
22938	155	26935	96	51000	149,161
22939	160	26936	117	51001	149,161
22940	156	26937	96	51004	149,162
22942	156	26941	117	51201	162
22944	156	26942	117	51220	134
22945	156	26943	117	51221	134
22946	156	26944	96	51222	134
22947	156	26945	96	51223	134
22948	156	26946	96	51224	134
22949	156	26947	117	51225	134
22950	156	26948	96	51226	134
22951	156	26949	83	51227	134
22952	156	26950	83	51228	134
22953	160	26951	83	51229	134
22954	160	26952	83	51230	134
22955	156	26953	83	51231	134
22956	156	26954	83	51232	134
22957	156	26955	83	51233	134
22958	156	26956	91	51234	134
22959	158	26957	88	51235	134
22960	156	26959	83	51236	134
22961	156	26961	42	51237	134
22962	156	26971	88	51238	134
22963	156	26972	42	51239	134
22964	156	26973	117	51240	134
22965	156	26974	117	51241	134
22971	158	26975	117	51242	134
22972	156	26976	117	51243	134
22973	158	26977	117	51244	134
22978	158	26978	117	51245	134
22979	156	26979	117	51300	106
22982	156	26980	118	51301	106
23001	159	29000	133	51401	106
23002	159	29001	133	51402	106
23003	159	29002	133	51501	106
23004	159	29003	133	51502	99
23005	159	29007	134	51503	99
23006	159	29008	134	51504	99
23007	159	29009	134	51600	88
23008	159	29014	134	51700	78
23009	159	29015	134	51701	78,106
23012	159	29016	134	51702	78,106
23107	156	29017	134	51900	163
26200	64	29200	65,169	52000	83,173
26201	64	29202	65	52001	96,173
26203	64	29203	65	52003	83,173
26204	65	29204	65	52004	91,165
26208	65,120,177	29205	65,179	52005	14,165
26214	65	29206	65,177	52006	112,165
26215	65	29209	65	52007	21,169
26216	65	29210	65	52008	81,174
26218	65	29211	65	52009	66,176
26219	65	29212	65	52010	112,176
26220	65	29213	65	52011	99,175
26503	78	29214	65	52013	112,164

Item	Page	Item	Page	Item	Page
52014	83,168	52074	112,167	52134	67,165
52016	91,174	52075	66	52135	104,168
52018	66,174	52076	134,170	52136-A	158,170
52019	66,169	52077	66,174	52136-B	158,170
52020	69,169	52078	22,176	52137	118
52021	158,176	52079	69,176	52138	157,167
52022	66,176	52080	83,174	52139	76,164
52023	112,167	52081	66,164	52140	67,164
52024	44,164	52082	66	52141	67,178
52025	158,167	52083	84,165	52142	88,174
52026	83,169	52084	88,176	52143	134,175
52027	99,175	52085	134,175	52144	84,159,169
52028	176	52086	66,177	52145	134,170
52029	118,176	52087	66,177	52146	104,174
52030	91,176	52088	26,174	52147	159,170
52031	96,176	52089	99,175	52148	42,164
52032	118,176	52090	112,167	52149	88,177
52033	158,176	52091	158,167	52150	84,170
52035	19,174	52092	158,167	52151	112,167
52036	69,174	52093	66,174	52152	104,167
52037	19,174	52096	66,164	52153	157,167
52038	112,167	52097	104,164	52154	112,177
52039	156,167	52098	112,177	52155	134,175
52040	83,176	52099	84,170	52157	118,164
52041	83,168	52100	156,167	52158	97,165
52042	83,168	52101	88,164	52159	88,165
52043	66,174	52102	71,164	52160	118,165
52044	120,164	52103	71,164	52161	76,165
52045	42,174	52104	158,170	52162	67,168
52046	66,176	52105	42,174	52163	67,169
52047	78,176	52106	134,175	52164	99,175
52048	158,168	52107	26,167	52165	76,164
52049	91,164	52108	26,167	52166	84,159,169
52050	76	52110	112,167	52167	159,170
52051	66,174	52111	84,174	52169	84,159,178
52052	66,174	52112	134,170	52170	42,164
52053	66,164,176	52113	112,177	52171	42,164
52054	66,164	52114	84,177	80948	67,168
52055	158,167	52115	44,165	85115	179
52056	158,167	52116	84,158,169	86009	67,165
52057	66,176	52117	158,170	87010	104,165
52058	66,176	52118	66,174	87207	179
52059	96,174	52119	67,174	87208	180
52060	33,177	52120	42,164	87404	179
52061	120,169	52121	112,177	87709	179
52062	134,175	52122	118,169	88011	78,165
52063	66,174	52123	134,170	121315	67,168
52064	66,174	52124	99,175	830005	67,165
52065	42,174	52125	156	840006	96,165
52066	158	52126	67	900013	84,165
52067	42,168	52127	112,174	T 1171	135
52068	66,176	52128	67,174	T 1172	135
52069	158,164	52129	156,168	T 1173	136
52070	66,165	52130	84,165	T 1174	136
52071	99,175	52131	156,167	T 1272	136
52072	158,169	52132	67,174	T 1273	136
52073	112,176	52133	67,165	T 1280	136

Quick Reference

Diesels
Alco FAs	9
Alco PAs	10
Budd Cars	11
Dash 8-40, Dash 9	11
F-3 Units	12
FM Units	14
FT Units	14
Gas Turbine	15
Geep Units	15
Miscellaneous	19
NW-2 Switchers	19
RS-3 Diesels	20
44-Ton Switchers	21
SD Units	21
U36 Units	22

Electrics
Commuter Cars	23
EL-C Rectifiers	24
EP-5s	24
GG-1s	24
Powered Units	25
Industrial Switchers	25

Steamers
Berkshire	27
European-style	27
General-Type	27
Hudson	28
Mikado	29
Mountain	29
Northern	29
Pacific	31
Shay	32
Switchers	32
Turbines	33
Tenders	33
Miscellaneous	33

Rolling Stock
Action & Animation	38
Auto Carriers	43
Barrel Ramp Cars	44

Boxcars
6464	45
7400	46
7500	46
7600	46
7700	47
7800	47
7900	47
9000	48
9200	49
9400	50
9600	53
9700	54
Five-Digit	58
Bunk Cars	67

Cabooses
Bay Window	68
Bobber	70
Center Cupola	70
Extended Vision	70
N5C	71
SP-Type	73
Woodside & Steelside	77
Work, Transfer & Maint.	78
Coal Dump	79
Crane Cars	80

Flat Cars
With Vans	81
With Loads	84
Gondolas	89
Hoppers	91
Log Dump Cars	96
Mint Cars	97
Ore Cars	98
Reefers	99
Searchlight Cars	104
Semi-Scale Cars	106
Standard O Cars	106
Stock Cars	113
Tank Cars	114
Tool Cars	118
Toy & Greetings	118
Vat Cars	120

Passenger Cars 121

Sets 135

Accessories 149
Tractors & Trailers	157
Rollerbases	159
Building Kits	159
Track	160

Lionel Classics 161

Club Cars 163

HO 181

Paper 192

Index 214